伟人风范

毛泽东文物故事

WEIREN FENGFAN
MAOZEDONG WENWU GUSHI

主　编　——　姜廷玉

学术顾问　——　陈　晋　夏燕月

湖南人民出版社·长沙

《伟人风范——毛泽东文物故事》编委会

—— 学术顾问

陈　晋　原中共中央文献研究室副主任、研究员，中国毛泽东诗词研究会会长

夏燕月　原中国革命博物馆馆长、中国国家博物馆研究院名誉院长、研究馆员，毛泽东思想生平研究分会原常务理事

—— 主　编

姜廷玉　中国人民革命军事博物馆原编辑研究处处长、研究员，军委党史军史专家组专家，毛泽东思想生平研究分会原常务理事

—— 副主编

胡振荣　中共湖南省委党史研究院院长

谭逻松　韶山毛泽东同志纪念馆原馆长

高慧琳　延安职业技术学院红色文化教育培训中心教授

—— 编　委

张　颖　湖南省立第一师范学校旧址（纪念馆）副馆长

姚文琦　中共陕西省委党史研究室原副主任、研究员

史爱国　中共江西省委党史研究室原副巡视员、研究员

巨文辉　山西省档案馆一级巡视员、研究员

杨卫东　福建省革命历史纪念馆馆长、研究员

凌步机　中共赣州市委党史研究室原副主任

彭志才　江西科技师范大学文博系主任、副教授

黄　黎　中国国家博物馆陈列部研究员

刘　珂　中国人民革命军事博物馆原革命战争馆主任、副研究员

缪炳法　中国人民革命军事博物馆原宣传教育部主任、副研究员

杨海峰　中国人民革命军事博物馆原文物征集部主任、研究员

方　玮　中国人民革命军事博物馆编辑研究室主任、研究员

前言

姜廷玉

毛泽东是伟大的马克思主义者，伟大的无产阶级革命家、战略家、理论家、军事家，是马克思主义中国化的伟大开拓者，是近代以来中国伟大的爱国者和民族英雄，是党的第一代中央领导集体的核心，是领导中国人民彻底改变自己命运和国家面貌的一代伟人。

文物，是人类触摸历史的"活化石"。每一件文物，都是历史故事的讲述者。毛泽东的许多文物，是其领导建立中国共产党和人民军队、为创建新中国领导中国人民浴血奋战的见证，是领导中国社会主义革命和建设成就的象征。为了纪念毛泽东诞辰130周年，铭记毛泽东的光辉业绩，宣传我们党的重要指导思想——毛泽东思想，应湖南人民出版社之约，编写了《伟人风范——毛泽东文物故事》一书，以不忘初心，传承红色基因，弘扬伟人的革命精神和崇高风范。

全书收录毛泽东各个历史时期有关的革命文物140余件，有毛泽东使用过的物品，有毛泽东与相关人士互赠的物品，有毛泽东的重要题词手迹，有毛泽东对有关文件、事件的重要批示，等等。其中，有不少是鲜为人知的珍贵文物，如与杨开慧共同使用过的文件箱、在长征中用过的手枪、在转战陕北期间用过的望远镜、精心保管的毛岸英遗物、"甲字第001号"持枪证、1955年授衔时为毛泽东准备的大元帅服、在观看部队大比武时瞄准用过的步枪、不肯与胡志明交换的竹拐杖等。每一文物单独成篇，不仅介绍文物的基本情况，而且叙述文物背后的故事、文物的意义，深入阐述文物的深刻内涵。同时，根据党的历史，将这些革命文物按照时间顺序分为"党的创建和大革命时期""土地革命时期""全民族抗战时期""全国解放战争时期"和"社会主义革命和建设时期"五个部分，让读者在引人入胜、跌宕起伏的故事中感受伟人魅力，铭记伟人丰功伟绩，传承红色基因。

器以载道。毛泽东文物，记录和见证了伟人的成长之路与中国共产党人苦难辉煌的来时之路，镌刻着以毛泽东为代表的中国共产党人为民族独立、人民解放、国家富强、人民幸福矢志奋斗的初心印记，闪烁着毛泽东思想的熠熠光辉。在中共中央政治局常委会扩大会议上提出"保存武力"和"上山"主张的常委会记录、在八七会议上提出的"须知政权是由枪杆子中取得的"论断，见证了毛泽东武装反抗国民党反动派、"枪杆子里面出政权"的思想。领导的秋收起义部队打出的第一面军旗、在井冈山斗争时用过的油灯等文物，见证了毛泽东开创井冈山农村革命根据地、武装夺取政权的思想与实践。《才溪乡调查》《寻乌调查》《仁凤山及其附近》等调查报告，见证了毛泽东实事求是、重视调查研究的优良作风。在永新塘边村帮房东挑水时用过的木水桶、帮助瑞金沙洲坝群众挖的"红井"和"站在最大多数劳动人民的一面"的题词，诠释了中国共产党全心全意为人民服务的宗旨。《为争取千百万群众进入抗日民族统一战线而斗争》手稿和《论新阶段》《论持久战》等著作，展示了毛泽东全面抗战的思想、持久抗战的论断和实践。《以自卫战争粉碎蒋介石的进攻》的党内指示、保卫延安的《命令》和"一切反动派都是纸老虎"的著名论断，展现了毛泽东在战略上轻视敌人、在战术上重视敌人，敢于斗争、敢于胜利的大无畏革命精神。关于济南战役、辽沈战役、淮海战役、平津战役和抗美援朝等作战方针的电报，见证了毛泽东运筹帷幄、决胜千里的高超军事指挥艺术。《将革命进行到底》的新年献词、为新华社起草的渡江战役新闻稿和《向全国进军的命令》《向全国进军的部署》等电报手稿，见证了毛泽东将革命进行到底的坚定决心和"宜将剩勇追穷寇，不可沽名学霸王"的战略气魄。在开国大典上升起的第一面国旗、宣读的《中华人民共和国中央人民政府公告》等文物，见证了中华人民共和国的成立和毛泽东宣告"中国人从此站起来了"的庄严时刻。第一次访苏时穿过的黑呢中山装、出席全国政协一届三次会议的代表证等文物，见证了毛泽东为社会主义基本制度的确立，建立起中国独立的比较完整的工业体系和国民经济体系进行的不懈努力。关于黄克功杀人案给雷经天的信和起草的《中共中央批转华北局关于刘青山、张子善大贪污案调查处理情况的报告》，见证了毛泽东坚决惩治贪污腐败的决心和行为，彰显了清正廉洁的党风。1933年记载毛泽东交纳食宿费的账本、1965年上井冈山时井冈山管理局给毛泽东开具的粮票收据等文物，充分体现了毛泽东以身作则、严于律己的革命风范；向中央警卫局上报的毛泽东一家生活费收支报表、穿过的打了73个补丁的木薯棉睡衣等文物，则展现了毛泽东艰苦奋斗、艰苦朴素的作风和家风。

物以传情。习近平总书记指出："中国共产党是爱国主义精神最坚定的弘扬者和实践者，始终把实现中华民族伟大复兴作为自己的历史使命。"毛泽东为中华民族和中国人民建立了不朽功勋，毛泽东的革命实践和光辉业绩已经载入中华民族史册。作为红色遗产，毛泽东文物是党和国家重要的红色基因库，蕴含着共产党人艰苦奋斗、团结奋斗、顽强奋斗、永远奋斗的精神密码，是进行思想政治教育、党性教育和爱国主义教育的鲜活教材。我们相信，在纪念毛泽东诞辰130周年这个重要的时间节点，出版、发行《伟人风范——毛泽东文物故事》一书，一定能使广大党员干部和群众，尤其是青少年，更多地了解毛泽东的生平业绩、革命思想、伟人风范，感悟和继承革命精神，发扬光荣传统和优良作风，增强"四个意识"、坚定"四个自信"、做到"两个维护"，在实现中华民族伟大复兴的新征程上破浪前进、扬帆远航。

姜廷玉

2023年10月

目录

党的创建和大革命时期

- 002 主编的《湘江评论》
- 006 汇编的《新民学会会员通信集》
- 009 参与起草和整理的《中国共产党第一个纲领》
- 013 撰写的《中国社会各阶级的分析》
- 015 填写的《少年中国学会改组委员会调查表》
- 017 与杨开慧共同使用过的文件箱
- 021 编印出版的《农民问题丛刊》
- 025 就考察湖南农民运动情况写给中共中央的报告
- 028 在中共中央政治局常委会扩大会议上提出"保存武力"和"上山"的主张（常委会记录）

土地革命时期

- 032 在八七会议上提出"须知政权是由枪杆子中取得的"论断
- 034 领导的秋收起义部队打出的第一面军旗
- 037 在酃县水口农会干部家吃饭时用过的瓷花碗
- 039 送给袁文才的皮裹腿
- 042 在井冈山斗争时用过的油灯
- 044 在永新塘边村帮房东挑水时用过的木水桶
- 046 在闽西期间用过的棉絮
- 048 戴过的"红军笠"
- 050 于"九月来信"后给党中央的复信

052　在新泉整训期间用过的木盒蝉形石砚、竹笔筒

054　撰写的《寻乌调查》

058　撰写的《仁风山及其附近》

062　撰写的《调查工作》

065　为中华苏维埃共和国临时中央政府题词

069　在漳州期间用过的铁床架

072　记载毛泽东交纳食宿费的账本

074　帮助瑞金沙洲坝群众挖的"红井"

077　撰写的《才溪乡调查》

080　担任校长时签发的苏维埃大学证书

084　送给警卫员陈昌奉的银圆

086　作的《关于中央执行委员会报告的结论》

089　与张闻天合著的《区乡苏维埃怎样工作》

092　在长征中用过的手枪

094　二渡赤水时用过的雕花床

096　送给藏族群众的象牙筷

098　在长征途中为徐向前颁授的红旗勋章

101　长征中打印过毛泽东文件的油印机

104　起草的《直罗战役同目前的形势与任务》

106　起草的《为争取千百万群众进入抗日民族统一战线而斗争》手稿

110　在陕北创作《沁园春·雪》时用过的小炕桌

112　为刘志丹题的词："群众领袖、民族英雄"

115　接受斯诺采访时戴过的红军军帽

119　撰写的《祭黄帝陵文》

全民族抗战时期

124　为抗大题写的教育方针和校训

128　关于黄克功杀人案给雷经天的信

132　在延安凤凰山吴家窑院用过的炭火盆

135　在延安阅读过的《鲁迅全集》

137　为延安保育院题词

139　题写封面的《论新阶段》

142　题写书名的《论持久战》

144　题写报头的《五日时事》

147　为《抗日模范根据地——晋冀察边区》题写的书名

149　题写刊名的《共产党人》

151　为谢子长题写的碑文

155　撰写的《学习白求恩》

159　为抗大学员毕业证书题词

161　起草的中央军委关于重建新四军军部的命令手稿

164　发出的延安文艺座谈会邀请函

166　为印度友人柯棣华大夫题写的挽词

170　为中共中央党校题写的"实事求是"石刻

173　在延安用过的生铁条"镇纸"

175　"自己动手""丰衣足食"的题词

177　题赠罗章的"以身作则"奖状

179　给延安代耕农民王枚的信

181　为陕甘宁边区劳模陈振夏题词

183　为抗日英雄马本斋题写的挽词

187　为清涧县县长黄静波题词的奖状

189　出席党的七大的代表证

192　发表的《对日寇的最后一战》声明

全国解放战争时期

198　关于赴重庆谈判问题复蒋介石的电报手稿

201　去重庆谈判戴过的盔式帽

204　为"四八"烈士题词

207　为中共中央起草的《关于练兵的指示》手稿

209　为中共中央起草的《以自卫战争粉碎蒋介石的进攻》党内指示

211　签署的保卫延安的《命令》

214　刊载"一切反动派都是纸老虎"著名论断的《美亚》杂志

217　转战陕北时骑的小青马

220　在转战陕北期间用过的望远镜

222　为刘胡兰烈士题词

225　关于解决部队棉衣问题给刘伯承、邓小平的电报手稿

228　"站在最大多数劳动人民的一面"的题词

231　起草的《中国人民解放军宣言》

234　为中共中央起草的《关于建立报告制度》党内指示

237　起草的《评西北大捷兼论解放军的新式整军运动》

240　1948年东渡黄河乘坐的木船

242　最早出版的《在晋绥干部会议上的讲话》单行本

245　起草的关于济南战役指示的电报手稿

248　起草的《关于辽沈战役的作战方针》电报手稿

251　起草的《关于淮海战役的作战方针》电报手稿

254　起草的《关于平津战役的作战方针》电报手稿

257　为新华社撰写的《将革命进行到底》新年献词

260　在党的七届二中全会上的报告修改稿

263　起草的《向全国进军的命令》电报手稿

267　为新华社起草的渡江战役新闻稿手稿

270　起草的《向全国进军的部署》电报手稿

272　1949年版的《论人民民主专政》

274　在中国人民政治协商会议上致的开幕词

277　为人民英雄纪念碑书写的"人民英雄永垂不朽"题词

社会主义革命和建设时期

282　在开国大典上升起的第一面国旗

286　在开国大典上宣读的《中华人民共和国中央人民政府公告》

289　在开国大典上穿过的中山装礼服

293　第一次访苏时穿过的黑呢中山装

296　一边高、一边低的硬板床

299　为《人民空军》创刊号题词

302　为全国战斗英雄代表会议题词

305　发布的《组成中国人民志愿军的命令》手稿

309　关于志愿军出国第一次战役的指导文电手稿

312　《我志愿军必须越过三八线作战》电报手稿

316	精心保管的毛岸英遗物
321	"甲字第001号"持枪证
323	批准颁发的"三大条令"
325	《对美英军在几个月内只打小歼灭战》电报手稿
328	出席全国政协一届三次会议的代表证
330	起草的《中共中央批转华北局关于刘青山、张子善大贪污案调查处理情况的报告》
334	在关于召开全军文化教育座谈会情况报告上的批示
337	为重点军事院校写的题词和训词
341	关于建设强大海军的题词
344	视察三峡时用过的望远镜
348	修改的《中国人民解放军政治工作条例（草案）》
351	给国营三二〇厂全体职工的嘉勉信
354	1955年授衔时为毛泽东准备的大元帅服
357	20世纪50年代乘坐的吉斯115轿车
361	1957年赴莫斯科访问时戴过的礼帽
363	起草的《告台湾同胞书》手稿
368	回韶山和上井冈山时乘坐的吉姆车
370	在庐山芦林一号别墅使用过的物品
375	为中国人民革命军事博物馆题写的馆名
378	关于大力协同研制原子弹的批示
383	写的《杂言诗·八连颂》
386	出自名家之手的毛泽东印章
388	"向雷锋同志学习"的题词
391	在观看部队大比武时瞄准用过的步枪

- 395　为首都民兵题词
- 399　井冈山管理局给毛泽东开具的粮票收据
- 401　1965年在井冈山宾馆使用过的餐具
- 405　不肯与胡志明交换的竹拐杖
- 408　关于部队野营拉练的批示
- 410　西哈努克亲王送给毛泽东的公文包
- 414　一家的生活账本
- 417　向中央警卫局上报的毛泽东一家生活费收支报表
- 420　打了73个补丁的木薯棉睡衣
- 423　视察大江南北时用过的行李袋
- 425　临终时穿的中山装

- 428　主要参考文献

- 430　后记

1919—1927

党的创建和大革命时期

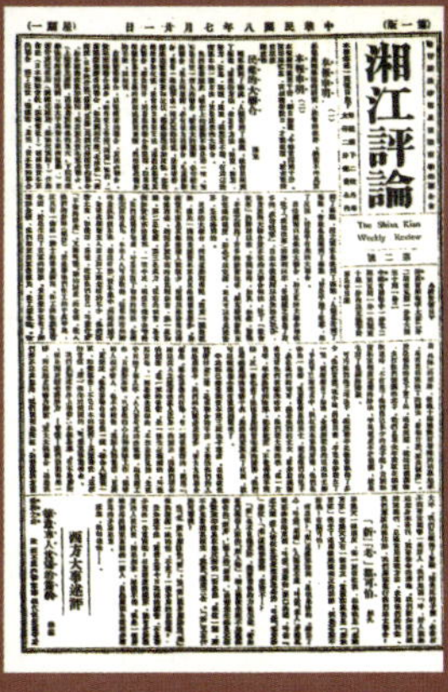

湘江評論

The Shian Kian Weekly Review

主编的《湘江评论》

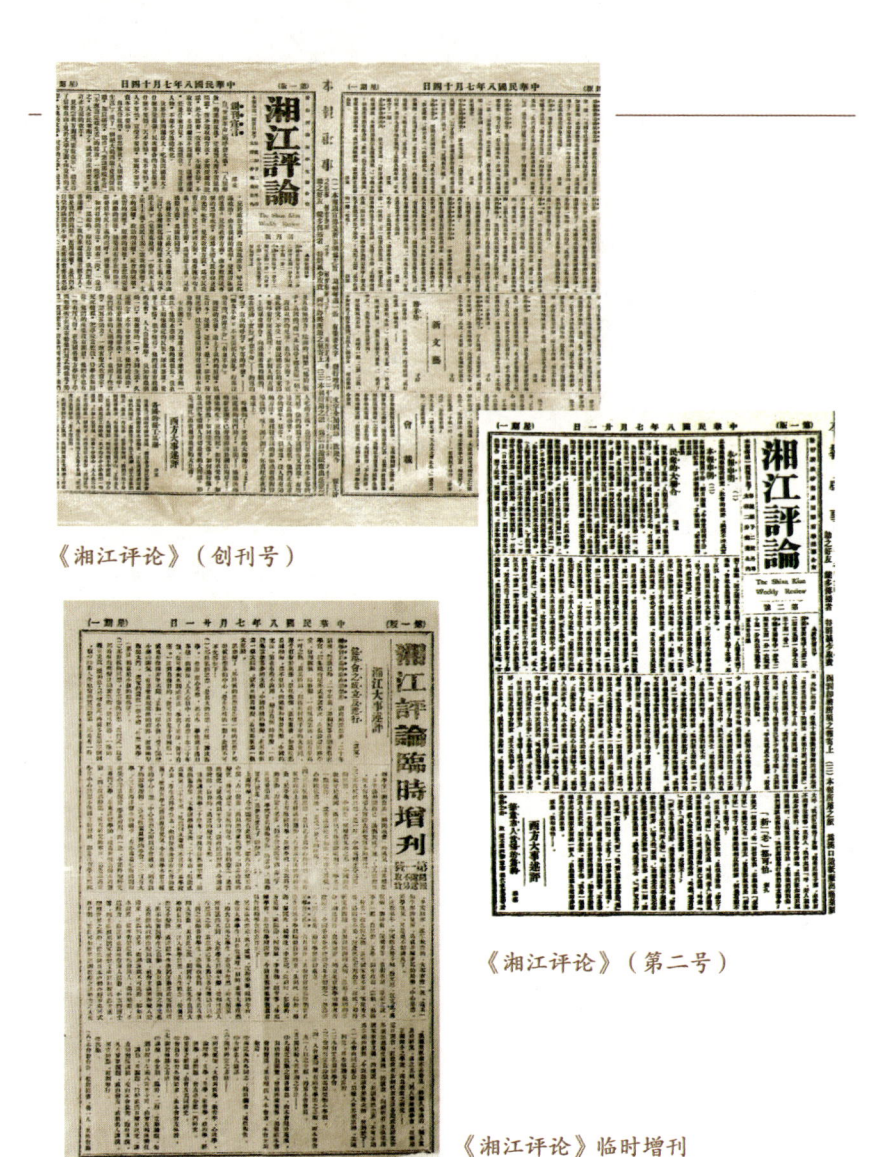

《湘江评论》（创刊号）

《湘江评论》（第二号）

《湘江评论》临时增刊

　　1919年7月14日，《湘江评论》在长沙创刊，毛泽东任主编，以宣传最新思潮为宗旨，向年轻人传播先进的新思想，李大钊称其是"全国最有分量、见解最深的刊物"。现由中国国家博物馆收藏。

1919年3月，毛泽东离京回湖南，途中转道上海送别蔡和森、萧子升等赴法勤工俭学。作为湖南青年赴法勤工俭学的组织者，毛泽东自己并没有迈出国门。此时的他，得知北京、上海等地的学生因外交失败的消息正在酝酿开展爱国运动，遂向好友周世钊表达了自己的想法："湖南也应该搞起来，我想在这方面做些工作。"

毛泽东认为，如果不提高群众的思想觉悟，巩固其革命热情，革命运动就不可能进一步发展，热闹过后，还是会没有结果，因此非常迫切地需要出版一个有高度政治思想性的刊物。

根据毛泽东的提议，湖南学生联合会决定创办《湘江评论》。身为湖南学生联合会文牍股干事，深得众人信任的毛泽东被推举担任主编。

经过10多天的紧张筹备，《湘江评论》创刊号于1919年7月14日正式出版。为了扩大革命宣传，提高群众觉悟，推动爱国运动，《湘江评论》采用白话文体，文字通俗而富有激情。从呼吁北洋军阀释放因批判时局而被捕的陈独秀到号召妇女解放，从歌颂俄国十月革命到和军阀张敬尧叫板，内容囊括各个方面，热门话题更是从不缺席。除了犀利之外，文字中还带着许多对压迫者的愤怒，这种愤怒由心而生，通过毛泽东等人手中的笔传到了无数人的心里，所以当时的人给《湘江评论》起了一个外号，名为"湘江的怒吼"。

在创刊号的《本报启事》上，毛泽东明确表示，"本报以宣传最新思潮为主旨"。创刊号上的《〈湘江评论〉创刊宣言》说得更加明确、具体："世界什么问题最大？吃饭问题最大。什么力量最强？民众联合的力量最强。……如何承受他？如何传播他？如何研究他？如何施行他？这是我们全体湘人最切最要的大问题，即是'湘江'出世最切最要的大任务。"

《湘江评论》虽然只出了五期（其中有一期为增刊），但毛泽东撰写的评论文章却引起了省内外的广泛注意。胡适曾评价："《湘江评论》的长处是在议论的一方面。《湘江评论》第二、三、四期的《民众的大联合》一篇大文章，眼光很远大，议论也很痛快，确是现今的

长沙白果园33号——当年《湘江评论》印刷处

重要文字。还有《湘江大事述评》一栏,记载湖南的新运动,使我们发生无限乐观。武人统治之下,能产出我们这样的一个好兄弟,真是我们意外的欢喜。"

胡适所说的这篇《民众的大联合》足有9000多字,毛泽东在开篇的第一段就点明主旨:"国家坏到了极处,人类苦到了极处,社会黑暗到了极处。补救的方法,改造的方法,教育,兴业,努力,猛进,破坏,建设,固然是不错,有为这几样根本的一个方法,就是民众的大联合。"那么,应该如何将民众进行大联合呢?毛泽东给出的答案是"先进行小联合",每个阶级、每个行业的人都能组成自己的小联合,一起争取更好的待遇,让大家真正变成"人",不再被践踏、被欺压,当大家的小联合组成之后,就可以组成一个"大联合"了。文章的最后,毛泽东慷慨激昂地写道:"压迫愈深,反抗愈大,蓄之既久,其发必速。我敢说一怪话,他日中华民族的改革,将较任何民族为彻底,中华民族的社会,将较任何民族为光明。中华民族的大联合,将较任何地域任何民族而先告成功。"

《湘江评论》以"宣传最新思潮"为宗旨，以宣传反帝、反封建、反军阀统治的思想和歌颂十月革命为内容，挥斥方遒，激扬文字，针砭时弊。它以大无畏的革命精神道出了人民的心声，从而受到广大革命青年和爱国人士的欢迎，不仅行销湖南，还很快传播到武汉、广州、成都、北京、上海等地。首期出版当天，创刊号 2000 份全部售出，第二天又增印 2000 份，仍无法满足人民的求购需求，于是第二期直接改印 5000 份。很多外省的年轻人也纷纷写信求购，李大钊看后称赞说这是"全国最有分量、见解最深的刊物"。

在《湘江评论》的影响下，郭亮、向警予、任弼时等大批进步青年先后走上革命道路，成了中国共产党早期的杰出领导人。因为影响力巨大，《湘江评论》引起了反动军阀的恐慌，第五期《湘江评论》还没等到发行，就被湖南军阀张敬尧派人查封。

从创刊到封禁，《湘江评论》只存在了一个月的时间，共出版四期加一期临时增刊。虽然其存在时间非常短暂，刊期也非常少，但它却以其重大影响力在中国报刊史乃至中国革命史上留下了浓墨重彩的一笔。（黄黎）

汇编的《新民学会会员通信集》

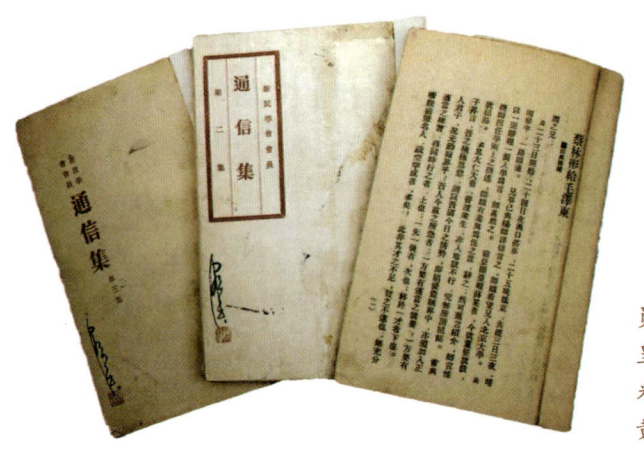

《新民学会会员通信集》(共三集，呈长方形，长22厘米、宽14厘米，泛黄色，铅印）

1920年11月至1921年1月，毛泽东汇编的《新民学会会员通信集》，记录了新民学会会员之间关于学会方针、留法勤工俭学等问题的讨论内容，体现了五四运动时期学会会员思想，在长沙文化书社印发，共三集。这套《新民学会会员通信集》，是当年毛泽东由长沙寄赠在北京高师（北京师范大学前身）任教，原湖南第一师范教师、挚友黎锦熙的。1959年由原中国革命博物馆收藏，现由中国国家博物馆收藏。

一百多年前，毛泽东、蔡和森等一代青年才俊创建了进步团体——新民学会。学会会员以通信等方式探寻改造社会与救国的途径，留下了许多为理想和信念不断实践奋斗、思想探索的信件，毛泽东将其汇编成册，成为弥足珍贵的早期革命文献。

1918年4月14日，星期天，新民学会在岳麓山脚下的溁湾镇刘家台子蔡和森家里正式成立，毛泽东和蔡和森为学会的主要发起人和领导者。学会以"新民"为会名，以"革新学术，砥砺品行，改良人心风俗"为宗旨，其会员是一批思想进步，关注国家和民族命运，追寻新思想、新生活志同道合的青年。学会初期，重点强调"改造个人修养"，后来发展为"改造中国与世界"。学会最初的会员有14名三湘青年，后来发展到70多名，他们按照学会确定的"向外发展"和"国内研究"的方针多方开展活动。在国外（主要在法国），由蔡和森等人牵头开展了赴法勤工俭学运动；在国内（主要在湖南），由毛泽东组织领导开展了一系列卓有成效的革命斗争和宣传新思潮活动，如领导湖南学生的反帝爱国运动、驱逐军阀张敬尧、主编《湘江评论》、发起湖南自治运动、创办文化书社、成立俄罗斯研究会等。新民学会成为五四前后湖南地区反帝反封建斗争的核心力量。

新民学会规定，每个会员每年要给毛泽东主持的干事会写一封信，会员之间也以通信方式进行交流。会员们持续近三年的讨论交流，留下了大批信件，从1920年11月开始，毛泽东精选会员通信50封，编辑成三集《新民学会会员通信集》。第一、第二集编印于1920年底，第一集收录信件13封，第二集收录信件30封，其中收录毛泽东致会友信10封，另有他起草的启事、《发刊的意思及条例》、序、按语等4篇；第三集编印于1921年初，收录会员通信7封，其中收录毛泽东致会友信2封，另有他起草的启事、说明等3篇。

毛泽东在第一集《发刊的意思及条例》中表明汇编《新民学会会员通信集》的目的与意义："通信集之发刊，所以联聚同人精神，商榷修学，立身，与改造世界诸方法。……集内凡关讨论问题的信，每集出后，总望各会友对之再有批评及讨论，使通信集成为一个会友的论坛，一集比一集丰富，深刻，进步，就好极了。"他在第二集对于讨论驱张运动和自治运动一信前写了重要按语，指出这两种运动"都只是应付目前环境的一种权宜之计，决不是我们的根本主张，我们的主张远在这些运动之外"，新民学会要开始"从事于根本改造之计划和组织，确立一个改造的基础，如蔡和森所主张的共产党"。

毛泽东在第三集出版说明中特别强调："这一集以讨论'共产主义'和'会务'为两个重要点。信的封数不多，而颇有精义。"这里载有他们关于创建中国共产党讨论的精义。蔡和森在法国勤工俭学期间，通过"猛看猛译"几十种革命书刊，较早接受了马克思主义，他在1920年9月给毛泽东的长信中详细阐述了成立共产党及其国际组织之必要，主张"明目张胆正式成立一个中国共产党"。毛泽东则在国内以执着的探索精神、严谨的科学态度，不断在奋斗中磨砺自己，在实践学习中汲取养分；经过批判与否定、反复与比较，他最终摆脱了对社会改良主义道路的最后一点幻想，走上了科学社会主义道路。1921年1月，毛泽东在给蔡和森的回信中旗帜鲜明地表达了对马克思主义、共产主义的坚定信仰，他说："唯物史观是吾党哲学的根据""你这一封信见地极当，我没有一个字不赞成。"在毛泽东的倡导和影响下，经过五四运动洗礼，近30名会员先后加入中国共产党，新民学会也由进步团体发展成以马克思主义为主要信仰的革命团体，为中国共产党的创建和发展作出了重大贡献。

当年毛泽东汇编的《新民学会会员通信集》，是对新民学会成立近三年来进行的思想探索与斗争实践作的总结性的回顾与梳理，毛泽东为此倾注了许多心血，为党和人民留下了一笔极其宝贵的精神财富。

（夏燕月）

参与起草和整理的《中国共产党第一个纲领》

《中国共产党第一个纲领》中文版本

《中国共产党第一个纲领》俄文版本

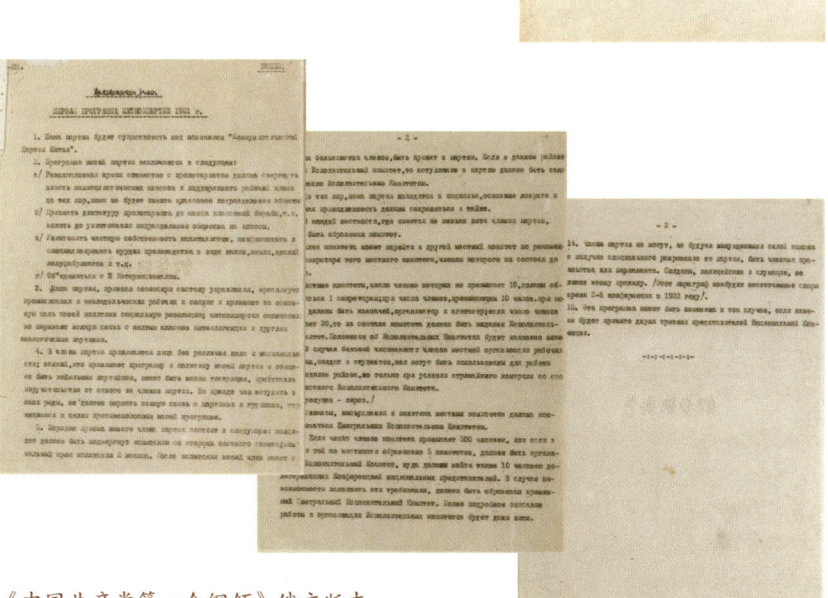

1921年，中国共产党第一次全国代表大会胜利召开。会议起草并讨论通过了《中国共产党第一个纲领》（以下简称《纲领》），旗帜鲜明地把实现社会主义、共产主义作为自己的奋斗目标，奠定了中国共产党前进的方向和基石。然而，在党的一大闭幕后不久，《纲领》就连同党的一大的其他档案一起全部遗失了，直到1957年，其俄文版本才在苏共中央归还的共产国际中共代表团的档案中得以发现。《纲领》从起草到历经36年后的失而复得，都与毛泽东有着极为密切的关系。现由中央档案馆收藏。

1921年6月29日傍晚时分，28岁的毛泽东与45岁的何叔衡行色匆匆地来到湖南长沙小西门码头，登上了开往上海的小火轮。鲜有人知道他们此行的目的，唯有与毛、何二人同为挚友的谢觉哉在当天的日记中进行了记载：

6月29日，阴。昨今两日……午后六时，叔衡往上海，偕行者润之，赴全国○○○○○之招。

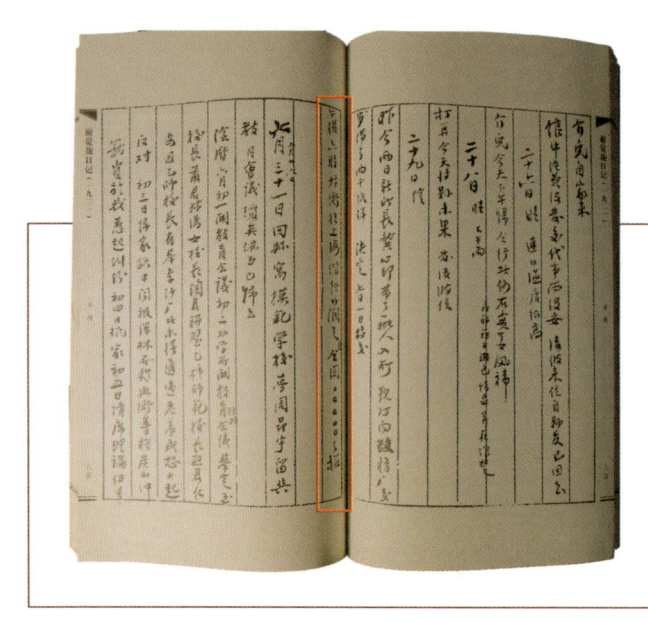

《谢觉哉日记》

谢觉哉后来解释说，日记中5个圆圈代表的是"共产主义者"5个字，当时为了慎重起见，以"○"代意。

毛泽东此行，是接到了陈独秀等人从上海发来的出席党的全国代表大会的通知。早在1918年秋，毛泽东在北京大学图书馆工作之际就与陈独秀、李大钊等人相识。1919年3月至1920年7月期间，毛泽东为组织学生运动、驱张运动奔走于北京、上海等地，他在李大钊的影响下参加了少年中国学会，对布尔什维主义有了日益浓厚的兴趣；他在上海与陈独秀进行了多次交谈，陈独秀关于信仰的谈话对他产生了深刻的影响。毛泽东后来回忆说："到了1920年夏天，在理论上，而且在某种程度的行动上，我已成为一个马克思主义者了，而且从此我也认为自己是一个马克思主义者了。"

从上海回到湖南之后，毛泽东等人成立文化书社，组建湖南俄罗斯研究会、马克思主义研究会，积极宣传马克思主义；他与远在法国勤工俭学的蔡和森等人书信不断，探讨着建党的主张和中国革命的道路，并成立了长沙共产党早期组织，这是中国共产党成立之前8个早期地方组织之一。

此次，毛泽东和何叔衡是代表长沙共产党早期组织应邀前往上海的。7月23日，他们与来自上海、北京、武汉等地共产党早期组织的11人在上海兴业路6号举行了中国共产党第一次全国代表大会的开幕式。会议持续到8月初结束，辗转上海法租界和嘉兴南湖两地举行。会上，毛泽东代表长沙共产党早期组织向大会作了简略工作汇报，并被推举负责会议记录、文件保管等秘书工作。更为重要的是，在1957年苏共归还的档案中发现了一份党的一大上选举产生的中共第一届中央委员会名单，其中陈独秀为总书记，毛泽东与李大钊、张国焘、李汉俊同为委员。

因此，党的一大会议期间，毛泽东不仅作为中央委员参与了会议各项重要文件的起草、审议工作，同时作为记录员负责了整个会议的文字记录、文件的整理和交付印刷等工作，《纲领》就是其参与起草和整理印刷的极为重要的文件之一。

《纲领》共 15 条、约 700 字，是中共党史上第一个关于党的建设的马克思主义文献。《纲领》开宗明义地确定党的名称为"中国共产党"，并规定了党的性质、纲领和基本政策，提出了党的最终奋斗目标。同时，还明确了发展党员以及建立地方和中央机构等组织制度，兼有党纲和党章的内容。

遗憾的是，党的一大闭幕后不久，由于中央机关遭到破坏，党的一大审议通过的《纲领》等重要文件连同毛泽东所做的会议纪要等所有与党的一大相关的文字资料全部遗失了。后经多方寻找，却一直杳无音讯，导致诸多关于党的一大的史实一度众说纷纭。

直到 1957 年，这批珍贵档案的寻找工作终于迎来转机。新中国成立后，毛泽东访问苏联，向苏共领导人提出中共档案的归还问题。经过反复交涉，共产国际有关中共的档案几经辗转得以运回了北京。

在这批珍贵的档案资料中，有 3 份俄文版本的关于党的一大的文件，其中就包括《纲领》。《纲领》是什么时候由中文翻译成俄文？又是由谁带到共产国际的？这些问题早已无从考证。所幸的是，经过董必武的反复鉴别，认为这份俄文版本的《纲领》内容是"比较可靠的"。

1960 年，远在美国的哥伦比亚大学也传来振奋人心的消息，中国史教授韦慕庭在图书馆整理资料的时候，无意中发现了该校一位署名为"Chen kung-po"的学生于 1924 年 1 月撰写的硕士论文——《共产主义运动在中国》。后经查证，这名学生正是党的一大代表陈公博，论文写于党的一大召开之后的第三年。这一发现的重要不在于这篇文章本身，而在于陈公博在该论文的附录中收录了 6 篇文献，其中就包括英文版本的《纲领》。专家将《纲领》俄文版和英文版认真对照之后，认为两者内容基本相似，仅一些具体文字表述稍有出入。

这两份外文版本的《纲领》，为我们了解和研究中共党史提供了宝贵的历史资料，也让我们更真切地感悟到了中国共产党人矢志不渝的初心和使命。（张颖）

撰写的《中国社会各阶级的分析》

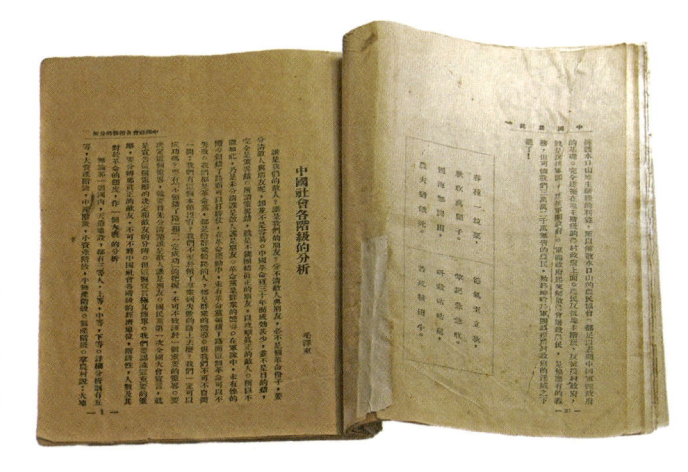

毛泽东发表在《革命》半月刊上的《中国社会各阶级的分析》一文

为反击国民党右派篡夺革命领导权的阴谋活动，批评党内存在的"左"、右倾错误倾向，正确解决中国革命的领导和同盟军问题，1925年12月1日，毛泽东在《革命》半月刊上发表了《中国社会各阶级的分析》一文。现由中国国家博物馆收藏。

文章开宗明义："谁是我们的敌人？谁是我们的朋友？这个问题是革命的首要问题。"文章指出："革命党是群众的向导，在革命中未有革命党领错了路而革命不失败的。我们的革命要有不领错路和一定成功的把握，不可不注意团结我们的真正的朋友，以攻击我们的真正的敌人。我们要分辨真正的敌友，不可不将中国社会各阶级的经济地位及其对于革命的态度，作一个大概的分析。"

文章将中国社会各阶级分为五大类：

第一类，地主阶级和买办阶级。"他们和中国革命的目的完全不相容。特别是大地主阶级和大买办阶级，他们始终站在帝国主义一边，是极端的反革命派。"

第二类，中产阶级。主要是指民族资产阶级，他们对于中国革命具有矛盾的态度。"其政治主张为实现民族资产阶级一阶级统治的国家。""他们反对以阶级斗争学说解释国民党的民生主义，他们反对国民党联俄和容纳共产党及左派分子。"

第三类，小资产阶级。包括自耕农、手工业主、小知识阶层，可分为三个不同的部分，分别是生活水平不断下降、较倾向于革命的左翼，在经济上大体可以自给、对革命取中立态度的中派，以及有余钱剩米、对革命持怀疑态度的右翼。他们在革命潮流高涨、可以看得见胜利的曙光时，不但小资产阶级左派参加革命，中派亦可参加革命，右派分子在革命大潮的裹挟中也只得附和着革命。

第四类，半无产阶级。包括绝大部分半自耕农、贫农、小手工业者、店员、小贩。"绝大部分半自耕农和贫农是农村中一个数量极大的群众。所谓农民问题，主要就是他们的问题。"而小贩，"其地位和贫农不相上下，其需要一个变更现状的革命，也和贫农相同"。

第五类，无产阶级。包括工业无产阶级、都市苦力工人以及游民无产者。"工业无产阶级人数虽不多，却是中国新的生产力的代表者，是近代中国最进步的阶级，做了革命运动的领导力量。""他们特别能战斗。"

文章的结论说："可知一切勾结帝国主义的军阀、官僚、买办阶级、大地主阶级以及附属于他们的一部分反动知识界，是我们的敌人。工业无产阶级是我们革命的领导力量。一切半无产阶级、小资产阶级，是我们最接近的朋友。那动摇不定的中产阶级，其右翼可能是我们的敌人，其左翼可能是我们的朋友——但我们要时常提防他们，不要让他们扰乱了我们的阵线。"1926年2月1日出版的《中国农民》和同年3月13日出版的《中国青年》先后转载了这篇文章，广东汕头书店出版了单行本，后录入《毛泽东选集》。（姜廷玉）

填写的《少年中国学会改组委员会调查表》

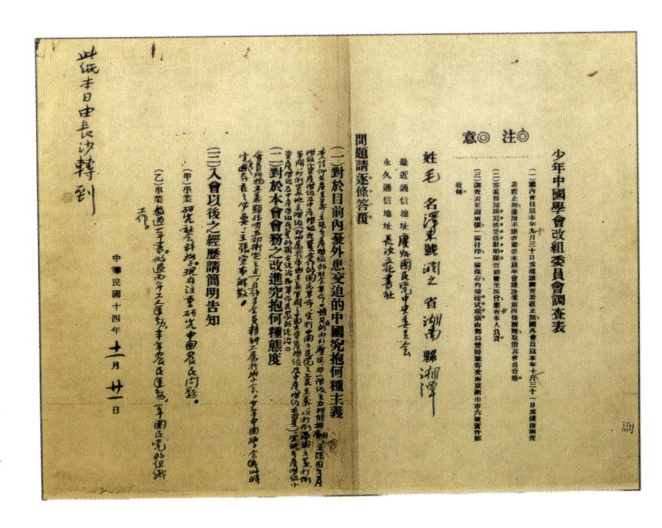

毛泽东填写的《少年中国学会改组委员会调查表》

1925年11月21日，毛泽东填写《少年中国学会改组委员会调查表》，明确表明："本人信仰共产主义，主张无产阶级的社会革命。"在这简洁但铿锵有力的表态中，毛泽东旗帜鲜明地表达了自己为共产主义奋斗终生的崇高理想和远大志向！现由中国国家博物馆收藏。

1919年7月1日，由李大钊、王光祈等组织发起的少年中国学会经过一年的酝酿筹备，在北京召开成立大会。学会的宗旨是"本科学的精神，为社会的活动，以创造'少年中国'"，要求会员恪守"奋斗、实践、坚忍、俭朴"的信条。总会设在北京，在南京、成都及法国巴黎均设有分会，会员遍及国内许多省市以及欧美、南洋等地，先后参加学会的达100多人，毛泽东、邓中夏、恽代英、张闻天等均加入该学会。学会出版了《少年中国》月刊，由中国共产党主要创始人之一的李大钊任主编，还出版了《少年世界》，邓中夏是主要负责人。少年中国学会是五四运动时期会员最多、活动时间最长、影响最大的青年社团之一，它的活动对五四运动起到了重要推进作用。

1921年7月，学会在南京召开年会，在关于信仰社会主义的问题上发生争论。9月29日，毛泽东致信少年中国学会执行部主任杨钟健，送上补填的入会志愿书，还送上应杨钟健要求填写的《少年中国学会会员终身志业调查表》。在该表备考栏内填写道："所志愿之事业现时还只着手预备，预备三年或四年。后个人须赴国外求学，至少五年，地点在俄。后再回国，从事所欲办之事业。"后因故毛泽东未能出国求学。

1925年11月21日，毛泽东填写《少年中国学会改组委员会调查表》本人学业时写道："研究社会科学，现在注重研究中国农民问题""教过一年书，做过两年工人运动，半年农民运动，一年国民党的组织工作"。

关于政治主张，毛泽东明确表明："本人信仰共产主义，主张无产阶级的社会革命。"指出中产阶级存在着左翼和右翼，对待两者的态度有根本的区别，强调："唯目前的内外压迫，非一阶级之力所能推翻，主张用无产阶级、小资产阶级及中产阶级左翼合作的国民革命，实行中国国民党之三民主义，以打倒帝国主义，打倒军阀，打倒买办、地主阶级（即与帝国主义、军阀有密切关系之中国大资产阶级及中产阶级右翼），实现无产阶级、小资产阶级及中产阶级左翼的联合统治，即革命民众的统治。"

关于对待少年中国学会，毛泽东明确表示："会员所抱主义显然有互相冲突之点，且许多会员精神不属于学会，少年中国学会在此时实无存在之必要，主张宣布解散。"1925年底，少年中国学会停止活动。

（姜廷玉）

与杨开慧共同使用过的文件箱

毛泽东与杨开慧共同使用过的文件箱

毛泽东和杨开慧在大革命时期共同使用过的文件箱保存在韶山毛泽东同志纪念馆,它见证了毛泽东和杨开慧在大革命时期开展农民运动的点点滴滴。现由韶山毛泽东同志纪念馆收藏。

杨开慧,乳名霞,字云锦,1901年11月6日出生于书香家庭。受父亲杨昌济的影响,杨开慧自幼接受了良好的教育,先后就读于杨公庙小学(今开慧小学)、隐储学校、衡粹女校、县立第一女子高小,经常阅读文学、历史等方面的书籍,极大地扩展了视野。1920年底,她与毛泽东经过长期的交往,正式结为革命伴侣。

1924年,第一次国共合作正式形成,但是在统一战线内部始终存在着共产党、国民党左派与国民党右派之间的斗争,孙中山的三大政策也始终不能很好地贯彻实施。而且,此时在党内还存在着两种错误的思想倾向:第一种以陈独秀为代表的右倾思想发展为右倾机会主义错误,并在党的领导机关中占据了统治地位,只注重同国民党合作,忘记了农民;第二种以张国焘为代表的"左"的倾向,只注重工人运动,同样忘记了农民。

在这种纷繁复杂的政治局势下,毛泽东决定携家人回到家乡韶山,一边休养,一边组织开展农民运动。

1925年1月中旬,毛泽东和杨开慧携儿子毛岸英、毛岸青提着这口共用的文件箱在长沙板仓岳母家过完春节,于2月6日回到了韶山。趁着春节农闲的空档期,毛泽东带着杨开慧以"走亲戚"的名义深入群众中间访贫问苦,了解乡间实际情况。在这期间,为了启发广大农民的阶级觉悟,做好农运的思想发动,为农运培养骨干,毛泽东和杨开慧决定在毛氏宗祠开办农民夜校,并由杨开慧担任教员。杨开慧凭

青年时代的毛泽东和杨开慧(李自健画作《清水塘畔》)

借过去在长沙、上海举办工人夜校的经验，借教农民们识字来启发农民阶级觉悟。从最简单的"人""手""脚"这样通俗易懂的字讲起，她说："地主有手，但他不劳动；地主有脚，但他不走路。却吃大鱼大肉，穿绫罗绸缎。你们说这是什么道理？"她的讲课就如冬日夜雨中的一根火柴，引燃了农民思想上一触即发的导火索。仅仅几个月时间，韶山就举办了20多所农民夜校，受到了农民的热烈欢迎。

这次在韶山开展的农运调研和实践，是毛泽东和杨开慧革命实践活动的一次新尝试。通过这样的尝试，他们更加清楚地认识到了农民在无产阶级革命中的强大力量，找到了革命的主力军，为开辟中国革命新道路找到了方向。此后，他们把目光更进一步地聚焦到了农民身上。

在大革命的洪流中，毛泽东先后担任国民党中央农民部农民运动委员会委员、第六届农民运动讲习所所长、中共中央农民运动委员会书记等职，多次在国民革命军第二军军官学校、国民党广东省党部青年部训育员养成所、第六届农民运动讲习所讲授农民问题。

为了更真实深入地掌握和了解农民运动实际情况，用事实回击国民党右派的谣言，继1925年在韶山开展农运后，毛泽东从1927年1月4日开始，历时32天，对湘潭、湘乡、衡山、醴陵、长沙五县的农村进行了考察。杨开慧这时正好怀上了第三个孩子毛岸龙，未能陪同毛泽东参加这次考察，但是她在幕后为毛泽东这次考察的成果——《湖南农民运动考察报告》的诞生做了大量工作。

1927年2月5日，考察结束后的毛泽东一回到长沙就抓紧对考察搜集到的材料进行整理，杨开慧也不顾分娩在即，全身心地帮忙抄写誊清。初稿出来后，2月12日，毛泽东就携全家带着这口文件箱由长沙赶回武昌都府堤41号的住所。为了向中央汇报实际情况，仅仅过了4天，2月16日，毛泽东就写下了《毛润之同志视察湖南农运给中央报告》（即后来的《湖南农民运动考察报告》）："在各县乡下所见所闻与在汉口在长沙所见所闻几乎全不同，始发见从前我们对农运政策上处置上几个颇大的错误点。"最后告诉中央，将在三四月份写出详细的考察报告并送达。

随后，毛泽东抓紧修改《湖南农民运动考察报告》，杨开慧则不知疲倦地将反复修改的稿件誊清。经过在长沙与武汉一个多月的紧张奋战，这篇凝结着毛泽东夫妇心血的《湖南农民运动考察报告》终于在1927年3月上旬定稿了，并先后发表在中共湖南区委机关报《战士》周报、汉口《民国日报》以及《湖南民报》等报纸上。当时主管中共中央宣传工作的瞿秋白非常重视这个报告，于3月间在中共中央机关刊物《向导》周报发表了这个报告的前两章。同年4月，汉口长江书店以《湖南农民革命（一）》为书名将《湖南农民运动考察报告》作为单行本出版发行。瞿秋白在为该书所作的序言中说道："中国革命家都要代表三万万九千万农民说话做事，到战线去奋斗，毛泽东不过开始罢了。中国的革命者个个都应当读一读毛泽东这本书。"

这篇报告让全党真正懂得了农民是革命的最主要的同盟军，受到广大农民群众的热烈欢迎，成为无产阶级政党领导农民革命斗争的纲领性文献。而且，报告在《向导》周报发表后，很快便被共产国际执委会机关杂志《共产国际》转载，成为毛泽东第一篇被介绍到国外的文章。共产国际执委会主席布哈林在执委会第八次全会扩大会上谈到该报告时说："我想有些同志大概已经读过我们的一位鼓动员记述在湖南省内旅行的报告了。"并称赞这篇报告"文字精练，耐人寻味"。报告也为后来共产国际在指导中国革命中重新思索中国革命道路，对毛泽东新的革命道路从注意到重视打下了坚实的基石。而毛泽东和杨开慧共用的这口文件箱，则记录了毛泽东和杨开慧在大革命时期为开展农民运动所付出的种种艰辛历程。（王健）

编印出版的《农民问题丛刊》

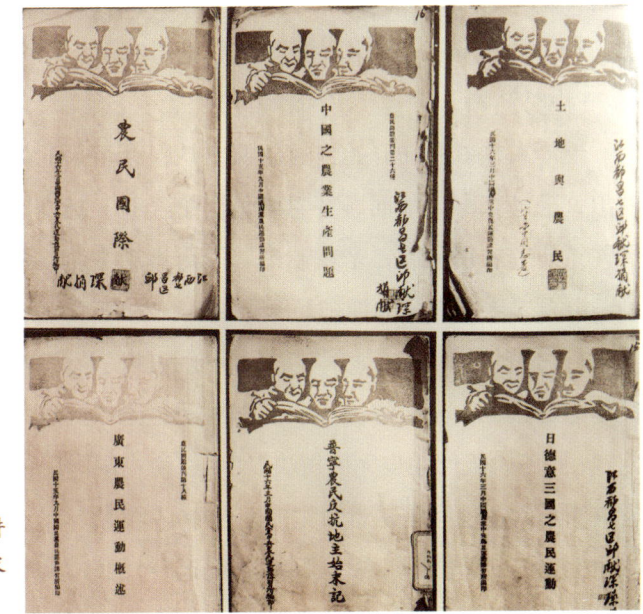

毛泽东在农讲所编印出版的《农民问题丛刊》

《农民问题丛刊》是毛泽东 1926 年 5 月至 9 月在广州主办第六届农民运动讲习所期间，为了总结推广国内外特别是广东农民运动的经验，以指导和促进全国农民运动的发展编印出版的。现由中国国家博物馆收藏。

农民运动讲习所创办于 1924 年 7 月，目的是"养成农民运动人材，使之担负各处地方实际的农民运动工作"。其最初的主办人是彭湃，此前已有 5 届毕业生，共 450 人。

毛泽东参加新成立的国民党中央农民运动委员会后，1926 年 3 月 19 日被任命为国民党中央主办的农民运动讲习所所长。毛泽东接办第六届，地址在广州的番禺学宫。经过筹备，这届农讲所于1926年5月3日正式开课，收有来自20个省区的300多名学生。

这届农讲所共开设25门课程，内容都是围绕中国革命的基本知识，其中关于农民运动的课程占8门，教员多是有实际经验的农民运动领导者，如彭湃、阮啸仙等。毛泽东讲授"中国农民问题""农村教育""地理"3门课，其中"中国农民问题"是所有课程中授课时间最长的，共23小时。

毛泽东从6月初开始讲这门课。从保存下来的学员课堂笔记里反映出，毛泽东严肃地回顾并总结了历史经验，指出以往革命党人都没有注意研究农民问题，辛亥革命、五卅运动之所以失败就在于没有得到三万万二千万农民的拥护。他从人口、生产、革命力量、战争关系、革命目的5个方面系统地阐明农民问题在国民革命中的地位，指出"国民革命的目标，是要解决工农商学兵的各阶级问题；设不能解决农民问题，则各阶级问题也无由解决""可以说中国国民革命是农民革命"，解决农民的土地问题是革命党的一个中心问题。

毛泽东历来注重对社会实际状况进行切实的调查研究。他在农讲所提倡学员研究各省的农民问题时，组织了以地区划分的13个农民问题研究会，还主持拟定了租率、田赋、地主来源、抗租减租、农村组织状况、农民观念、民歌等36个调查项目，要求学生根据农乡的实际

毛泽东在农讲所时用过的砚台

情况一一填写。毛泽东很珍视这些调查材料,后来丢失了,到20世纪60年代谈起时还说很可惜。

毛泽东对农民运动的认识和中央这时期的认识有所不同。他组织编印了一套《农民问题丛刊》,供全国各地从事农民运动的人参考。内容有三类:一类是关于农民运动的重要文献,如《孙中山先生对农民之训词》《中国国民党之农民政策》;一类是农讲所教员的专题研究报告,如《俄国农民与革命》《海丰农民运动报告》;还有一部分是学生的调查材料。原来准备出版52种,后来受条件限制只出版了26种。

1926年9月1日,在第一辑出版时毛泽东写了一篇序言,题为《国民革命与农民运动》。他在这篇文章中指出:在经济落后的半殖民地进行革命,"最大的对象是乡村宗法封建阶级(地主阶级)",他们是国内统治阶级、国外帝国主义的唯一坚实的基础。不动摇这个基础,就不能动摇这个基础的上层建筑物。根据这一分析,毛泽东认为若无农民从乡村中奋起打倒地主阶级之特权,军阀和帝国主义的势力就不会从根本上倒塌。如果只说要打倒军阀而不要打倒乡村的封建阶级,那就是不知道轻重本末。由此,他进一步阐明:"农民问题乃国民革命的中心问题,农民不起来参加并拥护国民革命,国民革命不会成功;农民运动不赶速地做起来,农民问题不会解决;农民问题不在现在的

第六届农讲所学员在进行军事训练

革命运动中得到相当的解决,农民不会拥护这个革命。"他批评一些同志只重视做城市工作,而忽视农民运动的倾向,号召要有大批的同志立刻下决心,去做那组织农民的浩大的工作。

在农民运动蓬勃高涨的事实面前,认为农民革命是国民革命成败关键的这种看法逐渐为国民革命队伍中不少人所认同。这时,毛泽东最富特色的贡献是:从分析农村、农民在中国社会结构中的特殊地位来说明农民革命的重要性。从分析农民中各阶层的经济、政治地位来说明农民革命的动力和目标,这就比较具体地说明了中国革命同盟军这个问题,大大深化了人们的认识。毛泽东并不是最早从事农民运动的人,但他对这个问题认识的深度却走在前列。《国民革命与农民运动》发表后,很快引起各方面的注意,国民党中央农民部在1926年9月21日出版的《农民运动》第八期全文转载,在中共中央工作的瞿秋白还要求中共中央宣传部的羊牧之根据毛泽东的见解充实宣传内容。

这时,毛泽东无疑已成为在全国有影响的农民运动权威。

在毛泽东完成《国民革命与农民运动》时,北伐军相继在汀泗桥、贺胜桥击溃吴佩孚的主力部队,前锋直指武汉。开办农讲所的目的,本就是要把经过训练的干部派回农村,向农民宣传革命,发展农民运动。为了配合快速推进的北伐战争,第六届农讲所在9月间结束,学员们分赴各地,投身农民运动。(姜廷玉)

就考察湖南农民运动情况写给中共中央的报告

毛泽东就考察湖南农民运动情况写给中共中央的报告

1927年2月16日，毛泽东在湖北武昌将1月4日至2月5日到湖南五县考察农民运动的情况写报告给中共中央，批评中央与农民的革命情绪不相称，主张在农民运动中采取新的路线。现由中央档案馆收藏。

1927年2月5日毛泽东历时32天的湖南湘潭、湘乡、衡山、醴陵、长沙五县考察结束。原计划还考察宁乡、新化、宝庆、攸县、武冈、新宁等县，因时间关系未能成行。回到长沙后，在中共湖南区委又作了几次报告。

2月16日，毛泽东就考察湖南农民运动的情况写报告给中共中央。报告指出："在各县乡下所见所闻与在汉口在长沙所见所闻几乎全不同，始发见从前我们对农运政策上处置上几个颇大的错误点。"党对农运的政策，应注意以"农运好得很"的事实，纠正政府、国民党、社会各界一致的"农运糟得很"的议论；以"贫农乃革命先锋"的事实，纠正各界一致的"痞子运动"的议论；以从来并没有什么联合战线存在的事实，纠正农协破坏了联合战线的议论。报告说，农民运动第二时期（农村革命暴动时期）内，农民一切向封建地主阶级的行动都是对的，过分一点也是对的，因为不过分不用大力决不能推翻封建阶级几千年积累的权力，决不能迅速完成民主革命；矫枉必须过正，不过正不能矫枉。

报告认为，"农民问题只是一个贫农问题，而贫农的问题有二个，即资本问题与土地问题。这两个都已经不是宣传的问题而是要立即实行的问题了""贫农的革命情绪依然非常之高，依现在形势，他们简直很迫切地要进到别一个革命了"，这是无论如何也不能长久抑制得下的。"现在是群众向左，我们党在许多地方都是表示不与群众的革命情绪相称"，这是一件非常可注意的事。报告提出，在农村中要发展共产党和国民党的组织，还说"洪会是一种势力，必须拉拢这种势力而不可采打击的方法""妇女尤是一个伟大的力量，不可不加注意"。

3月5日至4月3日，《湖南农民运动考察报告》全文在中共湖南区委机关刊物《战士》周报第三十五、三十六期合刊，第三十八期，第三十九期连续刊载。报告明确指出革命党人要极端重视农民斗争，要支持农民的革命举动，特别要提出贫农大群众是革命的先锋、中坚和元勋，肯定湖南农民所做的14件大事都是革命的行动和完成民主革命的措施。报告说："农民的主要攻击目标是土豪劣绅，不法地主，旁及各种宗法的思想和制度，城里的贪官污吏，乡村的恶劣习惯。这个攻击的形势，简直是急风暴雨，顺之者存，违之者灭。其结果，把几千年封建地主的特权，打得个落花流水。""孙中山先生致力国民革命凡四十年，所要做而没有做到的事，农民在几个月内做到了。这是四十年乃至几千年未曾成就过的奇勋。这是好得很。""国民革命需要一个大的农村变动。辛亥革命没有这个变动，所以失败了。现在有了这个变动，乃是革命完成的重要因素。"报告还说："革命是暴动，是一个阶级推翻一个阶级的暴烈的行动。"在革命时期农民的一

1951年11月人民出版社出版的《湖南农民运动考察报告》单行本

些所谓"过分"的举动，正是革命的需要。"政权、族权、神权、夫权，代表了全部封建宗法的思想和制度，是束缚中国人民特别是农民的四条极大的绳索。""地主政权，是一切权力的基干。地主政权既被打翻，族权、神权、夫权便一概跟着动摇起来。"报告指出要"推翻地主武装，建立农民武装"，同时对农村革命后的建设也提出一些积极的主张。

3月间，中共中央机关刊物《向导》周报、汉口《民国日报》的《中央副刊》先后发表《湖南农民运动考察报告》的前两章；3月27日，《湖南民报》开始连载；4月，汉口长江书店以《湖南农民革命（一）》为书名，瞿秋白作序，出版单行本；5月和6月，《共产国际》的俄文版和英文版先后转载了《向导》周报刊印的《湖南农民运动考察报告》。（姜廷玉）

在中共中央政治局常委会扩大会议上提出"保存武力"和"上山"的主张（常委会记录）

1927年7月4日中共中央政治局常委会第三十四次会议的会议记录

　　这是1927年7月4日中共中央政治局常委会第三十四次会议的会议记录，毛泽东在会上提出"保存武力"和"上山"的主张。现由中央档案馆收藏。

　　中国共产党在创建初期，把主要精力放在宣传和组织工人上，对中国共产党的发展壮大都有着十分重要的意义。黄埔军校建立之后，中国共产党逐步认识到枪杆子的重要性，中共中央在1925年的四届二中全会上决定成立军事委员会，12月12日改为军事部，这是第一个专门从事军事工作的组织。1926年7月，中共中央召开第四届中央执行委员会第三次扩大会议，通过建党以来的第一份《军事运动议决案》。但是，中国共产党在此时并没有能真正掌握一支有力的武装，以致在蒋介石突然背叛革命时束手无策。蒋介石发动四一二反革命政变后，大批共产党员和革命群众被屠杀。

面对局势骤然巨变，下一步怎么走这个问题非常急迫地摆在中国共产党的面前，但中共中央领导层中一些人的认识一时并没能跟上急遽变化的局势。

1927年4月27日至5月9日，在武汉召开了党的第五次全国代表大会。此时，距离四一二政变过去仅仅半月余，全党上下最为关切的是如何认清当前的严峻形势，选择什么样的道路，怎样继续革命。大会通过了《政治形势与党的任务议决案》等文件，但对于无产阶级如何争取领导权、建立革命领导权，如何领导农民实行土地革命等问题没有提出有效的措施。

1927年7月4日，中共中央政治局常委会召开第三十四次会议。会上，讨论湖南问题时，毛泽东明确提出了"上山"和"投入军队中去"的策略，并说"上山可造成军事势力的基础"；反之，"不保存武力则将来一到事变我们即无办法"。这并不是毛泽东突发的念头，而是对中国革命实际情况深入了解和分析之后得出的符合实际的结论。早在当年6月，毛泽东就提出要发动群众，恢复工作，山区的人上山，滨湖的人上船，拿起枪杆子进行斗争，武装保卫革命。在7月上旬，他又和蔡和森谈及形势，并由蔡和森致信中央政治局常委："我们提议中央机关移设武昌，同时中央及军部应即检查自己的势力，做一军事计划，以备万一。"枪杆子的问题，在毛泽东看来，已是十分重要且关乎全局的成败了。

同月，中共中央确定了实行土地革命和组织民众武装起义的新政策，着手制定在湘、鄂、赣、粤四省秋收起义的计划。9月9日，毛泽东领导湘赣边界工农武装举行秋收起义，后率领起义部队到井冈山开始创建农村革命根据地的斗争。（刘珂）

1927—1937

土地革命时期

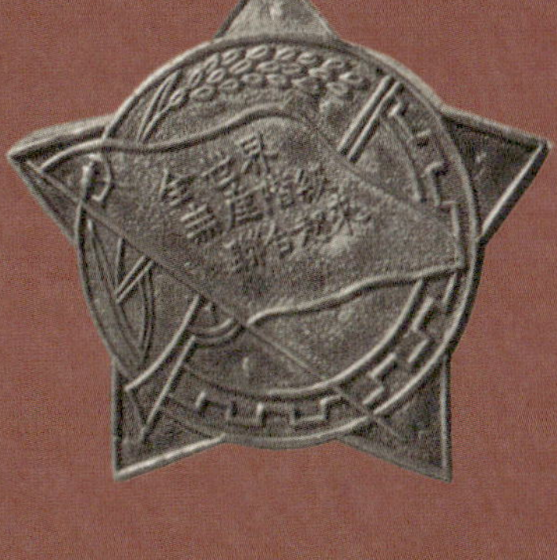

在八七会议上提出"须知政权是由枪杆子中取得的"论断

八七会议记录稿

1927年8月7日,中共中央召开紧急会议(史称"八七会议"),毛泽东在会上提出"须知政权是由枪杆子中取得的"论断。八七会议记录稿用长达20页共12000字的笔记详细记录下了这次会议的全过程,这一珍贵历史文献现保存在中央档案馆。

1927年8月7日,中共中央在湖北汉口召开紧急会议,史称"八七会议"。这次紧急会议是在大革命失败以后,党和革命事业出现严重危机的关键时刻召开的。由于当时形势紧张,交通困难,原定7月28日举行的会议不得不一再推迟。时至南昌起义后的第六天,人数仍然不能到齐。瞿秋白、毛泽东等在汉的部分中央委员、候补中央委员、监察委员、团中央代表、军委代表和湘鄂两省的代表等齐聚汉口,共同商讨中国革命未来的方向。共产国际代表罗米那兹也出席会议。据中共中央于1927年8月印发的《中共中央紧急会议文件(八七会议)小引》所注记载:"虽因人数不足不能作全党正式的中央委员全体紧急会议,但是这八七会议的意义是非常重大的。"

会议总结了大革命失败的经验教训,就土地革命、武装斗争等问题进行了讨论,着重检讨了大革命后期以陈独秀为首的中央所犯的右倾机会主义错误,确定实行土地革命和武装反抗国民党反动派的总方针。会上,毛泽东对武装斗争的极端重要性作了精辟阐述,批评党中央在国共合作中没有积极去实现无产阶级的领导,在发言中从国共合作、农民问题、军事问题和党的组织四个方面批评陈独秀的右倾错误,他指出,今后党的"上级机关应尽心听下级的报告",毛泽东破除了"素以为领袖同志的意见是对的"观念。他批评党过去"不做军事运动专做民众运动"的情况,强调党应当把武装斗争作为革命斗争的主要形式予以高度重视,"秋收暴动非军事不可,此次会议应重视此问题,新政治局的常委要更加坚强起来注意此问题。湖南这次失败,可说完全由于书生主观的错误,以后要非常注意军事。须知政权是由枪杆子中取得的"。

会议第二项议程是由瞿秋白代表中共中央临时常委会作报告。之后与会代表分别就《最近职工运动议决案》《最近农民斗争的议决案》和《党的组织问题议决案》等草案进行了讨论。

会议最后一项议程是改组中央政治局。经过酝酿讨论,与会代表表决结果选出了中央临时政治局,苏兆征、向忠发、瞿秋白、罗亦农、顾顺章、王荷波、李维汉、彭湃、任弼时等当选为政治局委员,周恩来、邓中夏、毛泽东、彭公达、李立三、张太雷、张国焘等当选为候补委员,通过了《中国共产党中央执行委员会告全党党员书》《最近农民斗争的议决案》《党的组织问题议决案》等重要文件,确定了实行土地革命和武装起义的方针。在领导者分配上,要把最有能力的同志分配去做农民运动:"中国共产党及中国共产主义青年团应当在极短期间,调最积极的、坚强的、革命性稳定的、有斗争经验的同志,尽量分配到各主要的省份做农民暴动的组织者。"

八七会议之后,在会议确定的土地革命和武装反抗国民党反动派的总方针的指引下,各地共产党组织领导工农群众和部分革命军队相继举行武装起义,在斗争中展开了创建人民军队的伟大实践。(方玮)

领导的秋收起义部队打出的第一面军旗

工农革命军第一军第一师军旗

这是毛泽东领导的秋收起义部队设计制作的军旗。这面有镰刀、斧头、五角星的红色军旗，旗面靠旗裤一侧缝有一条白布，上面用黑布缝写着繁体的"工农革命军第一军第一师"字样。全旗的含义为工农革命军是中国共产党领导下的工农革命武装。现由中国人民革命军事博物馆收藏。

1927年中国共产党领导八一南昌起义时，为争取和团结国民党左派，起义部队决定仍沿用国民革命军第二方面军番号，并使用国民革命军陆军旗帜，同时起到掩护部队的作用。南昌起义后不久，根据中共中央指示，中共湖南省委召开会议部署举行湘赣边秋收起义，会议不同意中央坚持打国民党左派旗帜的指示，决定要公开使用中国共产党的名义，正式亮出工农武装的旗帜来号召和发动起义。毛泽东代表中共湖南省委于8月20日在向中央报告中指出：我们不应再打国民党的旗子了。我们应高高打出共产党的旗子。国民党旗子已成军阀的旗子，只有共产党旗子才是人民的旗子。

此时，中共湖南省委已经开始准备设计新的旗帜，其主色调即象征着革命的红色。9月初，中共秋收起义前敌委员会书记毛泽东主持召开军事会议，讨论了秋收起义的具体部署，并将参加起义的部队和农民武装统编为工农革命军第一军第一师。

为了做好起义准备工作，毛泽东指示工农革命军第一军第一师师部参谋何长工、副官杨立三、参谋处处长陈树华三人设计制作军旗。因没有现成的样子，经过反复研究，模仿苏联旗帜的式样，设计出有镰刀、斧头、五角星的红色军旗。旗底为红色，象征革命；旗中央为五角星，代表中国共产党；五角星内有黑色镰刀、斧头，分别代表农民和工人；旗面靠旗裤一侧缝有一条白布，上面用黑布缝写着繁体的"工农革命军第一军第一师"字样。全旗的含义为工农革命军是中国

湖南桂东沙田村的墙上当年工农革命军第一军第一师政治部画的军旗宣传画

共产党领导下的工农革命武装。

与苏联国旗的区别是将镰刀、锤子中的锤子换成了斧头。据分析，在中国传统社会中，斧头一般是木匠的代表，实际是手工业的象征物，相比锤子，更易被中国广大农民和工人理解与接受。

工农革命军第一军第一师的旗帜设计好后，数十名裁缝纷纷请缨，义务承担军旗的缝制，布店老板无偿献出红布料，突击制作了100面军旗，标识不同的部队番号，下发到各团、营、连级单位。9月9日，该师指战员高举着庄严的军旗，参加了秋收起义。红色的军旗成为秋收起义部队的重要标志。

由于年代久远，这100面军旗一面也没有保存下来，我们现在所看到的这类旗帜都是根据有关资料复制的。但在沙田村墙上留有的当年工农革命军第一军第一师政治部画的军旗宣传画，可以看到工农革命军军旗最初的模样。

毛泽东在领导秋收起义后，有感于当时红旗招展，起义队伍汹涌澎湃的斗争场面，兴奋地写下了《西江月·秋收起义》：

军叫工农革命，旗号镰刀斧头。
匡庐一带不停留，要向潇湘直进。
地主重重压迫，农民个个同仇。
秋收时节暮云愁，霹雳一声暴动。

从词的内容我们可以了解到工农革命军军旗"旗号镰刀斧头"的主要特征和在"工农革命军第一军第一师"军旗的引导下工农革命军参加秋收起义的英勇雄姿。

除这首词之外，毛泽东还在一面军旗上题写了一副对联——"旗开得胜，马到成功"，表达了对革命成功的信心与豪情。

秋收起义部队的"军叫工农革命，旗号镰刀斧头"的主张得到了中央的认可和肯定,印有镰刀、斧头的军旗后来在工农革命军部队飘扬。

（姜廷玉）

在酃县水口农会干部家吃饭时用过的瓷花碗

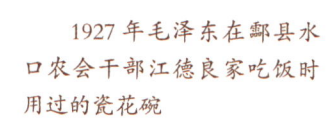

1927年毛泽东在酃县水口农会干部江德良家吃饭时用过的瓷花碗

这只瓷花碗是1927年毛泽东在湖南酃县（今炎陵县）水口农会干部江德良家吃饭时用过的碗，圆口，圈足，腹部外表周围绘着4朵彩色荷花，底面有一朱红色方印，印文模糊，里表底部有由6个蓝点组成的花环。现由井冈山革命博物馆收藏，二级文物。

1927年秋收起义后，由于进攻长沙失利，毛泽东果断作出决定，率领工农革命军转移到敌人统治力量薄弱的湘赣边界农村。10月13日，毛泽东率领工农革命军转战到井冈山西麓的湖南酃县水口镇，居住在桥头江家村共产党员、农会干部江德良家。

在水口镇期间，最初，毛泽东和担任警卫员的战士住在江家的厅屋里。战士借用江家一张可以拆拼的圆桌支架、两张缝衣服用的摊板，将摊板架在圆桌支架上当床用，晚上睡觉时把"床"架好，早晨起来就把"床"收起。

一天晚上，毛泽东办公到深夜，江德良的妻子黄长秀将锅里煮熟的红薯用一只瓷花碗盛着，放在毛泽东的桌子上。第二天早上，警卫员拿碗送回给黄长秀的时候，掏出一块银圆递给她，说毛委员一个红薯都没有吃，全给战士吃了。这碗红薯代表老百姓对革命军队的深情厚谊，但革命军队有军队的纪律要遵守，要爱护百姓，这一块银圆，毛泽东让警卫员转告黄长秀一定收下。后来，黄长秀又用这只碗盛了煮好的芋头送给毛泽东，每次毛泽东都按价付钱。

毛泽东为什么如此看重这碗红薯，居然拿一块银圆去换呢？原来，1927年，毛泽东率领部队向井冈山转移，沿途条件相当艰苦，工农革命军缺吃少穿，都是饿着肚子啃着树皮草根与敌人周旋战斗。9月29日，部队途经江西永新三湾村时，正值红薯收获季节，在初次助民劳动中，由于有的战士纪律性不强，肚子饿了就顺手偷吃了老乡的红薯，毛泽东认为这种行为侵犯了老百姓的利益，影响了军民团结。10月3日，毛泽东在三湾村枫树坪向刚刚改编的工农革命军全体指战员宣布了三条行军纪律："说话要和气，买卖要公平，不拿群众一个红薯。"这三条简单易懂的纪律是"三大纪律"的最早雏形，迅速成为全体官兵的自觉行动。

1927年10月22日，毛泽东率领部队离开水口镇。10月24日，毛泽东在江西茨坪荆竹山与前来接应部队上井冈山的朱时柳率领的王佐的部队相遇。在荆竹山雷打石上，毛泽东对大家再次强调："为了和群众搞好关系，我给大家宣布三项纪律：第一，行动听指挥；第二，不拿老百姓一个红薯；第三，打土豪要归公。"桥头江家一碗红薯的故事，折射出了"军爱民，民拥军，军民团结一家亲"的朴素的军民鱼水情，也是毛泽东以身作则执行军队纪律的见证。

这一段深情往事，毛泽东在新中国成立后也一直没有忘记。1965年5月，毛泽东重上井冈山时对身边的工作人员说："支部建在连上是到水口以后的事情。水口是个好地方，我们在那里发展了秋收起义后的第一批党员，我当时住在一个姓江的农民家里。"

从最初"不拿老百姓一个红薯"到"不拿群众一针一线"，从最初的"三条纪律""六项注意"经过多次调整修改，最终修订为沿用至今的"三大纪律八项注意"，成为全军都必须遵守的"第一军规"。

（彭志才）

送给袁文才的皮裹腿

毛泽东送给袁文才的皮裹腿

这是一副质地细腻、制作精良的皮裹腿,是当年毛泽东初上井冈山时送给井冈山地方农民自卫军领导人袁文才的见面礼。尽管它经过了长期的战争岁月洗礼,却依然完好如初。现由中国人民革命军事博物馆收藏。

1927年9月,毛泽东率领湖南秋收起义部队经艰苦转战,在江西永新三湾村进行了"三湾改编",将起义部队改编为工农革命军第一军第一师第一团。在三湾,毛泽东派人与驻在井冈山北麓宁冈茅坪的袁文才率领的农民自卫军取得了联系。

当时,井冈山有袁文才、王佐两支绿林式农民武装,袁文才部驻茅坪,王佐部驻在山上的茨萍和大小五井,两人虽早年就参加绿林组织,但大革命时期都受过革命风暴的洗礼。1926年,袁文才担任了宁冈县农民自卫军总指挥,并在同年加入中国共产党。王佐同袁文才是把兄弟,也将所部改为遂川县农民自卫军。后两人又担任过赣西农民自卫

袁文才

军副总指挥。他们对毛泽东领导的这支工农革命军了解不多，担心这支比他们力量大得多的队伍上山会"火并山寨"，夺取他们的地盘。当时，有人提议解除他们的武装，毛泽东没有同意，决定积极争取改造他们，并选定先从袁文才入手做说服争取工作，然后通过他做王佐的工作。

1927年10月初，毛泽东只带了几个随员骑马来到宁冈大仓村，远远看见袁文才带着几个人在村边迎接。见面后，袁文才把毛泽东请到一个吊楼上。会见时，毛泽东说明了工农革命军进军井冈山建立革命根据地的意义，希望袁文才同工农革命军联合起来开展斗争。他询问袁文才的队伍有多少枪，袁文才答道："60来支，有的还不好。"毛泽东说："不错，保存了革命力量，但还要发展，农民自卫军也要慢慢扩大。我们赠给你们100支枪，明天派人到砻市来担。"毛泽东的话使袁文才深受感动，先前的疑虑顿时消除，他激动地说："毛委员，我保证一心一意跟你闹革命，你交代的事我们一定要做好，队伍需要的粮食、款子和建立医院这些事都包在我身上。我已经带来600块花边（大洋）给你们用，请毛委员和队伍明天早早到茅坪。"

10月7日，袁文才带领农民自卫军和当地群众鸣放鞭炮，热烈欢迎毛泽东率领的工农革命军来茅坪。袁文才按照毛泽东的要求，协助工农革命军在茅坪建立了医院和后方留守处。为感谢袁文才的帮助，毛泽东送给袁文才一副皮裹腿以便其骑马用，袁文才非常高兴。与此同时，毛泽东也抓紧对袁文才、王佐这两支绿林式农民武装进行教育改造工作。他多次同袁文才谈心，循循善诱地帮其提高思想水平。袁文才曾对部下说："跟毛委员一起干革命不会错。"毛泽东还多次同王佐谈话，并派人到王佐部任党代表，做团结、改造王佐部的工作。不久，王佐也加入了中国共产党。

1928年2月，袁文才、王佐领导的农民自卫军被改编为工农革命军第一军第一师第二团，袁文才任团长、王佐任副团长，成为井冈山革命根据地初创时期在中国共产党和毛泽东领导下的工农革命军的重要组成部分。

1929年1月，为了打破敌人的"会剿"和解决红军的给养问题，红四军主力在毛泽东、朱德等率领下离开井冈山，向赣南进军。袁文才时任红四军参谋长，随军出征。不久，他返回井冈山，组织地方武装，坚持革命斗争。1930年2月，袁文才在永新县被错杀，毛泽东得知后心情十分沉重，指出杀袁文才"杀错了""要平反"。

新中国成立后，袁文才被错杀的冤案被平反昭雪，他被追认为革命烈士。1965年，毛泽东重上井冈山时特意将袁文才的妻子谢梅香接到井冈山宾馆，亲切地称她"袁嫂子"，向她表示慰问，并与她合影留念。这副皮裹腿，在袁文才被错杀后一直由谢梅香保存，1959年1月谢梅香将它交给江西省军区，后由中国人民革命军事博物馆收藏至今。（杨海峰）

在井冈山斗争时用过的油灯

毛泽东在井冈山斗争时用过的油灯

这盏被熏黑的、靠灯芯燃出豆点亮光的竹制油灯，是当年毛泽东在井冈山斗争时用过的。它看起来是那么地普通——它用一个20厘米高的竹筒作托儿，上面放一个盛有灯油和灯芯的小铁勺，两侧还有一个便于手提的竹梁。现由中国人民革命军事博物馆收藏。

1927年10月，毛泽东率领秋收起义部队到达井冈山，在这里创建了第一个农村革命根据地，点燃了"工农武装割据"的星星之火。1928年4月底，朱德、陈毅率领南昌起义保留下来的部队和湘南起义农军，在宁冈砻市与毛泽东领导的工农革命军会师，成立了工农革命军第四军（不久改称工农红军第四军），朱德任军长，毛泽东任党代表兼军委书记。同年12月，彭德怀、滕代远率领由平江起义部队组成的红五军与红四军在宁冈县城会师。井冈山的革命力量进一步壮大。

国民党反动派不仅在军事上对井冈山发动多次"会剿"和"进剿"，而且在经济上对井冈山实行严密封锁，使驻扎在井冈山革命根据地的红军缺少足够的服装、弹药以及柴米油盐。为了长期的革命战争，毛泽东教育红军战士精打细算、节约粮油等。比如用油，因井冈山只出产一点茶油，大部分油要靠下山打土豪获得，所以毛泽东率部队刚上井冈山时就向部队宣布了用油规定，即各连及其以上机关办公时用一盏灯，可点3根灯芯；不办公时，应将灯熄灭。连部留一盏灯，供值班、查哨用，但只准点1根灯芯。在井冈山上，部队严格地执行了这一规定。每到夜晚，随着熄灯号的响起，战士们就吹灭了灯，只留连部的一盏灯燃着。

毛泽东以身作则，他每天都要工作至深夜，就用这样的小油灯作照明用，能用一根灯芯时绝不用两根。在油灯的微弱亮光下，毛泽东先后写成了《中国的红色政权为什么能够存在？》《井冈山的斗争》等重要著作，从理论和实践方面系统地总结了井冈山革命斗争的经验，阐述了"工农武装割据"的光辉思想。

井冈山的油灯成了革命的指路灯，它在茫茫的黑夜中指引着中国人民在中国共产党领导下武装反抗国民党反动派统治，深入开展土地革命。（杨海峰）

八角楼毛泽东同志旧居

在永新塘边村帮房东挑水时用过的木水桶

毛泽东在永新塘边村帮房东挑水时用过的木水桶

  1928年5月至6月间,毛泽东在永新塘边村进行调查研究时住在周香姬家中,得知老人家中没有青壮年,他便每天帮助周香姬大娘挑水,后来周香姬感念毛泽东便保存下这两只木水桶(高53.6厘米,口径30.5厘米,底径24厘米)。现由井冈山革命博物馆收藏,原为二级文物,2020年在江西省革命文物巡回鉴定中被鉴定为一级文物。

  井冈山革命博物馆陈列柜中,两只破旧的木水桶格外引人注目,这是毛泽东在塘边调查期间帮房东周香姬挑水时用过的木水桶。在井冈山斗争的艰苦岁月里,想百姓所想、急百姓所急是毛泽东一贯的思想作风,他与百姓有福同享、有难同当,从不搞特权、走特殊,他那博大的胸怀和崇高的气度赢得了百姓的拥护和爱戴。

  毛泽东一贯主张"没有调查,没有发言权"。为了进一步掌握农村革命的现状,1928年5月,他率领红军战士来到江西永新塘边村开展农村调查。后来推动中国农民打土豪分田地运动的第一个土地法——

《井冈山土地法》，就是在此次调查基础上制定的。

当时毛泽东住在贫农周香姬家，他刚到塘边村的第二天早晨，从外面散步、看书回来，一见到周香姬正手提一篮子苋菜、肩挑一担水桶，便急忙接过她肩上的扁担和水桶，替她挑了满满一担水，一直挑到周香姬家，倒进水缸里。大娘接过毛泽东手里的扁担，激动得热泪盈眶，说："毛委员，您受累，我老妪心里怎过意得去呢？"毛泽东微笑着说："不累，不累，我有的是力气。"大娘说："您可是为我们百姓挑来了幸福水哟！"原来，周香姬唯一的儿子当兵上了前线，家里只留下儿媳和小孙女三个人，儿媳每天要忙于田间生产劳动，一大堆琐碎的家务便落在了周香姬身上。从此，毛泽东每天都坚持为周香姬挑水，并且帮着干些农活。周香姬很过意不去，有一次还偷偷把水桶藏起来，可是第二天一早毛泽东又把水桶找出来挑水去了。

1929年1月，井冈山不幸失守，土豪劣绅带着国民党反动派到塘边村为非作歹，杀害共产党员和红军干部，周香姬的家也遭到洗劫，敌人将她的粮食和养的鸡鸭统统抢走，还将毛泽东挑过水的木水桶用枪托砸碎。周香姬噙着悲愤的眼泪，将破碎的水桶木片一块块收拢起来，请了一位木匠修理，又请了一位铁匠在水桶上加了道铁箍，把水桶修理得结结实实。在那漫长而艰苦的岁月里，她珍惜地保存着这两只木水桶，一看见它，心里就倍感亲切、踏实。

新中国成立后，周香姬将精心保存的两只木水桶捐给了井冈山革命博物馆收藏。如今，木水桶已成为供人瞻仰的历史文物，默默向游客诉说着党和人民群众之间的血肉联系。（彭志才）

在闽西期间用过的棉絮

毛泽东在闽西期间用过的棉絮

  这床厚厚的、旧旧的棉絮是毛泽东当年在闽西苏家坡时用过的,它见证了一段"被"暖人心的故事。如今这床老棉絮在古田会议纪念馆的展厅中陈列着,它静静地向人们展现着伟人关心群众的暖心的场景。

  1929年10月下旬,毛泽东化名为杨先生(杨子任)随同中共闽西特委机关来到福建上杭古田镇苏家坡,居住在树槐堂。当时身患疟疾的他一边养病,一边指导闽西特委工作,在这里工作和生活了40来天。

  在苏家坡期间,毛泽东经常深入农村开展调查研究,与当地百姓拉家常,关心群众生活,了解群众困难。

  一天夜晚,寒风刺骨,山头上松涛呼啸。与往常一样,毛泽东提着一盏小马灯来到特委工作人员居住的地方查铺。当毛泽东来到厨房时，发现炊事员杨冬冬正忙着准备第二天大家的早饭。随后，毛泽东发现她的床铺上只放着一件田间劳作时防雨用的棕衣，便亲切地问杨冬冬："晚上这么冷，你就盖这棕衣，能行吗？"杨冬冬笑了笑回答："扛一扛也就过去了。"毛泽东又问："暴动时你没分得棉被？"杨冬冬说："分了，昨天我儿子参加了赤卫队，今天随队去执行任务，我让他把那床被子带走了。"毛泽东听到这儿，感动地握着杨冬冬的手说："大婶，现在我们的生活还很艰苦，可即使这么困难，人民群众也还这么热情支援红军，支持革命斗争，看来，我们的革命事业一定能成功！"说完，毛泽东马上回到自己的房间，抽出床上仅有两条毛毯中的一条，匆匆返回杨冬冬的住处，将毛毯交给杨冬冬说："这条毛毯就给你用吧，总比棕衣暖和一点，保重身体要紧啊！"杨冬冬感动得流下了泪水。后来闽西特委知道了这件事，特意买了一床棉絮给毛泽东添上，以免他着寒受冻。不久，毛泽东离开苏家坡前又把棉絮留给了闽西特委。

旧物无言，这床棉絮保存至今，见证着中国共产党人与人民群众真挚的感情，昭示着党的为民初心，感动着千千万万的参观者。（古田会议纪念馆）

戴过的"红军笠"

毛泽东戴过的"红军笠"

这顶直径约 50 厘米、上书"工农红军"4 个大字的斗笠,是毛泽东在闽西革命根据地时戴过的。因它是由福建汀州(今长汀)斗笠厂制造的,故称汀州斗笠,又叫"红军笠"。现由中国人民革命军事博物馆收藏。

1929 年,毛泽东、朱德曾率红四军主力两次入闽,创建了闽西革命根据地。由于南方气候炎热,又常常阴雨绵绵,斗笠就成为红军指战员的必备品。为了更好地保障部队需求,1931 年冬在原斗笠收购站的基础上,组织汀州个体斗笠制作工人成立了红军斗笠厂,专门为红军服务。

毛泽东不仅喜爱戴汀州斗笠,而且对斗笠适应红军行军打仗需求之事非常关心。1932 年冬,毛泽东在汀州福音医院休养期间,曾到红军斗笠厂视察。他见生产的斗笠是尖顶夹边,不太实用,背起来容易磨破衣服,就建议斗笠厂工人进行斗笠式样和质量的改进。斗笠厂工人经过反复研究、试制，将原来的尖顶改为藤缠的平顶，将竹夹边改为篾缠边，将原来的竹篾面大底小改为面小底大。斗笠厂工人又在斗笠上写上"工农红军"或"百战百胜、铁的红军"两种字样，有的还绘上红五角星或镰刀、斧头图案。最后，再在斗笠上刷一层桐油，一顶闪闪发光的新式斗笠就制成了。这种新式斗笠不仅外形美观，而且实用结实，具有较多功能：可遮阳，可挡雨，可扇风，可作枕，可当凳，背起来又不致磨破衣服。红军战士亲切地称为"红军笠"。

随着红军队伍的不断壮大，斗笠的需求越来越多，斗笠厂工人便不分昼夜赶制"红军笠"。据不完全统计，仅1934年的9个月时间，斗笠厂工人就赶制出斗笠20万顶，做到了红军指战员和苏区干部每人一顶。毛泽东更是行军、打仗、休息甚至开会，都不离斗笠。他还常用"红军笠"一边扇风一边与红军战士谈话，斗笠厂工人看见此景十分欣慰，一边干活一边编唱红军斗笠歌："红军斗笠簸箩圆，毛委员指示改缠边；平顶平沿式样好，支援红军把敌歼。新做斗笠圆叮当，送给毛委员上前方；红军打仗真勇敢，要把白匪一扫光。"

中央红军主力长征前夕，斗笠厂工人火速赶制出的20万顶"红军笠"伴随许多红军战士历尽千难万险；抗日战争中，"红军笠"伴随着新四军出没于"青纱帐"；解放战争时期，解放军官兵戴着它跋山涉水追击敌人。新中国成立后，"红军笠"几经改良，出口国外。

毛泽东戴过的"红军笠"如今陈列在中国人民革命军事博物馆，它向人们展示着革命领袖对部队建设的关怀，苏区人民对革命的支持。

（姜廷玉）

于"九月来信"后给党中央的复信

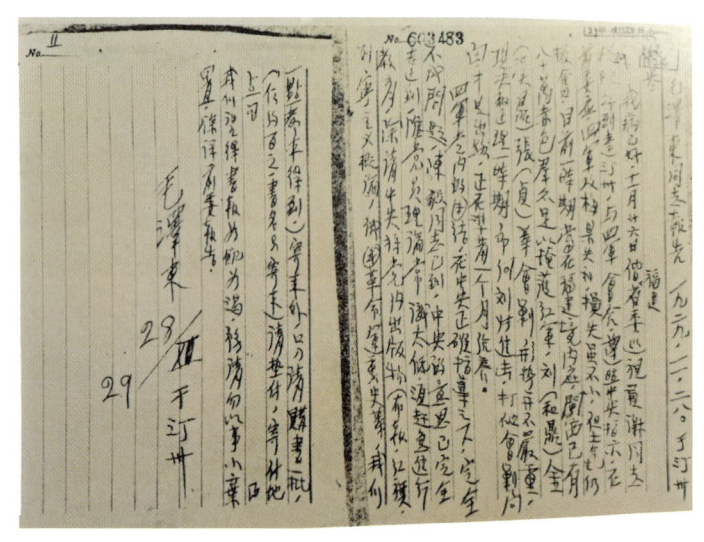

1929年11月28日毛泽东在福建汀州给党中央的复信

这是1929年中共中央"九月来信"后,11月28日毛泽东在福建汀州给党中央的复信。现由中央档案馆收藏。

1929年,由于红军长期处于分散的农村游击战争环境,各种非无产阶级思想经常大量传播到红军队伍中来。

6月下旬,中共红四军第七次代表大会召开。由于缺乏正确的政治观念,会议否定了毛泽东的必须反对不要根据地建设的流寇思想和必须坚持党的集权制领导原则等正确意见,助长了忽视根据地的错误观念和极端民主化。同时,在未经中共中央许可的情况下,大会越权改选前委书记职务,迫使毛泽东离开红四军主要领导岗位。

8月底,陈毅到达上海,就红四军党内存在的问题向中共中央作了汇报。9月28日,中共中央发出"九月来信",指示红四军前委:

红军的基本任务，一是"发动群众战争，实行土地革命，建立苏维埃政权"；二是"实行游击战争，武装农民，并扩大本身组织"；三是"扩大游击区域及政治影响于全国"。中共中央并且指出："党的一切权力集中于前委指导机关，这是正确的，绝不能动摇。不能机械地引用'家长制'这个名词来削弱指导机关的权力，来作极端民主化的掩护""红军中右倾思想如取消观念、分家观念、离队观念，与缩小团体倾向，极端民主化，红军脱离生产即不能存在等观念，都非常错误，皆源于同志理论水平低，党的教育缺乏。这些观念不肃清，于红军前途有极大危险，前委应坚决以斗争的态度来肃清之"。中共中央还让陈毅带着"九月来信"返回红四军，让毛泽东回前委复职。中共中央的这些指示，特别是"九月来信"的精神，为红四军统一认识，纠正各种错误思想提供了依据。

毛泽东在接到陈毅的信和中共中央指示后，来到前委所在地福建汀州。11月28日，毛泽东欣然给中央写报告说："我病已好……遵照中央指示，在前委工作……四军党内的团结，在中央正确指导之下，完全不成问题。陈毅同志已到，中央的意思已完全达到。惟党员理论常识太低，须赶急进行教育。"

毛泽东、朱德、陈毅三人完全遵照中共中央"召开一次会议""有一个文字决议"的指示，于12月28日和29日在上杭古田举行中共红四军第九次代表大会。在会上，毛泽东作了政治报告，朱德作了军事报告，陈毅传达了中共中央的指示。会议选举产生了以毛泽东为书记的新的红四军前委，通过了毛泽东主持起草的《中国共产党红军第四军第九次代表大会决议案》，即著名的"古田会议决议"。决议总结了红军建立以来破除旧军队影响，进行新型人民军队建设的经验，纠正红四军党内存在的各种错误思想，确立了人民军队建设的根本原则。古田会议确立的思想建党和政治建军原则，不仅推动了当时红军建设和革命战争的发展，而且以新的经验丰富了中国共产党的建党建军学说，对后来的革命事业和军队建设也产生了深远影响。（刘珂）

在新泉整训期间用过的
木盒蝉形石砚、竹笔筒

毛泽东在福建新泉整训期间使用过的木盒蝉形石砚、竹笔筒

一方砚台、一支笔筒,这是古田会议前夕毛泽东领导新泉整训的重要物证,见证了往昔的峥嵘岁月。现由古田会议纪念馆收藏。

1929年10月底,陈毅带回中共中央"九月来信",请毛泽东回到红四军主持前委工作。11月26日,毛泽东到达福建长汀,并于28日主持召开红四军前委扩大会议,决定开展红四军整训计划,并决定召开中共红四军第九次代表大会。

12月3日,红四军进驻连城新泉,毛泽东、朱德、朱云卿等人一同住在新泉区苏维埃政府主席张育文家——望云草室。他们在这里领导红四军进行了十天左右的政治、军事整训。

为了肃清军队中的单纯军事观点、极端民主化等错误思想,提高红军的政治素质,毛泽东从白天到黑夜连续召开各种调查会,他的足迹踏遍了偏僻的小山村、热闹的练兵场。深夜,山村早已沉睡,但望云草室里依然透出一丝橙红色的光束。在农家普通的小油灯下,毛泽东正在聚精会神地整理着白天所得的大量调查材料,又饱蘸墨汁,挥毫疾书,为召开中共红四军第九次代表大会做准备。

12月中旬,红四军离开新泉,前往上杭古田。

新泉整训后,张育文带领全区人民积极开展土地革命斗争,其弟张育林在哥哥的感召下也参加了革命。不幸的是,后来兄弟二人都为革命而牺牲,其妹张素娥特意把毛泽东用过的砚台、笔筒等藏到大哥张育文房间的天花板上。新中国成立后,远去他乡的张素娥回到家乡,在房间天花板上找出了砚台、笔筒,于1959年捐赠给了古田会议纪念馆。(古田会议纪念馆)

撰写的《寻乌调查》

《寻乌调查》

这是一本土地革命时期用钢板刻写、赣南山区土纸油印线装的书籍，内容是 1930 年 5 月毛泽东在江西寻乌县作社会调查后于 1931 年春整理撰写的调查报告。书名《寻乌调查》，为毛泽东手书。现由井冈山革命博物馆收藏。

毛泽东是中国共产党实事求是思想路线最早提出者、最积极的倡导者和最忠实的践行者，是坚持实事求是的光辉典范。1930 年春，他和朱德率领红四军在江西赣南作战过程中，发现自己从前的调查活动有一个缺点，就是偏重于农村而不注意城市，对中国的富农问题还没有全面了解，对城市商业状况更是"完全的门外汉"，以致"对城市贫民和商业资产阶级这二者的策略始终模糊"。他深切地感到："我们要了解农村，也要了解城市，否则将不能适应革命斗争的需要。"于是，他决定利用红四军主力分兵在江西寻乌、安远及广东平远等县发动群众的机会，对地处闽、粤、赣三省交界的寻乌县做一次系统深入的调查。

毛泽东的调查活动得到中共寻乌县委书记古柏全力配合和支持。调查活动第一天，他们首先绕寻乌县城四周城墙走了一圈，还登上高处细细观看县城全貌，对寻乌城有了个整体的印象。接着，他们走进街巷中的一家家商店，与店主和顾客聊天，了解店内商品来源、价格和销售情况。

为全面了解寻乌县城及其开展土地革命的情况，毛泽东决定召集一些人开座谈会。古柏根据毛泽东的意见，提出了一个参加调查会的对象名单，共10个人，分别是：

郭友梅，59岁，曾任寻乌县城商会会长，本城人；

范大明，51岁，贫农，县苏维埃政府职员，城区人；

赵镜清，30岁，中农，做过铸铁工和小商人，还在广东军阀陈炯明部下当过兵，现任县苏维埃政府委员，双桥区人；

刘亮凡，27岁，原国民党县署钱粮兼征柜办事员，现任城郊乡苏维埃政府主席，城区人；

李大顺，28岁，贫农，曾任区苏维埃政府委员；

刘茂哉，50岁，老童生，开过赌场，做过小生意，原是小地主，后降为贫民，曾任县革命委员会委员，现任区苏维埃政府委员；

刘星五，46岁，农民，做过小生意，现任乡苏维埃政府委员，城区人；

钟步嬴，23岁，梅县师范生，区苏维埃政府主席，石排下人；

陈倬云，39岁，自治研究所毕业，做过缝工和小生意，还当过小学教师；

郭清如，62岁，秀才，赴过乡试，做过小学教师，城区人。

调查会在毛泽东居住的马蹄岗楼下大厅举行。经常到会的是郭友梅、范大明、赵镜清、刘亮凡四人，间或到会的是李大顺、刘茂哉两人，其他人到过一两次会，提供了一些材料。

毛泽东事先开列了一张长长的调查提纲，共列出5个大目：寻乌的政治区划、寻乌的交通、寻乌的商业、寻乌的旧有土地关系、寻乌的土地斗争，每个大目之下又列出几个至十几个细目。比如，"寻乌

寻乌调查旧址——寻乌县城马蹄岗

的商业"一项就分列出8个细目：（一）门岭到梅县的生意；（二）安远到梅县的生意；（三）梅县到门岭的生意；（四）梅县到安远、信丰的生意；（五）惠州来货；（六）寻乌的出口货；（七）寻乌的重要市场；（八）寻乌城。在"寻乌城"之下，又列出"寻乌城是什么""盐""杂货""人口成份（分）和他们在政治上的地位"等25个问题。对"寻乌的土地斗争"，从分配土地、山林、房屋的方法、标准，到各个阶级、阶层对土地革命的态度，一直到土地斗争中妇女地位的变化等内容都包括在内。

调查会白天开，晚上也开，整整开了十几天。有时，毛泽东还带着前委机关的同志和警卫战士到田头一边劳动，一边向农民调查。早晚散步，遇到行人也聊上几句。调查会自始至终都是毛泽东自己做记录，调查会结束，他已经密密麻麻记了几大本。

最后，寻乌调查开了一个总结会，四五十人到场。毛泽东将自己认为还不够清楚或把握不准的地方一一提出，请大家解答核实。为感谢大家对调查工作的支持，毛泽东特意招待与会的所有人在马蹄岗共进午餐。

寻乌调查，是毛泽东在中央苏区所作社会调查中规模最大、影响最深远的一次调查活动。这次调查，毛泽东自始至终老老实实当"小学生"，收获极大。用他自己的话说：参加调查的人"是我的可敬爱的先生","他们都给了我很多闻所未闻的知识"。这些"闻所未闻的知识",对于后来党制定土地革命的政策和党的工商业政策有极大的帮助。

1941年9月,毛泽东在延安时曾说:"到井冈山之后,我作了寻乌调查,才弄清了富农与地主的问题,提出解决富农问题的办法,不仅要抽多补少,而且要抽肥补瘦,这样才能使富农、中农、贫农、雇农都过活下去。假若对地主一点土地也不分,叫他们去喝西北风,对富农也只给一些坏田,使他们半饥半饱,逼得富农造反,贫农、雇农一定陷于孤立。当时有人骂我是富农路线,我看在当时只有我这办法是正确的。"

1931年初,红军第一次反"围剿"结束后,在宁都县小布镇赤坎村龚氏祠堂,毛泽东请古柏协助对寻乌调查所做的记录进行整理,撰写形成调查报告,书名为《寻乌调查》。因处于战争环境和印刷条件限制,当时只能靠钢板蜡纸刻写,用赣南山区土纸印刷若干,线装成书,保存在毛泽东身边。十分庆幸的是,这份文稿和毛泽东的《兴国调查》《长冈乡调查》《才溪乡调查》等重要文稿,历经炮火硝烟和二万五千里长征,仍完好无损地被带到了延安。1982年,《寻乌调查》被收入中共中央文献研究室编辑出版的《毛泽东农村调查文集》一书,第一次公开发表。(凌步机)

赤坎村小组中共苏区中央局旧址暨毛泽东同志旧居

撰写的《仁风山及其附近》

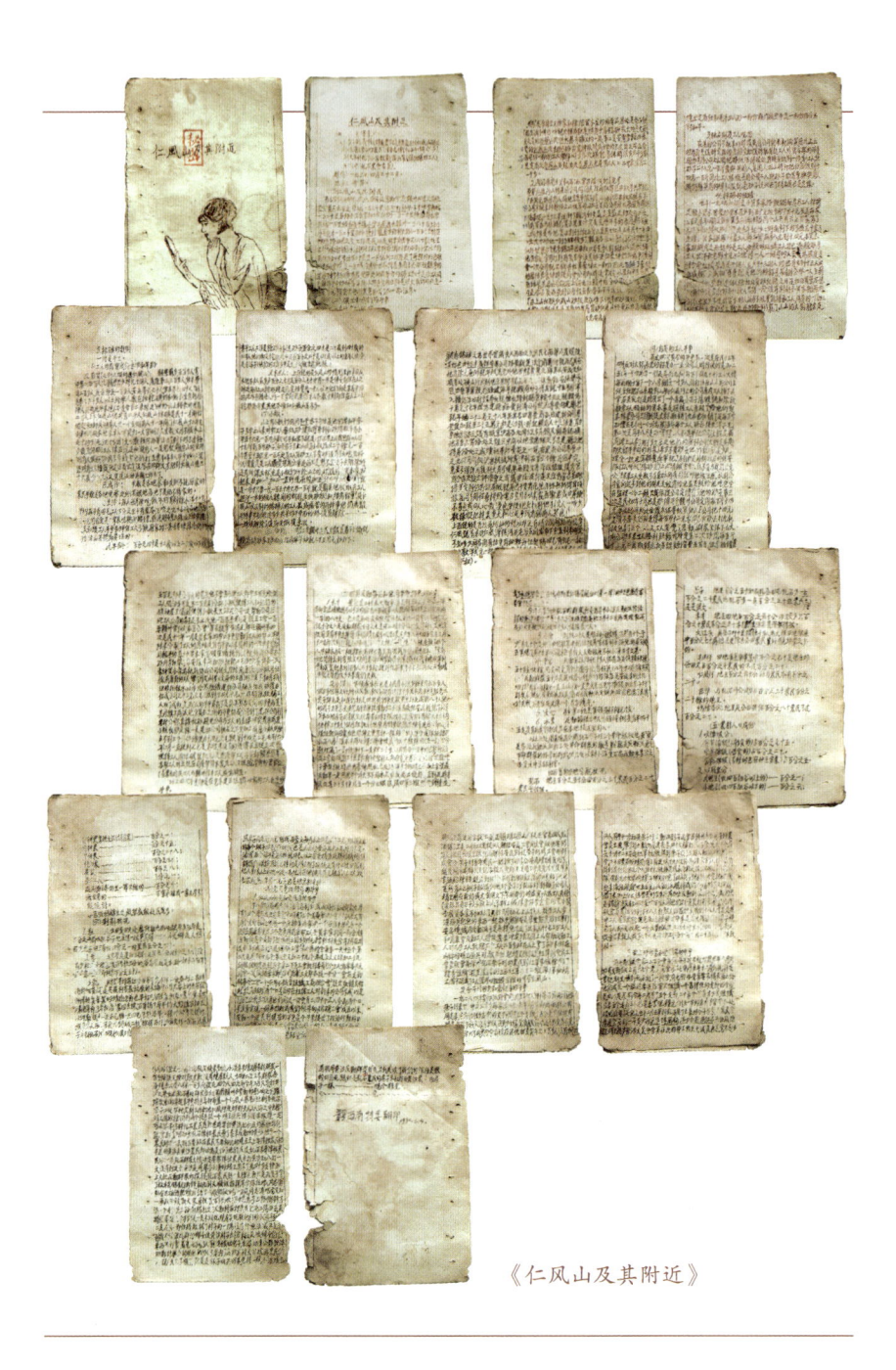

《仁风山及其附近》

1930年6月4日，中共赣西南特委用毛边土纸油印出版了一本小册子，书名为《仁风山及其附近》。该小册子是毛泽东于1930年4月22日在江西会昌县城作仁风山调查后整理形成的调查报告。现由兴国县文化广电新闻出版旅游局收藏。

　　仁风山（有时写作仁凤山），原名盘古山，自民国初年以来就是江西乃至中国有名的钨矿山之一，中央苏区时期属江西安远县辖，1953年划属会昌县乱石区，1954年划属于都县辖，地处于都县南部边陲，与安远、会昌两县毗邻。

　　该地的茶梓村，在1928年春夏间爆发过党领导的农民武装暴动。1929年夏，中共赣南特委为加强对盘古山钨矿工人运动和附近农村斗争领导，派刘义顺（原名徐复祖，江西兴国县人）前往该矿区，成立中共盘古山特委，刘义顺任特委书记。经过艰苦努力，矿区及附近农村党组织得到恢复发展。1930年4月上旬至中旬，特委组织发动矿区工人和附近乱石地区农民举行武装暴动，但遭受严重挫折。

　　正当乱石地区农民暴动受挫之时，1930年4月17日，毛泽东、朱德率领红四军第一纵队攻克会昌县城。4月20日，红四军召开会昌县城群众大会。随后，朱德率第一纵队继续向寻乌县方向开展工作，毛泽东和前委机关及第一纵队队部留驻会昌县城。中共盘古山特委领导人闻讯后，当即率领参加暴动的矿工和农民300余人连夜前往会昌县城，找到红四军前委驻地大成殿。

　　毛泽东在大成殿听取了刘义顺关于盘古山地区革命斗争情况汇报后，决定将中共盘古山特委改为中共安于会赣四县边界特区委，任命刘义顺为特区委书记，将前来要求参加红军的300余名盘古山青年矿工和农民组建成立赣南红军第二十二纵队，任命谢海波为纵队长，刘义顺兼任纵队政治委员，还从红四军派出4名军事干部、拨出一批枪支弹药支援第二十二纵队。

　　4月22日，毛泽东为详细了解盘古山矿区及附近农村情况，在会昌城召开了一个调查座谈会。参加座谈会的共有7人，他们分别是中

盘古山（仁风山）矿区

共安于会赣四县边界特区委书记刘义顺、矿工钟亮照、茶梓村农民钟文亮、乱石区知识分子钟元璋、乱石区小学教员刘大训、爆竹制作工人潘云宾、乱石区农会委员王海中。刘义顺等向毛泽东详细汇报了盘古山、丰田两个钨矿地理位置及交通状况，建矿开采历史、矿工情况，美英公司压迫剥削矿工和矿工们的自发反抗斗争情况，矿区附近农民土地占有状况和农民斗争情况，矿区党组织的建立发展和开展斗争情况。毛泽东认真地听取了刘义顺等人的汇报，并作了详细记录。毛泽东在调查会上说，盘古山这个名字太古老，还是将盘古山改称仁风山好。

毛泽东将调查所获得的资料整理成一篇调查报告，题为《仁风山及其附近》，全文约有1万字。这篇调查报告很快由红四军政治部门印发给有关人员，中共赣西南特委也于1930年6月4日油印成书，内部下发给各级党组织领导机关参阅。由于当时战争环境的影响，油印成书的这篇调查报告留存极少，直至2016年，兴国县文物部门才从吉安市一位红色文物爱好者手中收藏到一本。

毛泽东作仁风山调查并整理形成调查报告，具有十分重要的意义。毛泽东过去所作过的调查中大多为农村调查，囿于工作环境，除早年通过办工人夜校接触工人、前往安源煤矿指导工人斗争外，他很少作过工矿业调查。《仁风山及其附近》以较大篇幅记录了仁风山钨矿的开采历史、开采技术、采矿组织，仁风山矿工成分组成，外国资本对

江西会昌县大成殿红四军前委驻地旧址暨毛泽东旧居

中国钨矿资源的掠夺与相互竞争、钨矿工人的自发斗争等内容，是目前发现的毛泽东在中央苏区所作的唯一的工矿业调查资料，为当时党了解工矿业工人情况，研究革命斗争中存在的突出问题，制定正确的方针政策，提供了丰富、翔实的第一手材料，填补了毛泽东在中央苏区调查研究的空白，丰富了毛泽东调查研究思想。此次调查活动距毛泽东作寻乌调查仅10余天，可以说，仁风山调查是寻乌调查的前奏，寻乌调查是仁风山调查的拓展。（凌步机）

撰写的《调查工作》

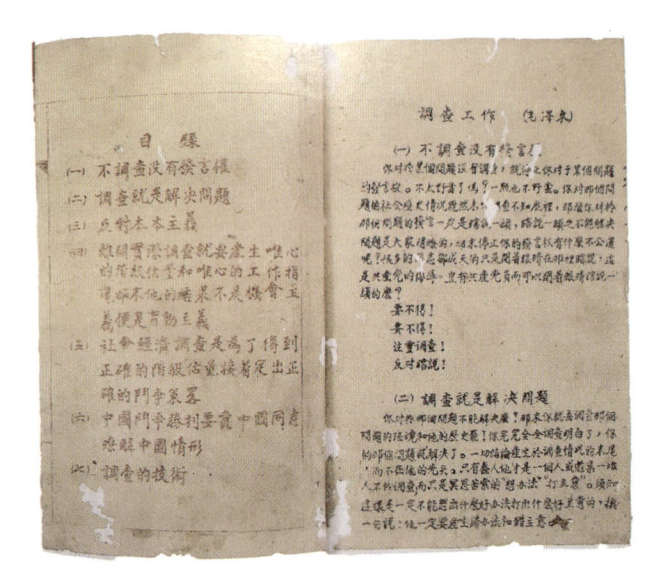

1930 年 5 月毛泽东撰写的《调查工作》目录和部分内容

这是1930年5月毛泽东撰写的《调查工作》石印本，呈长方形，长18.4厘米，宽12.6厘米；纸质，泛深黄色。同年8月21日，由中共闽西特委翻印。现由中国国家博物馆收藏。

毛泽东为反对当时中共党内和红军中的教条主义思想，于1930年5月在江西寻乌县进行社会调查时写了这篇《调查工作》，同年8月21日中共闽西特委翻印成小册子，发给苏区军民学习。毛泽东在《调查工作》中提出"没有调查，没有发言权"的著名论断，成为论述马克思主义中国化问题的肇始，也标志中国化的马克思主义——毛泽东思想的初步形成。

1927年大革命失败，成千上万的共产党员和革命群众惨遭国民党反动派血腥屠杀，党员数量由近6万人锐减到1万多人，党的活动被迫转入地下，中国共产党经受了前所未有的巨大挫折。以毛泽东同志为主要代表的中国共产党人，认真总结经验教训，把马克思主义与中国实际情况相结合，对中国革命道路进行艰苦探索。1927年9月，毛泽东率领秋收起义部队向敌人统治力量薄弱的井冈山地区进军，开展工农武装割据斗争，创建了井冈山革命根据地，创造性地开辟了一条"农村包围城市、武装夺取政权"的中国革命新道路。

但是，党内一些人把马克思主义教条化、把共产国际决议和苏联经验神圣化，机械地照搬俄国革命经验，导致"左"倾盲动和冒险主义错误对革命造成严重危害。毛泽东同这些错误倾向进行了不懈斗争，他在领导井冈山斗争中创造性地解决了诸如土地革命、根据地建设、党的建设和人民军队建设等一系列根本问题，撰写了《中国的红色政权为什么能够存在？》《井冈山的斗争》《星星之火，可以燎原》等重要著作，科学地阐明中国革命新道路的思想。

1930年5月，毛泽东在寻乌作了当时最大规模的一次调查：接连开了10多天的调查会，整理出长达8万多字的《寻乌调查》。同时，他还写了一篇重要文章，即《调查工作》（也称《关于调查工作》，后改为《反对本本主义》），这是他对多年调查研究活动的理论总结。《调查工作》在党的历史上第一次明确提出"没有调查，没有发言权"的著名论断，深刻阐明了坚持辩证唯物主义思想路线，坚持理论与实际相结合的重要性。毛泽东倡导广大干部到社会群众中去开调查会，指出"马克思主义的'本本'是要学习的，但是必须同我国的实际情况相结合"；认为"中国革命斗争的胜利要靠中国同志了解中国情况"。

《调查工作》从七个方面阐述了中国共产党人的世界观和方法论，"农村包围城市、武装夺取政权"思想的提出，就是马克思主义同中国的实际情况相结合的产物。《调查工作》是毛泽东思想初步形成的奠基性著作，中共中央文献研究室主编的《毛泽东传》给出这样的结论："作为毛泽东思想的活的灵魂的三个基本点，即实事求是、群众路线、独立自主的思想，在这篇文章中可以说已初步形成。"同时，《调查工作》强调坚持实事求是，通过调查研究，把马克思主义的"本本"

同中国的实际情况结合起来，这是中国共产党人第一次自觉推进马克思主义中国化的开端。毛泽东作为马克思主义中国化的伟大开拓者，为这一伟大事业的进一步发展奠定了坚实的理论基础，指明了正确的发展方向。

由于当时战争频仍，在转移过程中，毛泽东的《调查工作》不幸散失。令人欣喜的是，1957年2月，福建上杭县农民、共产党员赖茂基献出了珍藏几十年的《调查工作》。1958年10月，中央革命博物馆筹备处（原中国革命博物馆，现为中国国家博物馆）工作人员在赣南闽西发现了毛泽东《调查工作》石印本。1959年8月，福建龙岩专署文教局拨交，由中国革命博物馆收藏。

1960年底，中央政治研究室借到此件。1961年1月，毛泽东的秘书田家英将此件送毛泽东阅看，他喜悦之情溢于言表，多次表示："我对自己的文章有些也并不喜欢，这一篇我是喜欢的。"他在一个批示中写道：这是一篇老文章，是为了反对当时红军中的教条主义思想而写的，"是经过一番大斗争以后写出来的"；"那时没有用'教条主义'这个名称，我们叫它做'本本主义'。写作时间大约在1930年春季，已经三十年不见了……看来还有些用处"。当年毛泽东号召全党全国"搞个实事求是年""大兴调查研究之风"，明确指出为实现社会主义革命和建设目标，中国共产党比以往更加需要这种精神。

1951年编辑出版《毛泽东选集（第一卷）》时，由于当年《调查工作》尚未找到，未能收入。1964年在《毛泽东著作选读》甲种本文稿审定时，毛泽东把《调查工作》改名为《反对本本主义》。1991年在出版《毛泽东选集》第二版时，《反对本本主义》被编入《毛泽东选集（第一卷）》，这也是《毛泽东选集》第二版增补的唯一一篇重要文章。（夏燕月）

为中华苏维埃共和国
临时中央政府题词

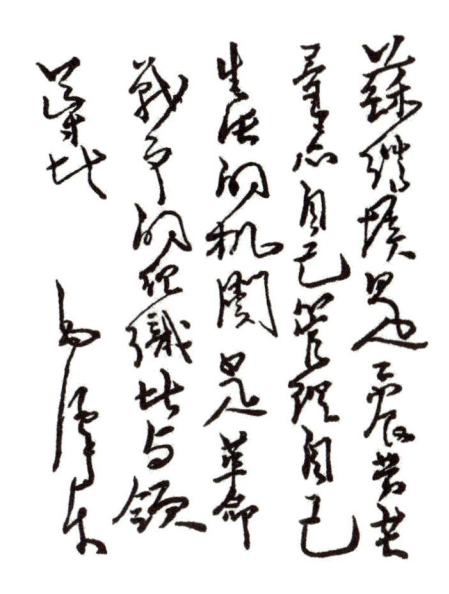

毛泽东为中华苏维埃共和
国临时中央政府题的词

这是毛泽东在江西瑞金为中华苏维埃共和国临时中央政府题的词："苏维埃是工农劳苦群众自己管理自己生活的机关，是革命战争的组织者与领导者。"现由瑞金中央革命根据地纪念馆收藏。

1927年，国共合作的大革命运动因国民党右派背叛革命而失败。中国共产党总结惨痛的历史教训，决定高举苏维埃革命红旗，领导农民深入开展土地革命，建立苏维埃政权。毛泽东率先将革命重点转向农村，率领湘赣边秋收起义部队奔赴井冈山，开辟建立了井冈山革命根据地，艰难探索出一条符合中国革命实际情况的正确革命道路。1929年1月，毛泽东与朱德等一起率领红四军主力向赣南、闽西进军，开辟建立了以赣西南和闽西苏区为基础的中央苏维埃区域。与此同时，方志敏、贺龙、周逸群、邓小平等也领导工农大众高举苏维埃革命红旗，相继开辟建立了赣东北、湘鄂边和湘鄂西、鄂豫皖、湘赣边、湘鄂赣边、粤东江、琼崖、左右江等革命根据地，各级苏维埃政权如雨后春笋般纷纷建立。至1930年夏，井冈山星星之火已在大江南北燃起燎原之势。

中国共产党根据全国苏维埃革命蓬勃发展的大好形势，在共产国际指导下，将建立全国性苏维埃中央政权提上议事日程。1930年5月20日至23日，中共中央主要领导在上海英租界卡德路和爱文义路交叉处的俄式洋房（今北京西路690—696号）秘密召开全国苏维埃区域代表大会。在这次大会的最后一次会议上，大会主席团作出一项重要决议：正式召开第一次全国苏维埃代表大会，成立中华苏维埃共和国临时中央政府，以集中革命的指挥力量，统一全国各苏区的政权和法令。会议还决定邀请中共中央、少共中央、全国总工会等，在上海成立中华工农兵苏维埃第一次全国代表大会（以下简称"一苏大会"）中央准备委员会（以下简称"中准会"），会后立即开始一苏大会的各项准备工作。

一苏大会原定1930年11月7日在上海秘密召开，因准备工作尚

江西瑞金叶坪村一苏大会会址暨中华苏维埃共和国临时中央政府旧址

未就绪等原因，推迟至12月11日广州暴动3周年纪念日开幕，开会地点也移至朱德、毛泽东活动的江西中央苏区。后又因国民党军队对江西中央苏区连续发动3次大规模军事"围剿"，负责一苏大会准备工作的中准会秘书长林育南在赴江西途中受阻返回上海后被捕牺牲，以项英为代理书记的中共苏区中央局和以毛泽东为主席的中华苏维埃中央革命军事委员会最终决定于1931年11月7日在中央苏区瑞金县叶坪村召开一苏大会。

1931年11月7日至20日，一苏大会隆重召开。毛泽东代表中共苏区中央局向大会作政治报告。大会选举毛泽东、项英、朱德、周恩来等63人为中华苏维埃共和国第一届中央执行委员会委员。11月20日，举行闭幕大会，毛泽东致闭幕词，他说：新成立的临时中央政府担负着组织战争、创造根据地、创造红军等艰巨任务，这不是少数人的努力而能够实现的，要在各级苏维埃的努力下面，在广大群众的努力下面才能实现，也一定能够实现。最后，毛泽东带领代表们振臂高呼："革命战争胜利万岁！""中华苏维埃共和国万岁！"

11月27日，中华苏维埃共和国中央执行委员会第一次全体会议在叶坪村外的树林中召开。会上，毛泽东当选为中华苏维埃共和国中央执行委员会主席和中央人民委员会主席，项英、张国焘分别当选为副主席，宣告中华苏维埃共和国临时中央政府正式组成。过去，红军

一苏大会代表选举现场

中华苏维埃共和国中央执行委员会第一次全体会议现场

官兵和根据地的群众都称毛泽东为"毛委员""毛党代表""毛总政委",从这时起,人们改称毛泽东为"毛主席"。

中华苏维埃共和国临时中央政府成立后,毛泽东欣然题词:"苏维埃是工农劳苦群众自己管理自己生活的机关,是革命战争的组织者与领导者。"这一题词,精准定位了中华苏维埃共和国临时中央政府的性质,为新生的红色政权指明了前进方向。(凌步机)

在漳州期间用过的铁床架

毛泽东在漳州期间用过的铁床架

在漳州市委、市政府大院内有一座西式小洋楼，当地群众亲切称为"芝山红楼"——毛主席率领红军攻克漳州纪念馆。该楼二楼一间小卧室里摆放着一张铁床架，是1932年毛泽东率领中央红军取得漳州战役胜利后进驻漳州城，在芝山红楼居住时用过的。它陪伴着毛泽东在漳州期间的20多个夜晚，是漳州战役的重要物证，见证了毛泽东在漳州运筹帷幄、领导红军将士如火如荼开展革命斗争的场景。

1932年初，由于王明"左"倾冒险主义的影响，中央军委错误主张攻打赣州，久攻未克，被迫撤围。在江口会议后的红军行军中，毛泽东从实际出发分析敌我形势，提出了东征福建的主张。3月下旬，周恩来在江西瑞金召开中共苏区中央局会议，采纳了毛泽东的意见，决定将中路军改为东路军，由毛泽东率领东征福建。3月30日，毛泽东根据国内时局和闽粤敌我形势，致电周恩来"政治上必须直下漳泉，方能调动敌人，求得战争，展开时局"，提出攻打漳州的方案，这一主张得到时任中共苏区中央局书记周恩来的支持和中央革命军事委员会的批准。4月1日，周恩来在长汀中华基督教堂组织召开作战会议。根据会议的部署，红一军团从长汀出发，奔袭龙岩，4月10日取得龙岩战斗的胜利，打开了漳州战役的门户。4月中旬，毛泽东率中央红军一、五军团分三路向漳州进军，4月19日取得天宝决战胜利。4月20日，红军顺利进驻漳州城，把红旗插在芝山上。

漳州战役战果丰硕，缴获了大量的武器装备及军用物资等，其中缴获了两架飞机，这是中央红军历史上第一次缴获国民党的飞机，红军亲切称它为"马克思"号。5月1日，红军进漳后在中山公园召开了"军民庆祝红军胜利攻克漳州大会"，并在大会上第一次使用飞机作空中宣传，在会场上空散发传单，宣传共产党的主张。

在毛泽东的正确领导和漳州地方党组织的配合下，中央红军在漳州大力开展宣传工作、积极扩大红军力量、筹款筹物、帮助建立地方革命组织、扩大革命根据地。红军用一个多月的时间就筹集了大量的粮食、布匹、食盐、药品等重要物资，扩军1500多人。其中，最为辉煌的成果是筹集了100多万大洋，为苏区金融建设的稳定，也为之后的第四次反"围剿"和中央红军长征提供了重要的物质保障和经费支持。

毛主席率领红军攻克漳州纪念馆内毛泽东使用物品陈设复原

漳州战役的胜利，对于缓解中央革命根据地的经济困难、巩固闽西根据地、发展闽南游击战争、援助东江红军有着重要的作用。

中央红军撤离漳州后，这张铁床架被芝山红楼原住户寻源中学老师带到厦门鼓浪屿。1957年8月，为继承老一辈光荣传统、弘扬红军革命精神，经福建省人民委员会批复，将毛泽东当年居住过的芝山红楼辟为毛主席率领红军攻克漳州纪念馆，这张铁床架被征集于此，并恢复当时陈设。（毛主席率领红军攻克漳州纪念馆）

记载毛泽东交纳食宿费的账本

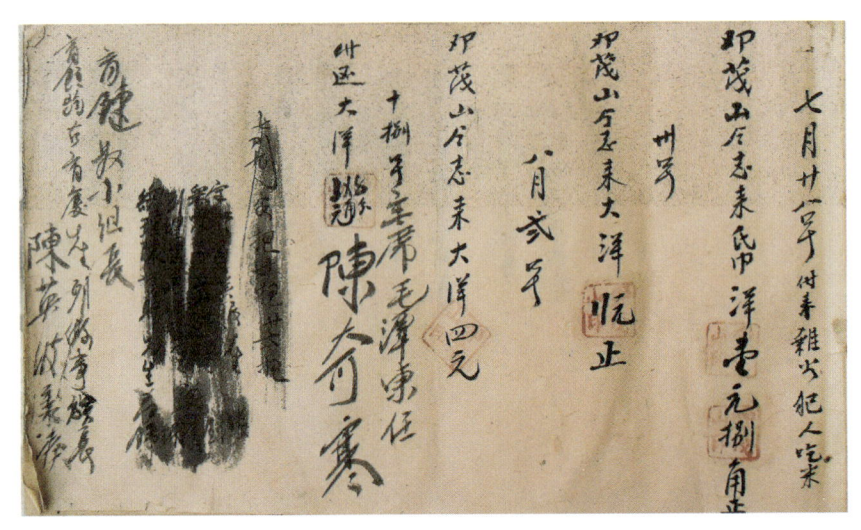

记载毛泽东交纳食宿费的账本

在瑞金中央革命根据地纪念馆，至今保留着一册记载毛泽东照章交纳食宿费的账本。这册账本，成为他严格遵守纪律、执行规章制度的历史见证。

1933年8月17日，毛泽东带领警卫员在江西军区参谋长陈奇涵陪同下，来到长胜县产田区（产田区原属瑞金县，1933年8月划属新设立的长胜县）调查研究，在区政府住宿一晚。临走，毛泽东交代警卫员吴吉清向区财政部部长结账，可是区财政部部长说什么也不肯收钱，吴吉清只好追上已经上路的毛泽东，说明情况。毛泽东听后，大为生气，立即要吴吉清返回区政府补交食宿费。陪同的陈奇涵出主意，提出由他日后代办此事，毛泽东同意了这一提议。陈奇涵不敢马虎，后来如数转交了毛泽东一行的钱款。产田区财政部的记账本上，于是有了如下记载："十八号主席毛泽东住，付还大洋一元四角八分。"在账册的"经手"栏内，写上了"陈奇寒（涵）"的名字。

毛泽东是苏区干部廉洁自律的楷模。在中央苏区，毛泽东绝不随便接受群众的礼物。1932年春，他在瑞金叶坪村附近的东华山古庙养病，附近老表送来几只鸡慰问，警卫员吴吉清说什么也不敢收下，老表不肯走，最后吴吉清只好按市价付钱。此事被毛泽东发现问清经过后，才算了事。

因敌人严密封锁，中央苏区严重缺盐。1933年夏，前线红军派人送了两担缴获的食盐回瑞金，中央政府总务厅将盐分成几十小包发给中央领导同志每人两小包食用，警卫员陈昌奉高兴地将分配给毛泽东的两包食盐领了回来。毛泽东发现后，立即责令陈昌奉将食盐退回总务厅，转送给红军医院伤病员，其他中央领导同志也都将分到的食盐转送给了红军医院。

毛泽东有吸烟、吃辣的嗜好，却从不因这些嗜好而破坏群众纪律，搞特殊化；相反，对战士、群众的冷暖温饱，他时时放在心上，这样的故事真是数不胜数。（凌步机）

帮助瑞金沙洲坝群众挖的"红井"

毛泽东帮助瑞金沙洲坝群众挖的"红井"

　　江西瑞金是当年中华苏维埃共和国红色首都所在地，瑞金城西边的沙洲坝村元太屋是当年苏维埃中央执行委员会办公的地方，中央政府主席毛泽东也曾住在这里。元太屋左前方约100米处，有一口著名的水井。这口井，是毛泽东带领警卫战士和中央政府干部为沙洲坝群众开挖的。

　　1933年4月，中华苏维埃共和国临时中央政府机关从瑞金叶坪村搬迁到瑞金城西的沙洲坝村。这年初秋的一天傍晚，毛泽东正坐在元太屋前的大樟树下和村里的杨大伯聊天，只见一位老表挑着一担浑浊的水从身边经过，毛泽东热情地问挑水的老表："这么脏的水，做什么用呀？"

　　"吃呗。"老表答道。毛泽东往水桶里一看，浊水中竟有小虫在蠕动，忙关切地问："没有更干净一点的水吗？"

　　这时，杨大伯接口道："唉，毛主席，不瞒你说，我们沙洲坝就是缺水呀！我们这里的俗话说：'沙洲坝，无水洗手帕。有女不嫁沙洲坝，家无夜粮饿死鼠，天旱干死老蛤蟆。'全村人吃、浇地、洗衣、洗菜，全靠那口池塘的水。"

担水的老表放下水桶，指着远处山坡补充道："那边山坡脚下有一股泉水，可是路远水少，半天才能挑上两担。自从中央政府机关搬来后，村子里一下多了那么多人，吃水就更困难了。"

毛泽东一看，远处山脚下果然有许多人在等水。他焦虑地对杨大伯说："看来，这吃水的困难，得想办法赶快解决啊！"

第二天，毛泽东找来红色医院院长傅连暲和中央政府总务厅厅长赵宝成，一起来到老表挑水吃的池塘边考察。只见池塘干涸，只剩下半塘水，红军战士和群众在挑水，一老者牵牛在塘边饮水。

傅连暲忧心忡忡："这塘水太脏，不能再饮用了。"毛泽东问傅连暲："傅院长，我们在附近选个地方打一口水井，你看行吗？"傅连暲点头："这是个好办法。"

红军要在村中打井的事当天下午就在村民中传开了，谁知村民们并不高兴，各个忧心忡忡。一位白胡子老人竟然找到毛泽东，央求红军别打井。毛泽东不解地问："老人家，这是怎么回事啊？"白胡子

瑞金沙洲坝村元太屋

老人道:"祖上有传,我们沙洲坝是条旱龙,打井会破坏龙脉的。我们村的人命里注定喝塘水,习惯了。"

毛泽东大笑起来:"老人家,什么旱龙不旱龙,那都是迷信,旧思想。打井不会破坏龙脉的,没关系。如果真的破坏了,龙王爷怪罪下来,叫它先找我毛泽东好了,是我叫打的井嘛!"老汉双手作揖:"那我们沙洲坝全村人就托你的福,托红军和共产党的福了!"

第二天早饭后,毛泽东领着警卫员吴吉清、陈昌奉等来到田野边。他选定地方后,挥起锄头挖了起来。前来参加挖井的红军战士一下子来了十几人,他们边干边谈。大伙儿干得热火朝天,井越挖越深,不到半天工夫,井底便渗出了清水。

"啊,出水啦!"人们欢呼起来。大家又从附近捡来一大堆石块,仔细地沿着井壁圈砌起来。不到天黑,水井便挖成功了。村里的男女老少都来到井边观看,眉开眼笑地称赞毛主席为村里办了件大好事。

后来,人们都称这口井为"红井"。只是村里人口多,光这一口井还满足不了人们的需要。不久,中央政府警卫连又在村口另外打了一口井,人们称为"红军井"。

1934年10月中央红军主力长征后,卷土重来的国民党反动派多次填掉这口井。沙洲坝村民拼死保护这口"红井",敌人白天填,村民夜里又把井挖开,反复几次,护井斗争取得了胜利,这口井得以保留。

1951年,沙洲坝村民为了迎接毛泽东派来的中央人民政府南方老根据地访问团,将这口水井进行了全面整修,在井旁立了一块木牌,刻上"吃水不忘挖井人,时刻想念毛主席"14个大字,后来又将木牌改为石碑。再后来,毛泽东为沙洲坝群众挖井的故事被编入了小学语文课本。(凌步机)

撰写的《才溪乡调查》

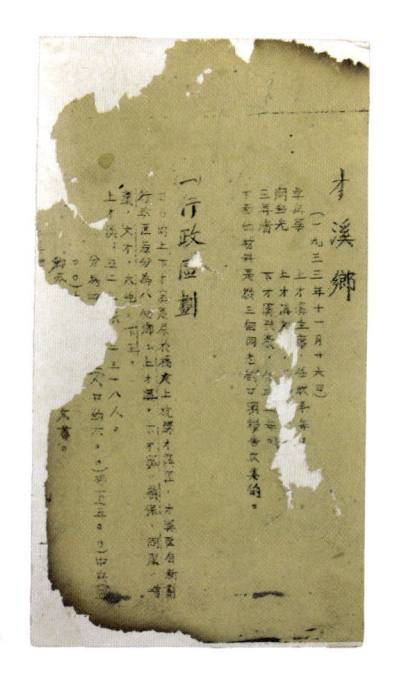

毛泽东撰写的《才溪乡调查》报告

这是1933年11月26日刻印的《才溪乡调查》（长28.31厘米，宽15.15厘米，单面印刷），为直排刻印纸，残损，只保留一页。现由瑞金中央革命根据地纪念馆收藏。

《才溪乡调查》，是毛泽东1933年11月对福建上杭才溪乡（今才溪镇）所作的调查报告。该调查报告回答了"在国内革命战争环境下，根据地的建设不仅是必要的而且是可能的"这一重要问题，有力地鞭答了机会主义者对根据地建设的诋毁和攻击，为我们树立了深入实际、调查研究、实事求是的光辉典范。

毛泽东一向注重调查研究，认为只有在了解中国国情的基础上才能获得改造中国的良方。在创建和发展闽西革命根据地的实践中，毛泽东每到一地都要开展调查研究工作。1930年6月和1932年6月，毛泽东曾两次深入才溪乡开展调查研究，以便更好地指导苏区各项建设。1933年11月，毛泽东第三次深入才溪乡，调查了解才溪乡在扩大红军、政权建设和经济文化建设等方面的模范事迹，总结典型经验，指导全局工作，同时为即将召开的中华苏维埃第二次全国工农兵代表大会做准备。这便是历史上著名的"毛泽东三进才溪搞调查"。

开调查会，是毛泽东了解实际情况、制定方针策略最简单最重要也最有效的方法之一。1933年11月下旬，担任中华苏维埃共和国临时中央政府主席的毛泽东第三次到才溪乡进行深入细致的社会调查，在才溪区苏维埃政府召开了区委书记、区苏主席及各部部长会议。毛泽东鼓励大家：干革命要坚决勇敢，不怕牺牲；搞好物资交流，粉碎敌人的经济封锁；搞好生产，保证群众吃饱穿暖；加强根据地建设，保卫苏区政权。同时，毛泽东热情劝勉乡苏维埃干部要深入群众，和群众打成一片，既能和群众一起闹革命，又能帮助群众解决困难，如群众的劳动问题、生活问题、疾病问题都要帮助解决，最重要的就是要发动群众互相帮助。

毛泽东再三强调"没有调查，没有发言权"。毛泽东还在列宁堂（才溪区工会）分别召开了泥水工人、木匠工人、造纸工人、挑担工人的座谈会和工人代表、贫农代表及耕田队队长的调查会，并和工作在第一线的区乡干部和耕田队队长探讨农业耕田队和劳动合作社的情况。代表们围坐在长条桌旁，每一次调查会都开得笑语欢声，其乐融融。除召开调查会外，毛泽东还走村串户，深入田间地头。有一次，毛泽东看到群众在劈柴，就主动走上前去帮助劈柴，一边劈柴，一边调查。正如他在《〈农村调查〉的序言和跋》中所说："这些干部、农民、秀才、狱吏、商人和钱粮师爷，就是我的可敬爱的先生，我给他们当学生是必须恭谨勤劳和采取同志态度的，否则他们就不理我，知而不言，言而不尽……必须明白：群众是真正的英雄，而我们自己则往往是幼稚可笑的，不了解这一点，就不能得到起码的知识。"

通过深入的社会调查，毛泽东了解了中央苏区有名的才溪乡是怎样把落后的农村建设成为先进的革命根据地，总结才溪人民在进行行政建设、经济建设、文化教育、扩大红军、优待红军家属等方面的经验。

1933年11月26日，夜沉沉，一盏马灯闪着亮光，毛泽东伏案疾书，从黑夜到黎明，名震一时的《乡苏工作的模范（二）——才溪乡》（收入《毛泽东选集（第一卷）》时，篇名改为《才溪乡调查》）问世了……

《才溪乡调查》一文全面总结了才溪乡的先进经验，称赞"才溪乡在青年壮年男子成群地出来当红军、做工作之后，生产超过了暴动前百分之十。荒山开尽，进到开山，没有一片可耕的土地没有种植，群众生活有很大的改良"。文中，毛泽东认为："只有经济建设配合了政治动员，才能造成扩大红军的更高的热潮，推动广大群众上前线去。"毛泽东还郑重地指出："这一铁的事实，给了我们一个有力的武器，去粉碎一切机会主义者的瞎说，如像说国内战争中经济建设是不可能的，如像说苏区群众生活没有改良，如像说群众不愿意当红军，或者说扩大红军便没人生产了。"

1934年1月，中华苏维埃共和国临时中央政府曾将这个调查报告连同《长冈乡调查》两本小册子的油印单行本发给参加中华苏维埃第二次全国工农兵代表大会的代表，并在大会上号召全苏区向才溪乡和长冈乡学习，搞好根据地建设，发展革命战争，夺取全国胜利。《才溪乡调查》曾发表于中央苏区的《斗争》报，后编入1941年出版的党内刊物《农村调查》，又收入《毛泽东农村调查文集》。

《才溪乡调查》作为毛泽东在中国革命实践过程中始终坚持从实践出发，坚持"没有调查，没有发言权"，坚持从群众中来到群众中去的工作路线和工作方法具体运用的典范而载入中国革命史册。（彭志才）

担任校长时签发的苏维埃大学证书

毛泽东担任苏维埃大学校长签发的苏维埃大学证书

这是1933年10月15日，由苏维埃大学校长毛泽东签发的第4号证书。证书上记载："姓名詹本强，年龄二十三，籍贯江西瑞金下肖区七堡乡，性别男，成份（分）贫农。詹本强同志曾在苏维埃大学教育工作班学习五个月时间，成绩适合于分配县巡视员或县教育部副部长工作。"这张小小的证书，见证了在中国革命史上具有重要意义的苏维埃大学的创办故事。现由中国国家博物馆收藏。

中华苏维埃共和国成立之后，围绕着中央苏区各项建设、培养一批能领导革命斗争的高级干部提上了中央苏区的议事日程。

为着集中领导，统一教授与学习的方向起见，1933年8月16日，中华苏维埃共和国中央人民委员会第四十八次常委会决定创办苏维埃大学，以毛泽东、沙可夫、林伯渠、梁柏台、潘汉年为苏维埃大学委员会委员，毛泽东任校长。

当时，毛泽东任中华苏维埃共和国临时中央政府主席，沙可夫任教育人民委员部副部长，林伯渠任财政部部长，梁柏台任内务部代理部长，潘汉年任中共苏区中央局宣传部部长。这些人组成苏维埃大学委员会，足以表明临时中央政府对苏维埃大学的高度重视。

中华苏维埃共和国临时中央政府机关报《红色中华》报道了苏维埃大学的创办原因："因为革命战争的猛烈开展，环绕着革命战争的每个重大工作，如查田运动、经济建设、工人斗争、文化建设、财政工作、肃反工作、道路建设、新苏区的发展以及目前的选举运动，都需要大批干部，这不是几十几百人的事，而是要有几千几万人继续供给到各个工作的战线上去。"

8月21日，苏维埃大学委员会召开第一次会议，确定了学校建校、招生、开学等事项。《苏维埃大学简章》规定，"苏维埃大学以造就苏维埃建设的各项高级干部为任务"，并对学员的入学资格、课程设置、运行机制等都作出了明确、具体的规定。"凡在十六岁以上，不分种族、性别，曾在政权机关或群众团体，或党和团负责工作，有半年以上而积极的，在边区积极参加过革命斗争的，其文化程度，能看普通文件，均有入学资格。"

9月初，学校正式开学，校址设在瑞金沙洲坝中央政府大礼堂附近，共有5栋房子。这些房子是由学生和工人紧张施工，用松木、杂木和毛竹搭起来的茅草房。房子是长方形的平房，可四面下水，5栋房子平排，柱子是松木的，四面的墙是用松板钉起来的；每栋房子中间又

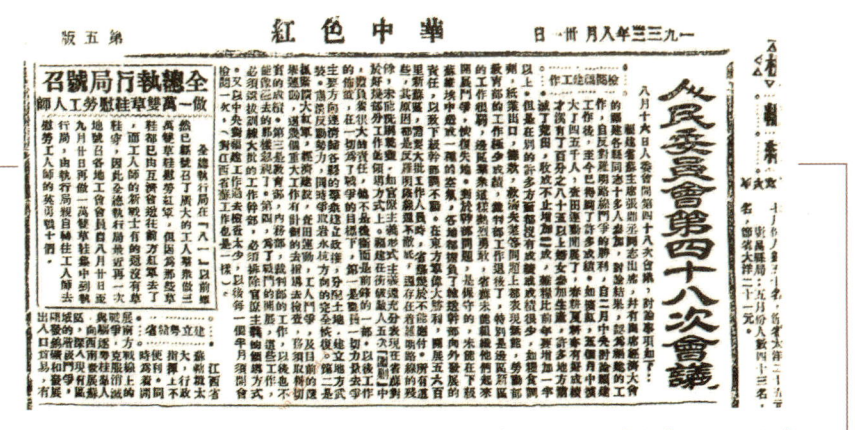

《红色中华》刊登关于中华苏维埃共和国中央人民委员会第四十八次常委会的报道

用土砖和竹片隔成五六个小房间,房子四周的墙上都安了活动的小窗,学生上课、住宿都在里面,生活、学习的设施都非常简陋。学员们称为"茅草房中办大学"。

苏维埃大学的课程包括苏维埃工作的理论、实际问题、实习三项,在教学中贯彻教育为革命战争服务、理论联系实际、教育与劳动生产相结合的方针和原则。学校生活实行军事化,组织了"赤卫军",成立了"学生公社",开展军事训练,实行民主管理。

苏维埃大学下设特别工作班和普通班。特别工作班起初设有土地、国民经济、财政、工农检察、教育、内务、劳动和司法8个班,1934年春又增设外交、粮食2个专业班,共计10个专业班,学制半年。

詹本强所在的"教育工作班"属特别工作班。从1933年9月初开学,到10月15日发证书,詹本强也就在校学习了一个多月的时间,为什么证书上要写5个月的时间呢?

苏维埃大学的《工农检察工作讲授大纲》

苏维埃大学学员李克全的证书

原来，这与苏维埃大学"集中领导中央政府各部所办的训练班""统一教授与学习"的办学宗旨分不开。詹本强的学习时间还包含了苏维埃大学开办之前，他在中央教育部所办的教师培训班学习的3个多月。

由于特别工作班缺乏合格生源，学员文化程度参差不齐，给正常教学带来极大困扰，因此苏维埃大学还开设有普通班，即预科。主要目的"是要对文化程度不足的学生，给以补习的教育"，学习期限不定。可参见苏维埃大学学员李克金的证书，他所在的就是普通班，学习时长只有11周，且在证书上没有写明适合于分配何种工作。

苏维埃领导人十分关注苏维埃大学的教学工作，毛泽东、张闻天分别撰写了《乡苏怎样工作？》《区苏维埃怎样工作？》两篇文稿，并到苏维埃大学演讲，后来将文稿印成小册子作为基本教材，受到学员们的普遍欢迎。

1934年2月，中央苏区第二届中央执行委员会召开第一次会议，任命瞿秋白担任中央教育部部长，徐特立为副部长。4月，瞿秋白兼任苏维埃大学校长，徐特立兼任副校长。

为了纪念为革命作出重要贡献，因操劳过度而英年早逝的优秀党员沈泽民，中央决定将苏维埃大学改名为"国立沈泽民苏维埃大学"。4月1日，学校在瑞金沙洲坝中央政府大礼堂举行开学典礼，校长瞿秋白和新任的中央政府人民委员会主席张闻天先后发表重要讲话。其中，张闻天详尽地指出了苏维埃大学学员学习的中心任务。

7月中旬，因红军第五次反"围剿"战争进入最紧张阶段，于16日经人民委员会常委会决定，苏维埃大学整体并入马克思共产主义学校（即中共中央党校），结束了它那短暂而光荣的历史。

从开办到合并，苏维埃大学虽然独立存在的时间不到一年，但在中国革命史上具有重要的历史意义。首先，将临时中央政府各部所办的训练班集中起来，大大提高了工作效率与教学成效。其次，在短暂的时间内为各级苏维埃政府培养输送了大批骨干，为苏维埃建设作出了突出贡献。（黄黎）

送给警卫员陈昌奉的银圆

毛泽东送给警卫员陈昌奉的银圆（正反面）

这4枚普通的银圆，是毛泽东的津贴费。当时，毛泽东任中华苏维埃共和国临时中央政府主席，他把银圆送给了警卫员陈昌奉，以帮助解决陈昌奉的家庭困难。现由中国人民革命军事博物馆收藏。

1929年，陈昌奉入伍后，先在红四军军部当勤务兵。1930年3月，他被调到红四军前敌委员会工作，给前委书记毛泽东当勤务员。

1931年11月，毛泽东在中华苏维埃第一次全国代表大会上当选为中华苏维埃共和国临时中央政府主席，陈昌奉仍是毛泽东的警卫员。

1934年的一天，陈昌奉随毛泽东到江西宁都开会。宁都是陈昌奉的老家，到了家乡，陈昌奉准备回家看看。毛泽东知道陈昌奉家里生活很困难，便拿出自己节省的6枚银圆送给陈昌奉。陈昌奉非常感动，但这6枚银圆他怎么也不舍得花掉，最后他留给家里2枚银圆作为花费，将另外4枚珍藏起来。

1934年，毛泽东（左1）与陈昌奉（左3）等三个警卫员合影

1936年，红军长征到达陕北后，陈昌奉到红军大学学习。毕业后，他被调到西北保卫局保卫队任指导员。1946年5月，陈昌奉奉命到山东前线。临行前，他向毛泽东辞行，毛泽东为他题词："昌奉同志：努力工作，忠实于党，忠实于人民！祝你胜利。"而毛泽东送给他的银圆，陈昌奉一直珍藏着，直到1959年中国人民革命军事博物馆成立时才送交该馆收藏。（中国人民革命军事博物馆）

作的《关于中央执行委员会报告的结论》

毛泽东作的《关于中央执行委员会报告的结论》

这是 1934 年 1 月毛泽东作的《关于中央执行委员会报告的结论》（长 17 厘米，宽 11.5 厘米），为直排铅印 32 开本，全书 15 页，纸质，残缺不全。现由瑞金中央革命根据地纪念馆收藏。

1933 年 9 月底，蒋介石集中百万兵力，对革命根据地进行第五次大规模"围剿"，其中 50 万兵力用于进攻中央革命根据地。"左"倾教条主义领导者否定了毛泽东为红军制定的正确战略方针和作战原则，在战争指挥上出现了一系列重大错误，红军的反"围剿"陷入被动地位。

1934 年 1 月 22 日，中华苏维埃第二次全国代表大会在瑞金沙洲坝中央政府大礼堂开幕。1 月 24 日至 25 日，毛泽东代表中华苏维埃共和国中央执行委员会和人民委员会向大会作长篇报告。代表们对毛泽东的报告进行了认真热烈的讨论。

1月27日，毛泽东根据代表们讨论的情况，作《关于中央执行委员会报告的结论》。结论分为两个部分，第一部分是毛泽东纠正部分同志对第五次反"围剿"的一些模糊认识观点等；第二部分，也是结论的主要部分，即关于群众生活同革命战争联系起来的问题。"关心群众生活，注意工作方法"是第二部分的中心内容。之后拟题为《关心群众生活，注意工作方法》编入《毛泽东选集（第一卷）》。

毛泽东在讲话中提醒代表们要着重注意两个问题，即"关于群众生活的问题"和"关于工作方法的问题"。这两个问题，对于实现党"动员广大群众参加革命战争，以革命战争打倒帝国主义和国民党，把革命发展到全国去，把帝国主义赶出中国去"这一中心任务至关重要。然而，要解决好这两个问题，也不是那么容易的。这是因为，我们的干部在苏区工作中存在的官僚主义正在影响着我们工作开展的成效。毛泽东对官僚主义的表现作了具体分析，他着重强调，官僚主义是苏维埃工作的障碍，"我们要同这种现象作严厉的斗争"。

毛泽东作出这一判断，是建立在充分的调查研究基础上的。在长冈乡调查中，他发现很多人不了解乡苏（维埃）、市苏（维埃）的工作，上级苏维埃工作人员"发得出很多的命令与决议，却不知道任何一个乡苏、市苏工作的实际内容"，"许多地方的苏维埃机关中，发生了敷衍塞责或者强迫命令的严重错误，这些苏维埃同群众的关系十分不好，大大障碍了苏维埃任务与计划的执行"。毛泽东通过调查研究发现：汀州市政府只管扩大红军和动员运输队，对于群众生活问题一点不理，因此扩大红军、动员运输队也就成效极小。为此，在这次大会上，毛泽东点名批评了汀州市政府不关心群众生活的官僚主义作风。

毛泽东还专门讲了工作方法的问题，他指出："我们不但要提出任务，而且要解决完成任务的方法问题。我们的任务是过河，但是没有桥或没有船就不能过。不解决桥或船的问题，过河就是一句空话。不解决方法问题，任务也只是瞎说一顿。"在这里，他形象地将"任务"比喻为"过河"，将"完成任务的方法"比作"桥"或"船"。"过河"很重要，但是"桥"和"船"是关键。毛泽东指出："组织革命战争，改良群众生活,这是我们的两大任务。"这两大任务是"过河":"扩大红军"是"过河",其他如查田工作、经济建设工作、文化教育工作、新区边区的工作,"一切工作"也是"过河"。那么,"过河"用的"桥"和"船"即完成这些任务的工作方法,归根结底是如何发动和组织广大人民群众实现革命任务的问题。

毛泽东真正认识到了人民群众的伟大力量,他在讲话中指出:"真正的铜墙铁壁是什么?是群众,是千百万真心实意地拥护革命的群众。这是真正的铜墙铁壁,什么力量也打不破的,完全打不破的。"而"革命战争是群众的战争,只有动员群众才能进行战争,只有依靠群众才能进行战争"。

对于如何完成发动和组织群众的任务,毛泽东在大会上提出要完成这些任务,就要反对官僚主义的工作方法,采取实际的具体的工作方法;就要抛弃命令主义的工作方法,采取耐心说服的工作方法。就应该深刻地注意群众生活的问题,从土地、劳动问题,到柴米油盐问题。毛泽东强调:"群众的穿衣问题,吃饭问题,住房问题,柴米油盐问题,疾病卫生问题,婚姻问题。总之,一切群众的实际生活问题,都是我们应当注意的问题。假如我们对这些问题注意了,解决了,满足了群众的需要,我们就真正成了群众生活的组织者,群众就会真正围绕在我们的周围,热烈地拥护我们。"为此,毛泽东号召,一定要用切实的办法来改善工作,先进的地方应该更加前进,落后的地方应该赶上先进的地方,要造成几千个长冈乡、几十个兴国县作为"巩固的阵地"来夺取革命的胜利。

这是一篇影响一代又一代共产党人的光辉文献。毛泽东在讲话中引用了赣南苏区人民的一句由衷感叹——"共产党真正好,什么事情都替我们想到了",他要求共产党人关心群众痛痒,真心实意为群众谋利益,体现了毛泽东作为伟大的无产阶级革命家、政治家、理论家、军事家的深邃观点,指导我们始终保持全心全意为人民服务的初心和使命,牢牢掌握从群众中来到群众中去的工作方法,形象生动地展示了中国共产党的群众路线。(彭志才)

与张闻天合著的《区乡苏维埃怎样工作》

毛泽东与张闻天合著的《区乡苏维埃怎样工作》

《区乡苏维埃怎样工作》为竖排竖长方形铅印书籍（长17.1厘米，宽11.5厘米，厚0.3厘米），共63页。内有毛泽东著《乡苏怎样工作？》，张闻天著《区苏维埃怎样工作？》，1934年由中华苏维埃共和国人民委员会出版，中央政府发行处发行。现由南昌八一起义纪念馆收藏，二级文物。

第二次全国苏维埃代表大会后，毛泽东继续当选为中华苏维埃共和国中央执行委员会主席，张闻天当选人民委员会主席。张闻天搬到沙洲坝，与毛泽东的办公地点和住地都紧靠在一起。在工作和斗争中，毛、张二人开始了愈来愈密切的合作。

张闻天不仅在主编的《斗争》报上首次发表了毛泽东的《长冈乡

毛泽东（中）和张闻天（左）

调查》和《才溪乡调查》，而且学习毛泽东的方法调查研究了区乡苏维埃的工作，同毛泽东联名出版了《区乡苏维埃怎样工作》。该书上篇《乡苏怎样工作？》为毛泽东所著，下篇《区苏维埃怎样工作？》为张闻天所著，可以看作是毛、张二人开始合作的一个标志。

张闻天主持人民委员会开会时，总要请毛泽东来参加指导。特别是关于党对根据地经济工作的领导，他非常重视毛泽东的意见，经常叫下面的同志向毛泽东请示汇报，请毛泽东参与经济工作方面重大问题的决策。由于工作关系，两人曾对许多重要问题多次细谈，张闻天很认真地听取毛泽东对形势的分析，诚恳地接受意见。在当时，由于他处处维护和支持毛泽东，曾受到一些人的讥笑，但他总是说："真理在谁手里，就跟谁走。"

正如张闻天所敏感地意识到的，让他担任人民委员会主席，实际是把他排挤出了党中央领导核心层，同样也是用这种安排来排挤毛泽东对政府工作的领导。张闻天为人正派，他采取同毛泽东合作、对毛泽东尊重的态度，同毛泽东的关系逐渐密切起来。

《区乡苏维埃怎样工作》是毛泽东与张闻天早期在土地革命时期经过亲身实践调查对于党组织工作方法和工作路线的探索的智慧结晶，阐述了苏维埃政府如何在乡和区进行工作的方法和路线，当中体现的苏维埃工作的原则对于党后来形成正确的工作方法和工作路线积累了大量经验，是毛泽东与张闻天留下的宝贵财富。

1934年4月，《区乡苏维埃怎样工作》一书出版，《青年实话》第三卷第二十一期载有如下广告："这是苏维埃工作的经验的结晶，宝贵的指针。每个苏维埃工作人员人人要读，人人必读。"同时，这本书的出版缓解了毛泽东当时在党内不利的政治环境，为坚持党的正确路线起了支持作用，也对于日后在遵义会议上纠正党内的"左"倾错误奠定了良好基础。（彭志才）

在长征中用过的手枪

毛泽东在长征中用过的手枪

　　这是一把普通的勃朗宁 M1900 式手枪,长 16 厘米,宽 11 厘米,厚 1.5 厘米,枪号为 "625023"。它记载着一段珍贵的历史,是不常用枪的毛泽东在长征时期用来防身的佩枪,它曾经伴随伟人走过了长征的艰难历程。现由延安革命纪念馆收藏。

　　毛泽东是人民军队的统帅,但他很少佩带枪,除早年在长沙读书时期参加过新军进行军事训练时扛过半年枪。

　　1927 年的八七会议上,毛泽东首先提出"枪杆子里面出政权"的著名论断,随后就发动了秋收起义,率领部队向井冈山转移,但这一时期他也基本上不拿枪。1929 年,红军缴获了一支德国造的银质手枪,林彪要送给毛泽东,毛泽东却拒绝道:"要是我也要拿枪了,那红军就要完蛋了!"他唯一一次用枪,是在井冈山时期的大柏地战斗中,他携枪带兵冲锋,绝地反击,打败了国民党军,使红军士气大涨。

　　中央苏区建立后,毛泽东在苏维埃临时中央政府工作,就基本上不摸枪了。到了 1934 年 10 月中央红军主力开始长征,由于长征中需要不断突破国民党军围追堵截,中央给毛泽东配了这把勃朗宁手枪。

毛泽东虽然带着枪，但实际上也是不使用的，因为党更需要的是他运用他的智慧，运筹帷幄，决胜千里。

1935年10月19日，中共中央机关和中央红军长征到达陕北吴起镇，标志着万里长征的初步胜利。第二天上午，毛泽东一面指挥"切尾巴"战斗，一面接见了保安县（今志丹县）游击队一支队队长张明科，希望游击队配合歼灭敌军骑兵。毛泽东对张明科说："你们游击队战士对这里地形熟，让你们给主力红军带路，一来你们学习打仗方法，二来你们多拿一些枪支回来武装自己和赤卫队。"张明科连连点头。

张明科是陕西保安县人，12岁开始在刘培基（刘志丹的父亲）家做长工，1933年在刘志丹引导下加入红二十六军，次年9月加入中国共产党，并成为游击队支队长。毛泽东了解到张明科与刘志丹的关系后，对他更加亲近，向他打听刘志丹的情况。张明科汇报了西北根据地"肃反"中党政军领导包括刘志丹等被捕，有的被捕人员已被当作"反革命"错误杀害的情况。对此毛泽东、周恩来等中央领导十分震惊，立即派红军保卫局局长王首道、白区工作部部长贾拓夫等前往瓦窑堡接管被"左"倾冒险主义执行者控制的西北军委保卫局，解救刘志丹等人。

1935年10月22日，中共中央在吴起镇召开政治局会议，毛泽东作了关于目前行动方针的报告，会议宣布中央红军长征胜利结束，全面研究并明确了下一步行动的方向。10月30日，毛泽东同彭德怀率领部队准备离开吴起镇前往下寺湾。出发前，毛泽东把张明科叫到自己的住处，从桌子上拿起这把勃朗宁手枪和用布包着的40发子弹递给张明科："我们要走了，这支手枪留给你作纪念。"张明科接过手枪和子弹，激动得说不出话来，他知道，这份沉甸甸的礼物包含了多少信任和期待。

此后，张明科在戎马生涯中一直随身佩带着这把枪。新中国成立后，他曾把这支手枪送交公安部门保管。1965年，他把这支手枪赠送给家乡吴起镇毛泽东旧址管理处。1970年，借展到延安革命纪念馆，作为一级文物陈列在展厅内。（高慧琳）

二渡赤水时用过的雕花床

毛泽东二渡赤水时所用的雕花床

在四川古蔺县太平渡的中国工农红军四渡赤水太平渡陈列馆，陈列着一张木质带额头雕花床（长2.13米，宽1.44米，高2.26米）。这张大床，1975年经长征时担任毛泽东警卫员的陈昌奉来古蔺县重走长征路时指认，是当年红军长征二渡赤水时毛泽东睡过的床。

1935年2月19日，红军二渡赤水前夕，毛泽东从太平镇走马坝来到太平渡街上的荣盛通盐号，听取红一军团首长关于二渡赤水的安排，一起讨论制定2月20日野战军的行动，确定了野战军分两路及所取的路线；因处于各方均有敌人的河谷中，要求红一军团只可召开一个师的干部会，传达遵义会议精神。开完会后，随行人员看毛泽东太累，便建议他在荣盛通盐号休息一会儿。当时，毛泽东就在这张床上休息了一会儿，下午随红一军团首长从太平渡乘船渡过赤水河进入贵州。

朱蛩声是太平渡首富，势力颇大，当听到红军要来太平渡，朱家的人全部逃跑了，只留下帮工王怀春的妻子杨海鸣看家。红军到了后，从询问中得知杨大娘是朱家帮工，就告诉她红军是穷人的队伍，是打土豪分田地的。杨大娘看到这些红军说话和气，自然就不害怕了，赶忙帮助烧开水、煨罐儿茶招待红军，做事十分麻利。毛泽东的警卫员陈昌奉看到杨大娘这么热心和主动，十分感动，临走时送给杨大娘一个瓷盅。

新中国成立后，人民政府把这张床分给了杨大娘一家。1958年筹建中国工农红军四渡赤水太平渡陈列馆时征集文物，杨大娘一家听说这张床是重要文物，商量后主动把这张床捐献给陈列馆，以供人们参观。

这张雕花床，床体为长方形，和传统的雕花床一样，分床额、床身、床座。床额面分上中下三层，雕刻，浮雕与镂空结合，简略与精工交融，极显美观、大方。床额形成一个四方形的蚊帐架子，有一面遮挡蚊虫的纱布。床身除面壁外没有雕刻，不过所用木料讲究，木质坚硬，至今没有发现变形或虫蚀现象。床座为长方形横面，整体底色为褐红色，造型稳重简洁。大床颜色呈暗红色，床下设计有鞋柜，配有两个床头柜。

1975年陈昌奉重走长征路经过古蔺县，他对杨大娘给红军烧水、泡茶，送杨大娘一个瓷盅的事印象深刻，还专门提出要去看一看杨大娘。

四渡赤水转战期间，毛泽东在古蔺县住了13个夜晚。经过战争年代，这张床能保存下来极为难得，它见证着毛泽东指挥四渡赤水的历史。

（王明洪）

送给藏族群众的象牙筷

毛泽东送给藏族群众的象牙筷

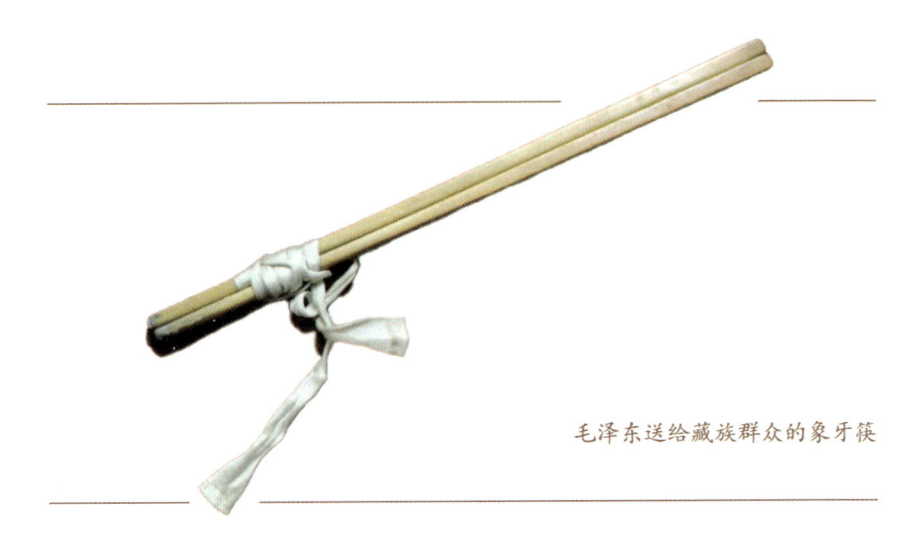

四川的阿坝藏族羌族自治州档案馆收藏有一双象牙筷,它的背后承载着一段鲜为人知的长征时期毛泽东与藏族群众之间的情谊故事。

1935年6月的一天,毛泽东来到藏族群众赵海山家。赵海山,藏名阿嘉哈尔甲,自幼家境贫苦,从小做帮工,后来辛苦劳作方攒得一些积蓄,生活亦有改善。这一年6月,中央红军翻越夹金山来到阿坝懋功县(今小金县)并解放抚边乡,36岁的赵海山参加了乡苏维埃。

毛泽东操着一口湖南话,自我介绍说:"我姓毛啊,是个教书的。你今年36岁,我今年42岁,我提议,咱俩来个民族大团结,结拜为兄弟怎么样?"赵海山很激动,当场与毛泽东结为兄弟。当夜,毛泽东说:"这下好了,我今天不走了,就在兄弟家住下来,咱俩好好摆个龙门阵。"这晚,毛泽东和赵海山两人彻夜长谈。在充分了解到当地的风土人情和阶级压迫情况后,毛泽东号召老百姓团结起来作斗争。

第二天,毛泽东继续在赵海山家里休整。中午的时候,周恩来也来了,他高度赞扬了赵海山的征粮工作。第三天,毛泽东在赵家和乡苏维埃的几个领导谈了一天的工作。第四天,毛泽东准备归队。行前,他勉励赵海山照看好家人，并将乡苏维埃的工作继续搞下去，诚恳道："请相信，我们一定会回来的。"临上马，毛泽东从马背褡裢里取出一个帆布包，将自己的洗脸帕和漱口盅拿出，把吃饭用的一双象牙筷和帆布包一并送给赵海山作纪念。

此后的15年中，赵海山受尽杀回原地的土司、头人的欺侮和迫害，但他坚信，他的兄弟一定会回来。1950年9月16日，解放军解放懋功，赵海山见到茂县军分区副司令员门国梁，情绪激动地说："1935年，毛先生住在我家时送给我的纪念品，古守备打我，要我交出，我整死不干。今天终于见到天日了。"门国梁安慰道："你受苦了，送你纪念品的就是住在北京的毛泽东主席，是他派我们来解放你们的。从今天起，你再也不用受苦了，你跟我们一起干吧。你的任务还很重，要协助我们全面解放懋功。"

1976年，赵海山去世。也是这一年，毛泽东永远离开了我们。赵海山的儿子赵开信多年后来到北京毛主席纪念堂瞻仰参观，当他见到毛主席的遗容时，不禁热泪盈眶："伯伯啊，爸爸和家人一直都念着您，等着您回来看我们呐。"

如今，这双承载着毛泽东与基层群众以心换心、肝胆相照的象牙筷继续无声地述说着那段动人的往事，颂扬着人民领袖与少数民族群众的真挚情谊。（李德鑫）

在长征途中为徐向前颁授的红旗勋章

毛泽东在长征途中为徐向前颁授的红旗勋章

这枚红旗勋章,是在长征途中毛泽东代表中华苏维埃共和国临时中央政府授予徐向前的。徐向前很珍惜这份荣誉,一直珍藏着这枚红旗勋章。

1931年11月7日至20日,中华苏维埃第一次全国代表大会在江西瑞金召开,大会重要的一项议程,是决定设立最高荣誉奖章——红旗勋章(又称"苏维埃功勋奖章"),以嘉奖为苏维埃政权英勇奋斗而作出突出贡献的红军指战员。毛泽东、朱德、彭德怀、方志敏、徐向前等红军的主要领导人成为这一荣誉的首批获得者。徐向前因为在鄂豫皖革命根据地指挥反"围剿"作战,军情紧急,没能及时领到这枚珍贵的红旗勋章。

1935年3月,为了策应和迎接长征中的中央红军进入四川,红四方面军总指挥徐向前指挥所部渡过嘉陵江,随后开始长征。

5月下旬,党中央率中央红军越过大渡河,经天全、芦山、宝兴一线走向川北。徐向前和红四方面军总部其他领导人即派红三十军政委李先念率一部兵力翻越海拔4000米高的红桥山，进占懋功、达维，迎接中央红军北上。

6月12日，徐向前代表红四方面军领导人亲笔起草了致毛泽东、周恩来、朱德等中央领导的信。他在信中介绍了川西北的敌我态势，并表示红四方面军以及川西北工农群众"正准备十二分的热忱欢迎我百战百胜的中央西征军"。为确保万无一失，徐向前亲自交代警卫员带一个班的战士送去懋功，并嘱咐"一定把信送到毛主席手里！"

红四方面军先头部队与中央红军会师后，徐向前因忙于指挥作战，直到7月中旬才在芦花见到了毛泽东、周恩来、朱德、张闻天、博古等领导人。

在藏民区的一所简陋的房子里，徐向前第一次见到毛泽东。"向前同志，你辛苦了！"一见面，毛泽东便紧紧握住徐向前的手说。徐向前既高兴又有点拘谨："毛主席，我很想见到你！"毛泽东说："我也是一样啊！"

毛泽东代表中华苏维埃共和国临时中央政府把一枚红旗勋章授

徐向前

予徐向前，并说明这枚勋章是临时中央政府授予的，因为他没能出席中华苏维埃第一次全国代表大会，这枚勋章便一直由临时中央政府保存着。

毛泽东对徐向前在创建鄂豫皖和川陕苏区斗争中，指挥红四方面军作战屡建战功，给予了高度评价。他说："你指挥的红四方面军这些年成绩很大，创造了两个大苏区，打了好多大胜仗！"

在长征途中授勋虽然没有在苏区那么隆重，但却有着特殊的意义。这次授勋，给徐向前留下深刻的印象，他后来在回忆录《历史的回顾》一书中写道："这不是给我个人的荣誉，而是对英勇奋战的红四方面军全体指战员的高度评价和褒奖。"（姜廷玉）

长征中打印过毛泽东文件的油印机

长征中打印过毛泽东文件的油印机

这是一架普通的老式手工油印机，长 51 厘米，宽 35 厘米，厚 13 厘米。虽看上去很老旧了，但它是一架极不寻常的油印机，1935 年 2 月 16 日印刷过充分反映毛泽东军事思想的《告全体红色指战员书》等文件，见证着中国革命艰难而辉煌的历程。现由延安革命纪念馆收藏。

1934 年 10 月，中央红军主力开始长征。在红军撤出中央革命根据地时，为了轻装行军，军委政治部精简掉了许多东西，但对这架油印机，怎么也舍不得扔，最终还是决定留下它。这架油印机，原来是瑞金中央苏区军委政治部使用的。当时这种油印机很流行，是党的政治工作必不可少的工具和武器，中央军委的许多指示、文件材料都要靠它印刷后下发到各级指战员手里，以此形成巨大的凝聚力和战斗力。

在长征途中，这架油印机同战士们一样历尽艰难，从这个战士背上换到另一个战士背上。大家像爱惜生命一样爱惜它，保证它能随时随地发挥作用。因此，虽然历经二万五千里的艰苦长征，它依然完好无损。它曾印刷过长征途中的许多重要文件，如遵义会议后的党中央、

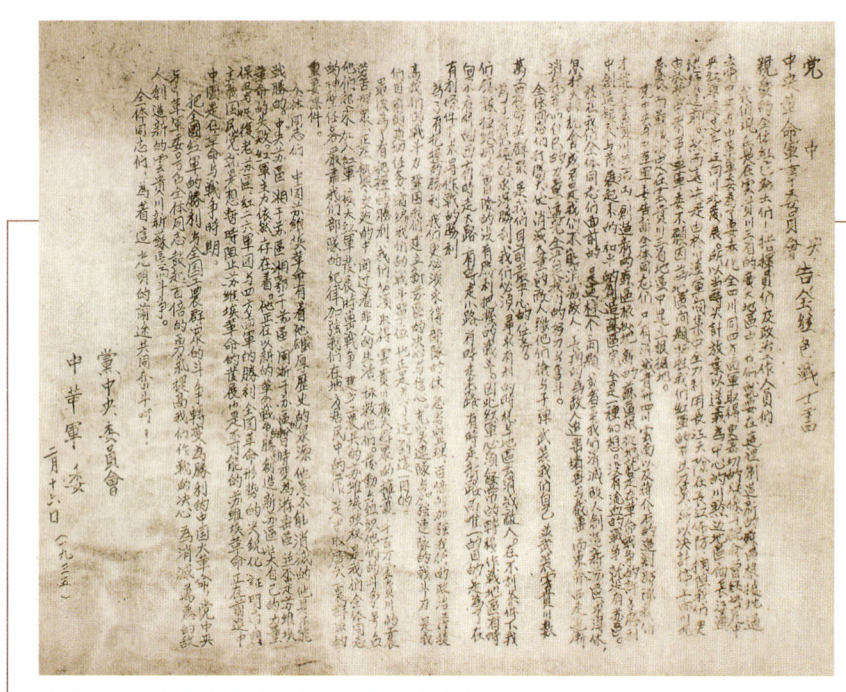

党中央、中革军委《告全体红色指战员书》

中革军委《告全体红色指战员书》等。

1935年1月遵义会议后,毛泽东主导了中革军委的工作。当时蒋介石调集其嫡系薛岳兵团和黔军全部、滇军主力和四川、湖南、广西的军队各一部,企图在乌江西北的川黔边境地区围歼中央红军。毛泽东发挥了其伟大军事家的高超谋略,在短短一个多月的时间内四渡赤水,彻底甩开了国民党军队。

1935年2月16日,《告全体红色指战员书》发布于二渡赤水前夕,在极大地激励全体红军指战员战斗意志的同时,也充分体现了毛泽东在军事上的雄才大略。文告指出,由于川滇军阀利用长江天险布防拦阻我们,党中央和中革军委决定停止向川北发展,而在云、贵、川三省地区中创立根据地。为了在有利条件下求得作战的胜利,红军必须经常转移作战地区,有时向东,有时向西,有时走大路,有时走小路,有时走老路,有时走新路。《告全体红色指战员书》充分体现了毛泽东不拘一格、灵活机动的战略战术和军事思想,指导红军创造了现代军事史上的奇迹。

中央红军到达陕北后,这架油印机继续随军委机关活动,经下寺湾、瓦窑堡又到了志丹县。在此期间,毛泽东为中共中央、中革军委起草了很多文件,都由这架油印机印刷。

1936年12月12日,西安事变爆发,紧接着红军和平接管延安城。1937年元旦过后,中共中央决定将中共中央机关迁驻延安。1937年1月10日,中革军委机关离开志丹县时,决定将这架油印机留给县政府使用。

此后,这架油印机继续为志丹县政府服务了3年,最终光荣退役。这架油印机历经了瑞金中央苏区时期、长征时期和陕北时期,特别是在艰苦卓绝的长征路上,发挥过独特的历史作用。由于它的不平凡经历,即使它退役了,志丹县政府依然将它收藏起来,妥善保存,直到新中国成立后,于1953年11月送交延安革命纪念馆,被评为一级文物。(高慧琳)

起草的《直罗战役同目前的形势与任务》

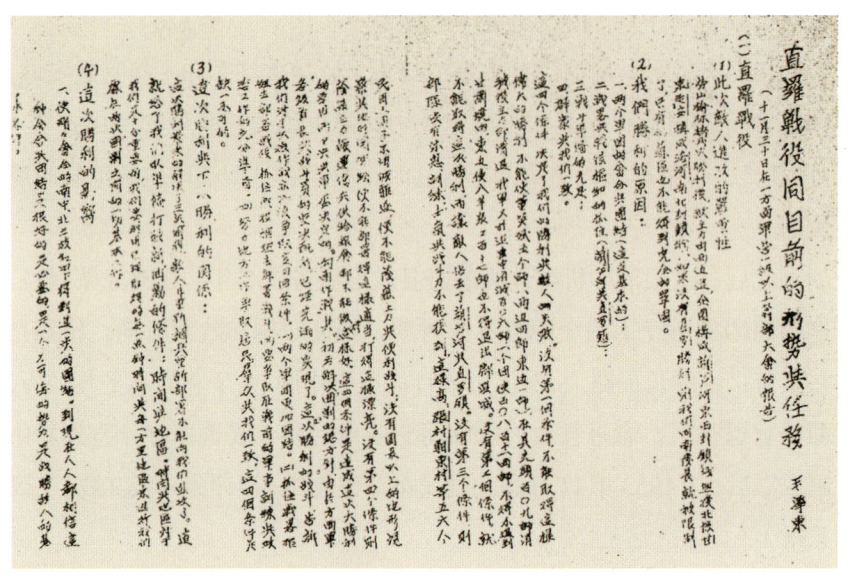

《直罗战役同目前的形势与任务》报告

这是1935年11月30日,毛泽东在红一方面军营以上干部大会上作题为《直罗战役同目前的形势与任务》的报告。报告分析了直罗镇战役胜利的原因及其影响和意义。现由中央档案馆收藏。

红一方面军长征到达陕北后,1935年10月20日,国民党军先头第一〇九师进至陕西富县直罗镇。红军当夜将其包围。11月21日夜,红军突然发起进攻,第一〇九师大部被歼,残部退入直罗镇东南土寨负隅顽抗。迫近直罗镇的国民党援军遭到红军阻击后,23日沿葫芦河西撤。红军乘胜追击,在张家湾地区歼灭第一〇六师一个团。被红军包围在直罗镇东南土寨的第一〇九师残部待援无望,23日午夜分路突围,24日上午被红军全歼,第一〇九师师长牛元峰被活捉。直罗镇战役共歼敌1个师又1个团，毙伤俘国民党军敌6300人，粉碎了敌人对陕甘革命根据地的第三次"围剿"。

直罗镇战役的胜利，巩固了抗日的前进阵地，给党中央把全国革命大本营放在西北的任务举行了一个奠基礼。直罗镇战役是毛泽东军事指挥作战的典型案例，既体现了毛泽东集中优势兵力，利用有利地形打歼灭战的战略战术，又体现了毛泽东一贯的"不打无准备之仗"的原则，是毛泽东军事思想最终形成的重要实践之一。

1935年11月30日，毛泽东在红一方面军营以上干部大会上作题为《直罗战役同目前的形势与任务》的报告。报告分析了直罗镇战役胜利的原因，指出：两个军团的会合与团结（这是基本的）；战略与战役枢纽的抓住；战斗准备的充足；群众与我们一致。这4个条件决定了我们的胜利与敌人的失败。这次胜利的战斗告诉我们，对于以后作战亦必须争取这4个条件，这4个条件是缺一不可的。

报告阐明了直罗镇战役胜利的影响和意义，指出：要在西北建立广大的根据地——领导全国反日反蒋反一切卖国贼的革命战争的根据地，这次胜利算是"举行了奠基礼"。

报告还分析了当时的国际国内形势，指出：世界时局的突变性与急转性，全世界革命与战争的新时期是摆在我们面前了；中国时局的突变性与急转性，新的大革命的形势是摆在我们面前了；在西北第三次"围剿"被彻底粉碎，我们是有良好阵地有广大群众基础地向前发展着。

报告提出红一方面军新的任务，指出：从现时起用极大努力争取与积蓄更加充足的力量，迎接敌人新的大举进攻而彻底粉碎之，开辟我们的苏区到晋、陕、甘、绥、宁五个省份去。"消灭敌人，扩大红军，坚强红军，赤化地方与破坏敌军"，是今后时期内红一方面军的"五项具体的严重的任务与工作，而以扩大红军为此时期中心的一环"。

（刘珂）

起草的《为争取千百万群众进入抗日民族统一战线而斗争》手稿

毛泽东起草的《为争取千百万群众进入抗日民族统一战线而斗争》手稿

这是1937年5月在延安召开的中国共产党全国代表会议上，毛泽东起草并向大会作的结论，题为《为争取千百万群众进入抗日民族统一战线而斗争》。结论深刻阐述和回答了国内和平问题、民主问题、革命前途问题、干部问题、党内民主问题以及全党的团结问题，为我们党制定第二次国共合作的正确路线，确定新形势下的方针和任务，为形成抗日民族统一战线，为迎接即将到来的全民族抗日战争做了政治上和组织上的重要准备。现由中央档案馆收藏。

1935年12月，刚刚取得长征胜利到达陕北不久的中共中央面对日本帝国主义咄咄逼人的侵略行径和国内日益高涨的抗日救亡运动，在瓦窑堡召开政治局会议，着重讨论军事战略问题、全国的政治形势和党的策略方针问题，并确立了中国共产党关于建立抗日民族统一战线策略的总路线。

瓦窑堡会议以后，为推动抗日民族统一战线的建立，毛泽东领导对东北军张学良、第十七路军杨虎城以及国民党地方实力派开展统战工作，并达成互不侵犯的协议。同时，主持同国民党当局进行秘密接触与谈判，提出了：（一）停止一切内战，全国武装不分红白，一致抗日；（二）组织国防政府与抗日联军；（三）容许全国主力红军迅速集中河北，首先抵御日寇迈进；（四）释放政治犯，容许人民政治自由；（五）内政与经济上实行初步与必要的改革。这些意见成为中国共产党与国民党联合抗日的一般要求和政治基础，最终实现了从"抗日反蒋"向"联蒋抗日"的策略转变，建立起包括全国各阶级参加的最广泛的抗日民族统一战线，从此拉开了全民族抗战的序幕。

1936年，西安事变的和平解决成为中国时局转换的节点，标志着十年内战基本结束以及抗日民族统一战线的初步形成。毛泽东在评价西安事变的意义时说："就内战来说，十年的内战，以什么来结束内战？就是西安事变。西安事变结束了内战，也就是抗战的开始。"

1937年2月9日，中共中央政治局常委会通过了由毛泽东、张闻天等酝酿和起草的《中共中央给中国国民党三中全会电》，提出了著名的五项要求和四项保证：五项要求，即"（一）停止一切内战，集中国力，一致对外；（二）保障言论、集会、结社之自由，释放一切政治犯；（三）召集各党各派各界各军的代表会议，集中全国人材，共同救国；（四）迅速完成对日抗战之一切准备工作；（五）改善人民的生活"。四项保证，即"（一）在全国范围内停止推翻国民政府之武装暴动方针；（二）工农民主政府改名为中华民国特区政府，红军改名为国民革命军，直接受南京中央政府与军事委员会之指导；（三）在特区政府区域内，实行普选的彻底民主制度；（四）停止没收地主土地之政策，坚决执行抗日民族统一战线之共同纲领"。五项要求和四项保证的提出，是中国共产党在民族危机深重的形势下在政策上的

毛泽东在延安召开的中国共产党全国代表会议上作报告

重大转变。毛泽东曾说:"此电发表,各方面看法是不同的:托派必说我们投降,左派怕我们上当。然而在政治上是可以说明的,是可以表示我们真正抗日团结御侮决心的。"

国内和平基本实现后,为了迎接全民族抗日新形势的到来,确定党在新形势下的方针和任务,中共中央于1937年5月2日至14日在延安召开了中国共产党全国代表会议。出席会议的有来自苏区、国民党统治区和红军中的正式代表218人,列席代表64人。这是一次人数众多、代表性广泛、意义重大的会议,也是党在苏区召开的唯一一次代表会议。会议着重讨论毛泽东代表党中央所作的《目前政治形势与党的任务》的报告,该报告在收入《毛泽东选集》时名字改为《中国共产党在抗日时期的任务》。报告深刻分析了当时的政治形势,提出了实行民主改革争取民主和自由的任务,指出:"为了巩固和平,实现抗战,必须具备一个必要的条件,即争取民主。""抗战需要全国的和平与团结,没有民主自由,便不能巩固已经取得的和平,不能增强国内的团结。抗战需要人民的动员,没有民主自由,便无从进行动员。""中国真正的坚实的抗日民族统一战线的建立及其任务的完成，没有民主是不行的。"同时，强调了党在抗日民族统一战线中领导权的极端重要性。毛泽东在报告中尖锐地指出："使无产阶级跟随资产阶级呢，还是使资产阶级跟随无产阶级呢？这个中国革命领导责任的问题，乃是革命成败的关键。"离开了无产阶级及其政党的政治领导，抗日民族统一战线就不能建立，和平民主抗战的目的就不能实现。会议认为，在新的政治形势下，党的工作方式及组织形式毫无疑义是要随着环境变更而变更，而这一变更的关键，就是这次会议所确定的正确路线、方针和政策。根据会议讨论的结果，毛泽东又起草并向大会作了《为争取千百万群众进入抗日民族统一战线而斗争》的结论，深刻阐述和回答了国内和平问题、民主问题、革命前途问题、干部问题、党内民主问题以及全党的团结问题，指出："我们的正确的政治方针和坚固的团结，是为着争取千百万群众进入抗日民族统一战线这个目的。"

在民族危难的历史关头，毛泽东始终以其高远的战略眼光，根据无产阶级革命的总要求和时局的变化，不仅适时地提出为争取千百万群众进入抗日民族统一战线而斗争的历史任务，号召全党勇敢地担负起领导中华民族抗日战争的历史重任，还具体制定了为建立和发展抗日民族统一战线的一系列正确的方针、政策，以及实施这些方针、政策的一系列正确方法，使统一战线能够得到全国各阶层与各民族人民的衷心拥护，并在曲折的斗争中始终能够得以维持，从而为赢得抗日战争的最终胜利发挥了极其重要的作用。（缪炳法）

在陕北创作《沁园春·雪》时用过的小炕桌

毛泽东在陕北创作《沁园春·雪》时用过的小炕桌

在延安革命纪念馆的展厅里，有一张木质小炕桌，长51厘米，宽37.5厘米，高31.5厘米。这张看似不起眼的小炕桌，是国家一级文物，它是当年毛泽东在陕北时用过的，毛泽东曾经在这张小炕桌上创作了《沁园春·雪》。

1936年2月，中共中央和中央红军长征到达陕北不久，为了表明抗日决心，宣传党的抗日主张，并巩固扩大根据地，决定发起东征。2月5日，毛泽东和彭德怀率领红军东征部队，以中国人民抗日先锋军的名义从陕北延长县来到清涧县，准备东渡黄河作战。

红军总部设在距黄河15公里的清涧县袁家沟，毛泽东住在老乡白育才家中。只是白育才家不具备办公的条件，家中只有一张小炕桌能用来写写字，于是这张小炕桌就成了毛泽东的临时办公桌。

在毛泽东驻扎袁家沟的16天里，他常常整夜地伏在小炕桌上，凭借油灯的微弱灯光写作，运筹帷幄，调动部队，准备东征。

这年2月陕北下起了百年不遇的大雪，从2月2日（农历正月初十）开始一直到2月7日（农历正月十五），鹅毛大雪整整下了五天五夜。2月7日，毛泽东带领随行人员踏着厚厚的积雪、冒着呼啸的寒风到距离袁家沟10公里的高家洼塬察看地形，了解渡口情况。但见被大雪覆盖的高原起伏有如蜡象在奔驰，银色的山峦蜿蜒好似银蛇在起舞，黄河上那往日里的滔滔巨浪也失去了踪影。此情此景，让毛泽东心潮澎湃，晚上回到住处，他就着小炕桌，一气呵成创作了一首词《沁园春·雪》：

北国风光，千里冰封，万里雪飘。望长城内外，惟余莽莽；大河上下，顿失滔滔。山舞银蛇，原驰蜡象，欲与天公试比高。须晴日，看红妆素裹，分外妖娆。江山如此多娇，引无数英雄竞折腰。惜秦皇汉武，略输文采；唐宗宋祖，稍逊风骚。一代天骄，成吉思汗，只识弯弓射大雕。俱往矣，数风流人物，还看今朝。

这首词气魄雄大，激情澎湃，音律铿锵，景象瑰丽，意境深远，体现了一个伟大政治家、战略家的胸襟和才华，被公认为前无古人的超卓词作。

2月18日，毛泽东和彭德怀在袁家沟发布东征作战命令。这天，毛泽东和东征红军总部机关离开了袁家沟。2月21日，中国人民抗日先锋军分三路大军强渡黄河成功。

毛泽东离开后，白育才每次看到这张小炕桌就会想起毛泽东在这里的每一天，于是将它视为传家宝收藏起来。1972年6月，白育才将这张小炕桌捐赠给延安革命纪念馆，作为国家一级文物对外展出。（高慧琳）

为刘志丹题的词:"群众领袖、民族英雄"

毛泽东为刘志丹题的词:"群众领袖、民族英雄"

"群众领袖、民族英雄",这个题词是毛泽东对一位红军将领的至高赞誉。刘志丹曾任红十五军团副军团长兼参谋长、中共陕甘边军事委员会主席、西北军事委员会主席兼前敌总指挥、红军北路军总指挥兼第二十八军军长和瓦窑堡警备司令等职,1936年4月在东征中亲临前沿阵地指挥,不幸中弹牺牲。

刘志丹,1903年出生于陕西保安县金汤镇,青年时代就投身革命,1925年加入中国共产党,同年秋奉党的指令前往黄埔军校学习,就读第四期。后参加北伐战争。大革命失败后,1928年参与领导渭华起义,后任中国工农红军陕甘游击队总指挥、陕甘红军第二十六军第四十二师师长、红十五军团副军团长兼参谋长、中共陕甘边军事委员会主席、西北军事委员会主席兼前敌总指挥、红军北路军总指挥兼第二十八军军长和瓦窑堡警备司令等职,是陕北革命根据地的主要创始者之一。他深受群众和战士爱戴,享有很高的威望,但1935年10月受到"左"

倾"肃反"扩大化的迫害，被捕关押。

就在这时，中央红军长征到达陕北，毛泽东获悉刘志丹等被"左"倾冒险主义分子投入了监狱，随时可能被杀害，立即下令"刀下留人""停止捕人"，并迅速派出王首道、贾拓夫等代表中央前往瓦窑堡接管被"左"倾冒险主义分子控制的保卫局，救下了刘志丹等人，恢复了他们的工作，搞"左"倾冒险主义的人受到了严厉批评。

毛泽东和周恩来亲切接见了刘志丹，他们三人在窑洞的火炉旁进行了长时间的谈话。毛泽东对刘志丹说："你和陕北的同志受委屈了！"刘志丹激动地说："中央来了，今后一切事情都好办了。"随后，毛泽东和刘志丹还联名发表了《告根据地人民书》。

当时的陕北地瘠民贫，再加上连年灾害，物资极度匮乏，而国民党军又重重围困，根据地面临的形势十分严峻。为了巩固和扩大西北革命根据地，并宣传党的抗日主张，1936年2月中共中央发起东征，由毛泽东、彭德怀率领中国人民抗日先锋队东渡黄河，向山西进发。3月下旬，刘志丹率领红二十八军东渡黄河，挺进山西。4月14日，在中阳县三交镇战斗中，刘志丹亲临前沿阵地指挥战斗。在激战正酣时，刘志丹不幸左胸中弹，壮烈牺牲，年仅33岁。

刘志丹

听到刘志丹牺牲的消息，毛泽东长叹一声。之后，中共中央决定将刘志丹的家乡保安县改名为志丹县，以纪念刘志丹。

1940年，中共中央指示西北局和陕甘宁边区政府在刘志丹家乡修建烈士陵园。1942年，刘志丹牺牲6周年时，毛泽东为他题词："我到陕北只和刘志丹同志见过一面，就知道他是一个很好的共产党员。他的英勇牺牲，出于意外，但他的忠心耿耿为党为国的精神永远留在党与人民中间，不会磨灭的。"

1943年4月，党中央和陕甘宁边区人民在志丹县为刘志丹举行隆重的公葬典礼，毛泽东再次为他题词："群众领袖、民族英雄。"这个题词，充分体现了毛泽东对刘志丹的高度评价，也说出了在人民心中刘志丹的崇高形象。这是中国共产党人的最高追求。如今毛泽东的题词，镌刻在志丹县刘志丹烈士陵园的石碑上，供大家瞻仰。

新中国成立后，刘志丹被评为100位为新中国成立作出突出贡献的英雄模范人物之一，还是我军36位卓越的军事家之一。（高慧琳）

接受斯诺采访时戴过的红军军帽

毛泽东接受斯诺采访时戴的红军军帽

这不是一顶普通的红军八角帽，它是毛泽东接受美国记者斯诺采访并拍照留影时戴过的红军帽。这顶帽子为毛泽东留下了十分精彩的瞬间，成为珍贵的历史文物，现由中国共产党历史展览馆收藏。

1928年，美国记者埃德加·斯诺来到了正饱受战乱之苦的中国，在上海担任《密勒氏评论报》助理编辑，兼任《芝加哥论坛报》驻华记者。这期间，斯诺遍访我国许多地方，还在上海和东北目睹了日本侵华战争给中国人民带来的苦难，并结识了鲁迅和宋庆龄等。凭借记者的职业敏感，他敏锐地觉察到，被国民党"妖魔化"的陕甘苏区将是唯一值得采访的地方。

1936年7月，在宋庆龄的引荐和帮助下，斯诺及其同行的马海德两人冲破国民党的重重封锁，冒着生命危险秘密进入陕甘苏区，抵达中共中央所在地陕西保安县城，受到毛泽东等中共中央领导人和红军的热烈欢迎。斯诺不仅是第一位到陕甘苏区采访的外国记者，更有宋庆龄的引荐，因此苏区上下对斯诺的到来都十分重视。

为了斯诺的采访，毛泽东作了周密部署和安排，周恩来还为斯诺制定了92天的详细采访计划，并对斯诺说，在陕北采访，你见到什么都可以报道，给予斯诺完全采访、报道的自由。但实际上，斯诺在这里的采访时间还要长得多，他在《西行漫记》里写道："最后我还舍不得离开，因为我看到的太少了。"同时，红军还为斯诺和马海德每人准备了一匹马、一支步枪、一套崭新的红军军装。

斯诺在苏区长达4个多月的时间里，遍访了毛泽东等中共中央领导人、红军高级将领，以及赴前线采访了许多红军战士，并广泛地接触了普通民众，捕捉到了最真实的第一手材料。斯诺在苏区的所见所闻，完全出乎他的想象，与国民党长期的宣传大相径庭。

在保安县，毛泽东是斯诺的主要采访对象。为便于采访，斯诺被安排住在离毛泽东不远的一处山脚下。由于毛泽东白天工作十分繁忙，所以斯诺对毛泽东的采访几乎都是在晚上。他们经常在毛泽东的窑洞中彻夜长谈，两人逐渐结下了深厚友谊。据斯诺在《西行漫记》中记载，他与毛泽东谈话后的访问记录就有大约两万字，可以单独写一本书了。

一天早晨，斯诺再一次如约来到毛泽东的住地。刚进院子，便见身材魁梧的毛泽东正站在院子中央，迎着明媚的阳光，笑容灿烂，迎候斯诺的到来。斯诺见此情景，立即摘下挂在胸前的相机，准备为毛泽东照相。在征得毛泽东的同意后，斯诺便将镜头对准了毛泽东。在镜头里，斯诺发现毛泽东没戴帽子，于是要求毛泽东戴上军帽，照一张全副戎装照。可是毛泽东只有一顶洗得褪了色的军帽，且帽檐已经耷拉了，显然不合适。他们只好向身边的工作人员借，可惜没有一顶合适的。正在这为难之际，斯诺灵机一动，立即摘下自己戴的新军帽递给了毛泽东。正巧，毛泽东戴上很合适。斯诺再次举起相机，"咔嚓"一声，为毛泽东留下了十分精彩的瞬间，这张照片也成了永恒的经典。照完相后，毛泽东摘下帽子，端端正正地把它戴到了斯诺的头上。斯诺也像一名红军战士一样，虽然不标准，但也恭恭敬敬地向毛泽东敬礼，引得周围的人笑着鼓掌。

1937年5月的一天，毛泽东在延安住所的窑洞前接过斯诺的夫人海伦·斯诺递给他的这张照片时，他眯起眼睛，仔细地端详起来，然后十分感慨地说："我从来没有想到，我这个一向不修边幅的人照出的照片会有这么好看，感谢斯诺同志。"可见，毛泽东十分喜欢这张照片。

在陕北，斯诺接触到一个完全真实的、自由开放的中国共产党人群体，他们中有许多位"是我在中国十年以来所遇见过的最优秀的男女"，彻底解除了他心中诸多的疑虑和谜团，并将这段经历称之为"生平经历过的最宝贵的谈话"。正如斯诺在《西行漫记》一书序言中所说："从字面上讲起来，这一本书是我写的，这是真的。可是从最实际主义的意义来讲，这些故事却是中国革命青年们所创造，所写下的。这些革命青年们使本书所描写的故事活着。""毛泽东、彭德怀等人所作的长篇谈话，用春水一般清澈的言辞，解释中国革命的原因和目的。还有几十篇和无名的红色战士、农民、工人、知识分子所作的对话，从这些对话里面，读者可以约略窥知使他们成为不可征服的那种精神，那种力量，那种欲望，那种热情。——凡是这些，断不是一个作家所能创造出来的。这些是人类历史本身的丰富而灿烂的精华。"

斯诺特别钟爱这顶毛泽东戴过的帽子，每次外出采访都要端端

斯诺为毛泽东拍摄的戴红军八角帽的照片

伟人风范——毛泽东文物故事　　土地革命时期

正正地戴在头上，即便结束采访离开陕北，这顶帽子斯诺也都随身带着，它成了斯诺一生中最珍爱的物品，甚至想作为传家宝。

斯诺的《西行漫记》连同为毛泽东拍摄的这张照片，从陕北传到了北京、上海等中国的许多地方，也漂洋过海到了英国、美国等许多国家，在中国乃至世界都引起了巨大震动。

1964年，当斯诺再次访问中国时，应邀到北京人民大会堂观看大型舞蹈史诗《东方红》。舞台背景用的就是斯诺当年为毛泽东拍的这张巨幅照片，令斯诺惊讶不已，也让斯诺更加珍惜与毛泽东的友谊，更加珍爱这顶红军八角帽。

1972年，斯诺去世后，其夫人和孩子曾讨论过这顶帽子的归属，虽然他们知道这是斯诺生前的最爱，很难割舍，但还是一致决定把帽子送回中国，它更应该属于中国人民。1975年10月，斯诺夫人专程来到中国，将斯诺和他们全家精心保存了近40年的红军八角帽亲手交到了周恩来的夫人邓颖超手里。

毛泽东曾经戴过的这顶红军八角帽不仅成就了一段佳话、一张经典照片，也深深刻印了一段红色历史，在中国革命的历史长河中熠熠生辉。（缪炳法）

撰写的《祭黄帝陵文》

毛泽东撰写的《祭黄帝陵文》碑刻

1937年4月5日，在中华民族祭祀祖先的传统节日清明节之际，毛泽东为此撰写了《祭黄帝陵文》，昭告明志：誓死保卫祖国江山，与日本侵略者血战到底，直到"还我河山，卫我国权"，取得抗日战争的最后胜利。现由中央档案馆收藏。

1936年12月，张学良、杨虎城发动的西安事变促成了以国共合作为基础的抗日民族统一战线的初步建立。在此背景下，为进一步营造中国共产党和中国国民党联合抗日的社会氛围，1937年4月5日，在中华民族祭祀祖先的传统节日清明节之际，国共两党分别派出代表共赴陕西中部县（今黄陵县）桥山黄帝陵，举行国共两党共祭黄帝陵仪式。这是国共两党自成立以来，首次共同公祭黄帝陵。中国共产党派出的代表是林祖涵（林伯渠），中国国民党派出的代表是张继。两党代表在公祭仪式上宣读了各自的《祭黄帝陵文》，其中中国共产党的祭文由毛泽东亲笔撰写，全文如下：

中华民国二十六年四月五日，苏维埃政府主席毛泽东、人民抗日红军总司令朱德敬派代表林祖涵，以鲜花时果之仪，致祭于我中华民族始祖轩辕黄帝之陵。而致词曰：

赫赫始祖，吾华肇造，胄衍祀绵，岳峨河浩。
聪明睿智，光被遐荒，建此伟业，雄立东方。
世变沧桑，中更蹉跌，越数千年，强邻蔑德。
琉台不守，三韩为墟，辽海燕冀，汉奸何多！
以地事敌，敌欲岂足，人执笞绳，我为奴辱。
懿维我祖，命世之英，涿鹿奋战，区宇以宁。
岂其苗裔，不武如斯，泱泱大国，让其沦胥？
东等不才，剑屦俱奋，万里崎岖，为国效命。
频年苦斗，备历险夷，匈奴未灭，何以家为？
各党各界，团结坚固，不论军民，不分贫富。
民族阵线，救国良方，四万万众，坚决抵抗。
民主共和，改革内政，亿兆一心，战则必胜。
还我河山，卫我国权，此物此志，永矢勿谖。
经武整军，昭告列祖，实鉴临之，皇天后土。
尚飨！

毛泽东

毛泽东的这篇《祭黄帝陵文》，采用传统祭文撰写形式，开头写明了致祭时间、致祭人、致祭人委派代表、致祭祭品等情况。正文采用四言古体，共56句，可分三个部分：第一部分（前8句），高度概括了轩辕黄帝建立华夏民族的丰功伟业；第二部分（第9句至第28句），追溯了自1894年中日甲午战争以来，日本帝国主义不断发动和扩大对中国的侵略，中华民族正面临着亡国灭种的危险境界；第三部分（第29句至篇尾），毛泽东昭告明志：誓死保卫祖国江山，与日本侵略者血战到底，直到"还我河山，卫我国权"，取得抗日战争的最后胜利。同时提出"民族阵线，救国良方"的抗日主张，呼吁各党各界团结坚固、同仇敌忾、共御外侮，使赫赫始祖之伟业如凤凰之再生。

这篇《祭黄帝陵文》，除1937年4月5日由林祖涵在国共两党共祭黄帝陵仪式上庄重宣读外，还于4月6日在苏维埃中央政府机关报《新中华报》上公开发表。正如《新中华报》编辑部所加按语中指出，中国共产党人"誓死为抗日救亡之前驱"。

1937年8月22日，中共中央政治局在陕北洛川召开扩大会议。8月25日，中共中央革命军事委员会主席毛泽东，副主席朱德、周恩来发布关于红军改编为国民革命军第八路军的命令。会议结束后，八路军总指挥朱德、副总指挥彭德怀、政治部主任任弼时一行专程由洛川到中部县桥山拜谒黄帝陵。此时轩辕庙内的供案上，还陈列着毛泽东手书的《祭黄帝陵文》。任弼时认真品味领会祭文的深刻思想后，言简意赅地指出："这是我们共产党人奔赴前线誓死抗日的'出师表'！"

毛泽东《祭黄帝陵文》在当时发挥的巨大鼓舞作用毋庸置疑。如今，《祭黄帝陵文》已勒石立碑，耸立在黄帝陵轩辕庙碑亭，每天接受海内外中华儿女和国际友人的瞻仰。（苏宇）

1937—1945

全民族抗战时期

創刊號 共產黨人

为抗大题写的教育方针和校训

毛泽东为抗大题写的教育方针和校训

这是毛泽东为抗大题写的教育方针和校训,即"坚定正确的政治方向,艰苦朴素的工作作风,灵活机动的战略战术"和"团结、紧张、严肃、活泼"。现由中央档案馆收藏。

早在1931年9月,毛泽东曾提出:"新旧军阀都懂得,有权必有军,有军必有校。国民党办了个'黄埔',我们要办个'红埔'。"并在中央苏区领导创办了中央军事政治学校,后改为中国工农红军学校,大力培养红军军政干部和技术人员。红军长征到达陕北后,毛泽东决定将红军大学办起来。1936年5月8日,毛泽东在陕西延长县交口镇大相寺召开的中共中央政治局扩大会议上所作的《目前形势与今后战略方针》报告中,着重提出了红军政治学校的问题,说:要弄西北局面及全国大局面，没有大批干部是不行的，现在不解决这个问题，将来会犯罪；"要首先看明天，再来看今天。不看今天，是空谈。不看明天，就是政治上的近视眼"。我们有责任"引导同志们看得远"，办一所红军大学来培养大批干部，以适应形势发展的需要。当时，毛泽东所掌握的红军武装力量只有两万人左右，而且还处在国民党重兵的四面包围之中，在这样的情况下，依然能目视远方，胸怀天下，此等战略眼光，远非常人所能及。会议经过讨论，同意在陕西瓦窑堡创办红军大学。

6月1日，中国人民抗日红军大学（简称"红大"）在瓦窑堡成立，毛泽东任学校政治委员并任教，林彪任校长。开学典礼时，毛泽东出席并讲话。红大第一期学员共1063名，分三科，均为中央红军和红十五军团的干部。其中，第一科学员38名，他们在1955年我军初次授衔时，最低军衔为中将，是名副其实的"将军科"。不久，红大随中共中央和军委机关迁至保安县。12月初，红四方面军红军大学和红二方面军红军大学高级班同红大合编，林彪任校长兼政治委员，刘伯承任副校长，罗瑞卿任教育长。至此，红大规模进一步扩大。1937年1月，毛泽东率领中共中央和军委机关从保安迁至延安，红大也随之迁至延安。

这时，全国抗日救亡运动风起云涌，全国各地革命知识青年向延安纷至沓来，寻求抗日救国的真理。这为我们党提出了教育培养知识青年的新任务。为此，毛泽东为红大作了新指示："要驱逐日本帝国主义出中国，争取抗战胜利，就必须大大增加抗战力量，改变敌我力量强弱的对比，才能达到这个目的。增加抗战力量的工作和方法很多，然而其中最好最有效的方法是办学校，培养抗日干部，办报纸宣传抗日主张。这个增加抗日力量的方法是与其他一切增加抗战力量的方法相关联的总方法。"

随即，根据党中央和毛泽东的指示，中央军委为适应形势发展的需要，将红大正式更名为中国人民抗日军事政治大学（简称"抗大"），并开始抗大第二期学员的招生。抗大除继续培养红军干部外，把培养

抗大总校在延安时的校门

革命知识青年作为其另一项重要任务。鉴于学员数量增加和学校规模扩大的新情况,中央军委成立了抗大教育委员会,健全了校部组织机构,毛泽东担任教育委员会主席,直接领导学校的教育与建设工作。

为进一步加强抗大建设,明确抗大工作方向,毛泽东倾注了巨大心血。1938年3月5日,毛泽东为抗大同学会亲笔题词:"坚定不移的政治方向,艰苦奋斗的工作作风,加上机动灵活的战略战术。"4月,又为抗大题写了"团结、紧张、严肃、活泼"八个大字,成为抗大的校训。1939年5月26日,毛泽东在《抗大三周年纪念》一文中,明确了抗大的教育方针:"坚定正确的政治方向,艰苦奋斗的工作作风,灵活机动的战略战术。"1960年5月8日,毛泽东指示"奋斗二字改为朴素为宜"。随后,毛泽东手书了抗大的教育方针和校训,即"坚定正确的政治方向,艰苦朴素的工作作风,灵活机动的战略战术"和"团结、紧张、严肃、活泼"。

不仅如此,毛泽东还参加了抗大第二期的开学典礼并讲话,指出:"抗大像一块磨刀石,把那些小资产阶级意识——感情冲动,粗暴浮躁,没有耐心等磨个精光,把自己变成一把雪亮的利刃,去打倒日本,去创造新社会。"他语重心长地勉励学员们特别是知识青年努力改造思想,献身于抗日战争和创造新社会的伟大事业。

毛泽东在繁忙的工作中挤出时间,经常到学校为学员们讲授唯物

1939年，毛泽东在抗大成立三周年纪念大会上讲话

论和辩证法等哲学课，或做一些报告和演讲。其中，毛泽东的《实践论》《矛盾论》创作于延安的窑洞，传播、讲解的第一堂课就在抗大；《论持久战》源于毛泽东为抗大授课的最初讲义。抗大学员为有幸在第一时间聆听毛泽东的战略战术思想而欢欣鼓舞，为此后成长为我党我军优秀干部打下了坚实的思想理论基础。

抗大从1936年6月创建到1945年抗日战争结束的9年时间里，在艰苦卓绝的战争环境中坚决贯彻党中央和毛泽东制定的教育方针，相继举办了8期培训班，创办了14所分校，分布于西北、华北、华中的广大地区。从延安到全国各抗日根据地，到处都飘扬着抗大的旗帜，回荡着抗大的校歌。美国著名记者斯诺曾在《西行漫记》中这样描述抗大："以窑洞为教室，石头砖块为桌椅，石灰泥土糊的墙为黑板，校舍完全不怕轰炸的这种'高等学府'，全世界恐怕只有这么一家。"因为《西行漫记》的影响，许多爱国侨胞不远万里，克服重重困难奔赴抗大。抗大先后培养了10余万名抗日军政干部，为取得抗日战争和解放战争的胜利发挥了巨大作用。

毛泽东为抗大题写的教育方针和校训像指路明灯一样，鼓舞和激励了千千万万革命干部，勤奋学习，学成之后奔赴各抗日战场，成为打败日本侵略者、争取民族解放的革命先锋。（缪炳法）

关于黄克功杀人案给雷经天的信

关于黄克功杀人案毛泽东写给雷经天的信

这是1937年10月10日,毛泽东在收到陕甘宁边区高等法院院长雷经天关于黄克功杀人案的信和抗大副校长罗瑞卿的报告后,给雷经天写的复信。毛泽东在信中强调:共产党与红军,对于自己的党员与红军成员不能不执行比较一般平民更加严格的纪律。现由中央档案馆收藏。

一切共产党员,一切红军指战员,一切革命分子,都要以黄克功为前车之鉴。

黄克功,江西南康人,1927年参加革命,1930年参加中国工农红军,同年加入中国共产党。参加过井冈山斗争和二万五千里长征,历任红军班长、排长、连长、营政治教导员、师政治部宣传科科长、团政委等职。但是,"他自恃年轻有为,立过战功,比较骄横"。

到达延安后,黄克功先后任抗大第二期第十五队队长、第三期第六队队长。他与16岁的陕北公学学员刘茜相识,并与她陷入爱河。但是,随着交往的深入,两人对爱情、家庭的看法显现出越来越大的差异，当黄克功提出结婚要求时，遭到了刘茜的拒绝。1937年10月5日，黄克功将刘茜约到延河畔再次求婚，又一次遭到拒绝，恼羞成怒的黄克功最终丧失理智扣动了扳机，杀害了刘茜。

这起事件在陕甘宁边区内外引起了巨大的震动。在国民党统治区，国民党中央的机关报《中央日报》把它当作"桃色事件"大肆渲染，以此攻击和污蔑共产党和边区政府"无法无天"。在延安，以前从未发生过像这样骇人听闻的恶性事件，黄克功案在整个延安城引起了轩然大波，舆论哗然，各界群众反映强烈、议论纷纷。

如何处置黄克功，在延安引起了不小争议。有人认为，黄克功逼婚不成残害同志，影响极其恶劣，不杀不足以平民愤；也有人认为，国家正值危难之际，这样一个年轻有为的干部似乎可以给他一个戴罪立功的机会。案发后，黄克功后悔不已，写信给毛泽东和陕甘宁边区高等法院：念我十年艰苦奋斗，一贯忠于党的路线，恕我犯罪一时，留我一条生命，以便将来为党尽最后一点忠。

时任陕甘宁边区高等法院院长、案件审判长的雷经天也写信向毛泽东汇报了有关情况，并提出"严格依法办事，对黄克功处以极刑"的意见。抗大的副校长罗瑞卿很器重黄克功，黄克功是和他一起经历过井冈山斗争和万里长征活下来的极少数干部，但罗瑞卿并没有因此放弃原则，在为此召开的专门会议上，罗瑞卿强调，不能因为功劳、地位、才干等妨碍依法制裁。罗瑞卿把抗大组织的意见和群众的反映如实向党中央和毛泽东作了报告。

毛泽东在收到黄克功、雷经天的信以及罗瑞卿的报告后，很快作出批示。1937年10月10日，毛泽东给雷经天写了复信，如下：

雷经天同志：

你的及黄克功的信均收阅。黄克功过去斗争历史是光荣的，今天处以极刑，我及党中央的同志都是为之惋惜的。但他犯了不容赦免的大罪，以一个共产党员、红军干部而有如此卑鄙的、残忍的，失掉党的立场的、失掉革命立场的、失掉人的立场的行为，如为赦免，便无以教育党，无以教育红军，无以教育革命者，并无以教育做一个普通的人。因此中央与军委便不得不根据他的罪恶行为，根据党与红军的纪律，处他以极刑。正因为黄克功不同于一个普通人，正因为他是一个多年的共产党员，是一个多年的红军，所以不能不这样办。共产党与红军，对于自己的党员与红军成员不能不执行比较一般平民更加严格的纪律。当此国家危急革命紧张之时，黄克功卑鄙无耻残忍自私至如此程度，他之处死，是他的自己行为决定的。一切共产党员，一切红军指战员，一切革命分子，都要以黄克功为前车之鉴。请你在公审会上，当着黄克功及到会群众，除宣布法庭判决外，并宣布我这封信。对刘茜同志之家属，应给以安慰与抚恤。

鉴于案情重大，群众看法不一，确有典型的法制教育意义，陕甘宁边区政府及高等法院根据中央的指示，决定于1937年10月11日在陕北公学大操场召开数千人大会，对黄克功进行公开审判。陕甘宁边区高等法院经审理，宣布判处黄克功死刑并立即执行。

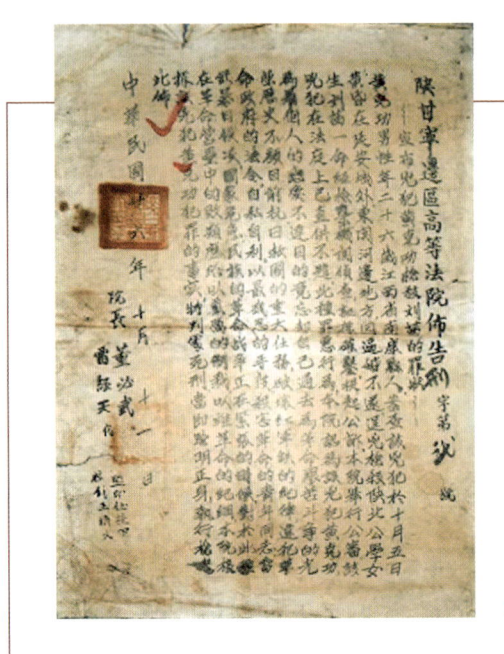

陕甘宁边区高等法院判决黄克功死刑的布告

审理结束后，陕甘宁边区高等法院在延安街头的显要位置贴出一张布告：

当前暴日侵凌，国家危急，民族的革命战争正在紧张的时候，对于此种在革命营垒中的败类，应给以严厉的制裁，以维革命的纲纪。本院根据该凶犯黄克功犯罪的事实，特判死刑，当即验明正身，执行枪决。

此布。

黄克功案处理后，毛泽东在抗大作了一场《革命与恋爱问题》的讲话，提出了革命青年在恋爱时应遵循的"三原则"——革命的原则、不妨碍工作学习的原则、自愿的原则。他要求大家从黄克功身上吸取教训，严肃对待恋爱、婚姻、家庭问题，要培养无产阶级的革命理想和情操，坚决杜绝类似事件发生。此后，毛泽东多次提到此案，指出作为党的干部，居功自傲、贪图享乐、欺压群众是万万要不得的。

黄克功案的结果，在陕甘宁边区立下了"不管职位多高、功劳多大、触犯了法律就必须受到严惩"的规矩，直接推动了《陕甘宁边区施政纲领》的颁布。1941年5月，《陕甘宁边区施政纲领》作为全民族抗战时期陕甘宁边区宪法性文件对党员队伍提出了明确而严厉的要求："共产党员有犯法者从重治罪。"（尹琛）

在延安凤凰山吴家窑院用过的炭火盆

毛泽东在延安凤凰山吴家窑院用过的炭火盆

在延安凤凰山革命旧址吴家窑院的毛泽东旧居办公室兼卧室里，一张办公桌底下有一个炭火盆，它见证了一位伟人在这孔窑洞里的峥嵘岁月：当年毛泽东就是在这里就着这个炭火盆写出了许多重要著作，1938年5月还写出了著名的《论持久战》。

1938年4月，毛泽东住进延安凤凰山麓的吴家窑院，彼时天气虽然已经转暖，但陕北的窑洞里依然阴冷，炭火盆内燃烧的木炭火将窑洞烘烤得温暖又舒适。为了批驳"亡国论""速胜论"等错误观点，回答困扰人们思想的种种问题，毛泽东开始撰写他酝酿已久、建立在科学分析和判断之上的雄文《论持久战》。

1937年7月全面抗战爆发后，国内存在着"亡国论"和"速胜论"两种截然相反的观点。在国民党内有人叫嚷"再战必亡"，有人则幻想依赖外援迅速结束战争。1938年3月至4月，中国军队同日本侵略军在台儿庄进行了一次大规模的激烈会战,击败了日军两个精锐师团,取得了震惊世界的辉煌胜利。台儿庄大战胜利后,又有人盲目乐观,认为这是"准决战""是敌人的最后挣扎"。同时,共产党内也有人过高地估计中国的力量,过低地估计日本的力量,存在着轻敌思想。

中国抗战出路在何方?对于这个问题,毛泽东早就深思熟虑,胸有成竹。早在1935年12月,中共中央和毛泽东到陕北不久,他就在《论反对日本帝国主义的策略》的报告中指出,"帝国主义还是一个严重的力量,革命力量的不平衡状态是一个严重的缺点,要打倒敌人必须准备作持久战"。

在吴家窑院,毛泽东笔不停挥,夜以继日地写着。他一坐就是几个小时,有时实在太累了,就站起来在窑洞里走几步,然后很快又坐下来写。夜深了,毛泽东饿了,就叫警卫员送来一块烤红薯,吃完了继续写。有一次,毛泽东写得入了神,他的脚挨上了炭火盆,自己却浑然不知,直到炭火盆把鞋子烤焦了,满屋子弥漫着焦煳的气味才被警卫员发现。警卫员进来给毛泽东换了一双鞋子之后,毛泽东又继续

1938年,毛泽东在延安吴家窑院的窑洞里撰写《论持久战》

写下去。经过8天9夜殚精竭虑的思考和写作，一部5万余字的《论持久战》初稿顺利完成。

根据敌我双方存在的相互矛盾着的各种因素，毛泽东在《论持久战》中科学地预见到，抗日战争将经历三个阶段：第一是敌之战略进攻，我之战略防御阶段；第二是敌之战略保守，我之准备反攻，即战略相持阶段；第三是我之战略反攻，敌之战略退却阶段。他为这三个阶段描绘了一个轮廓，还断言："长期而又广大的抗日战争，是军事、政治、经济、文化各方面犬牙交错的战争，这是战争史上的奇观。"后来抗日战争的实际发展完全证实了这一科学预见。毛泽东在《论持久战》中还深刻地阐述了游击战和人民战争的思想，并高屋建瓴地指出："战争的伟力之最深厚的根源，存在于民众之中。"毛泽东在军事上的雄才大略，在《论持久战》中得到了淋漓尽致的体现。

《论持久战》写成后，1938年5月26日至6月3日，毛泽东在延安抗日战争研究会上作了《论持久战》的讲演。这篇文章和这次讲演对人们当时最关心的问题给出了科学、合理而有分量的回答，清晰地描绘出抗日战争发展过程的完整蓝图，拨开了笼罩在人们心头的云雾，大大提高了中国人民持久抗战的坚定信心，在延安乃至全国都产生了很大影响。

这个炭火盆，一直由吴家窑院保存，直到新中国成立后捐赠给国家收藏。（高慧琳）

在延安阅读过的《鲁迅全集》

1938年版《鲁迅全集》纪念乙种本

这是我国最早的一套20卷本《鲁迅全集》，1938年8月由鲁迅先生纪念委员会编辑，上海复社出版，是编号限量200套发行的"纪念乙种本"第58号。这套书为紫绛红漆布封面、黑色皮脊、皮包角，印制装帧精美大气，是毛泽东在延安时鲁迅先生纪念委员会赠送，跟随了他几十年的珍贵藏书。现由中央档案馆收藏。

1938年，《鲁迅全集》甲、乙两种纪念版由蔡元培、宋庆龄领衔的鲁迅先生纪念委员会编辑，上海复社出版。其中，纪念甲种本为红漆布封面，精装，售价50元；纪念乙种本为紫绛红漆布封面，黑色皮脊、皮包角，精装，售价100元。

1936年，鲁迅逝世前编校的瞿秋白译文集《海上述林》出版，曾寄赠毛泽东和周恩来各一部皮脊精装本。《鲁迅全集》出版后，鲁迅夫人许广平把一套最精致的纪念乙种本通过党组织送到延安，赠给毛泽东。

毛泽东从五四时期起，就读过不少鲁迅作品。1933年鲁迅弟子冯雪峰在瑞金与毛泽东彻夜长谈有关鲁迅的事后，毛泽东就非常关注鲁

毛泽东写作时桌子上放着三卷《鲁迅全集》

迅及其著作。1938年1月12日，毛泽东在致艾思奇信中写道："我没有《鲁迅全集》，有几本零的，《朝花夕拾》也在内，遍寻都不见了。"

得到这套书后，毛泽东如获至宝，把它当作了枕边书。毛泽东对鲁迅的书读得很细致，思考得很深，1937年他发表的《论鲁迅》，1940年的《新民主主义论》，1942年的《在延安文艺座谈会上的讲话》中，都谈到了鲁迅。他曾对人说："我在延安，夜晚读鲁迅的书，常常忘记了睡觉。""我和鲁迅的心是相通的。"

1947年，毛泽东带着这套书离开延安转战陕北。此后到华北，到西柏坡，最后到北京，进入中南海，始终带在身边，方便随时阅读。虽然常常读得废寝忘食，但毛泽东对这套书钟爱有加，绝不容许书籍稍有损伤。平时喜欢边读边划重点和写批注的毛泽东，却舍不得在这套书上划写。因此，这套留存于毛泽东藏书中的《鲁迅全集》至今保存得非常完好，几乎看不出它经历过战火纷飞的年代。

20世纪60年代的一天，毛泽东在书房里阅读这套书，一边翻阅，一边感慨地对身边工作人员说："这套书保存下来不容易啊，当时打仗，说转移就转移，有时转移路上还要和敌人交火。这些书都是分给战士们背着，他们又要行军，又要打仗，书能保存到今天，我首先要感谢那些曾为我背书的同志。"（高慧琳）

为延安保育院题词

毛泽东为延安保育院题词的石刻

　　这是一块青石板，上面雕刻着毛泽东的手迹——"好好的保育儿童"。石板高 0.35 米，长 1.25 米，厚 0.11 米，曾经被镶嵌在位于延安李家洼的陕甘宁边区保育院窑洞外墙上，见证了在中华民族遭受苦难时期的中国共产党和延安人民克服种种艰难险阻，为培养新中国的接班人而勠力同心的激情岁月，也见证了伟人的广阔胸怀。现由延安革命纪念馆收藏。

　　1937 年全面抗战爆发后，出现了一个令人担忧的问题：大批抗日将士奔赴前线冲锋陷阵，他们和牺牲烈士的年幼子女的抚养、教育和生活成为一个难题。在当时国共合作的背景下，国内一批有识之士提出了保护他们、解决前方将士后顾之忧的动议。

　　1938 年 3 月，由国共双方以及社会各界人士创建的中国战时儿童保育会在武汉成立，之后在全国各地建立了 53 个分会。同年 5 月，在汉口成立了第一临时保育院。7 月，在陕甘宁边区青年救国会的协调下，由边区妇女救国联合会等 12 个团体和 60 位知名人士联合发起的陕甘宁边区儿童保育分会在延安成立。在此基础上，10 月 2 日，战时儿童保育会陕甘宁边区分会第一保育院在延安城南柳林村原延安托儿所成立，托儿所并入保育院，首批收养八路军将士家属、烈士遗孤、战区难童等57人，当天举行了盛大的成立典礼，中共中央、边区政府领导人和各界人士近600人出席典礼。毛泽东为该院先后题词"儿童万岁""好好的保育儿童"。

保育院刚成立时，日本军机多次轰炸延安。为保证保育院儿童的安全，保育院于11月10日迁往安塞县小草峪村。但由于小草峪村地势环境条件不佳，不利于保育院的发展，1940年初，边区政府决定在延安城北李家洼建设保育院新院舍。同年秋，新址落成，共建有48孔石窑洞。9月，保育院迁至李家洼。毛泽东、朱德、张闻天、林伯渠、吴玉章、徐特立分别为保育院题词，被镌刻于石板上镶嵌于保育院门口和墙上。保育院下设保育、总务、教育3个股，院内儿童初期分为婴儿部和幼稚部，后又将边区中学附小并入保育院，根据年龄段，分为乳儿、婴儿、幼稚、小学4个部，对儿童进行全面的启蒙教育。保育院先后由丑子冈、李芝光、陶汲波、丁彤和凌莎任院长。1945年6月，边区又成立了第二保育院，两个保育院及保育小学收养儿童达2000多人。

1946年国民党撕毁国共合作协议，准备大举进攻延安。11月7日，边区政府通知延安非战斗人员提前转移，保育院随即撤离延安，向华北解放区迁移。1948年延安收复后，又迁回延安。新中国成立后，第一保育院辗转迁移到西安，改为西安第一保育院，第二保育院迁移到北京，后成为六一幼儿园。

延安第一保育院旧址现存22孔石窑洞和部分土窑洞，2005年延安市文物部门对该旧址进行维修后对外开放供参观。毛泽东的题词石刻在国民党军侵犯延安时，延安人民把它和朱德的题词"耐心的培养小孩子"石刻一起埋入地下，1959年12月延安文物部门在李家洼将两块石刻挖掘出土，入藏延安革命纪念馆，供人们参观。（高慧琳）

题写封面的《论新阶段》

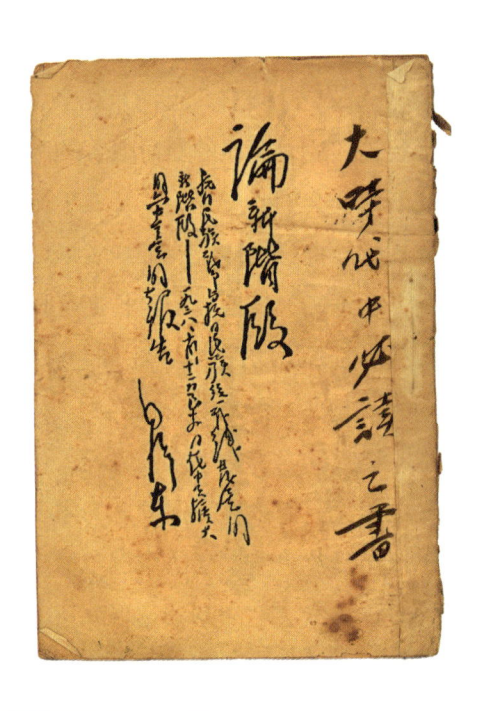

毛泽东题写封面的《论新阶段》

  这是1938年毛泽东著的《论新阶段》（长18.5厘米，宽12.7厘米，厚0.4厘米，属竖排竖长方形铅印书籍，共84页），封面竖印有毛泽东手迹笔书"论新阶段""抗日民族战争与抗日民族统一战线发展的新阶段——一九三八年十月十二日至十四日在中共扩大的六中全会的报告"和"毛泽东"字，封面右侧用毛笔另外竖写有"大时代中必读之书"8字；扉页印有"附中共六中全会告全国同胞、全体将士、国共两党同志书""论新阶段"字；封底盖有书店印章"南昌旧书店售价五元"。《论新阶段》是毛泽东代表中共中央政治局在中共扩大的六届六中全会时期所作的一次政治报告，是在抗日战争全面爆发的重要时期提出的纲领性文件。现由南昌八一起义纪念馆收藏。

1938年9月29日至11月6日，在延安城东5公里外桥儿沟的一座教堂里，中国共产党召开了扩大的六届六中全会。全会的目的是总结抗战以来的经验教训，确定党在抗战新阶段的基本方针和任务，解决党内一度出现的右倾错误，统一全党的思想和步调。这次会议上，毛泽东首次向全党提出马克思主义中国化的命题。

　　10月12日至14日，毛泽东在全会上作了题为《抗日民族战争与抗日民族统一战线发展的新阶段》的政治报告。报告共分八个部分：（一）五中全会到六中全会；（二）抗战十五个月的总结；（三）抗日民族战争与抗日民族统一战线发展的新阶段；（四）全民族的当前紧急任务；（五）长期战争与长期合作；（六）中国的反侵略战争与世界的反法西斯运动；（七）中国共产党在民族战争中的地位；（八）召集党的第七次代表大会。

　　中共扩大的六届六中全会之前，虽然我们党还没有正式提出马克思主义中国化，但以毛泽东同志为主要代表的中国共产党人在当时已走上了运用马克思主义解决中国革命实际问题的实践之路，并进行了初步的理论探索。毛泽东到达陕北后，即投入对中国革命一系列重大问题的思考之中，从理论高度总结中国革命的经验教训。从1935年12月到1937年8月，毛泽东先后撰写发表了《论反对日本帝国主义的策略》《中国革命战争的战略问题》《实践论》《矛盾论》等重要著作，系统地解决了党的政治路线、军事路线和思想路线问题。这几篇著作以马克思主义为指导，立足中国实际，反对主观主义特别是教条主义，开始全面地解决中国革命和中国革命战争的一系列重大理论和路线问题，勾勒出马克思主义中国化的时代特征与气象。

　　在这一基础上，毛泽东在政治报告中对什么是马克思主义中国化、马克思主义为什么必须中国化、马克思主义中国化的原则等问题作了精辟论述，强调"马克思主义必须和我国的具体特点相结合并通过一定的民族形式才能实现"。全会还以决议的形式，号召全党要学会灵活地"把马克思列宁主义及国际经验应用到中国每一个实际斗争中来"。马克思主义中国化的提出不仅指导了抗日战争的胜利，而且对后来中国革命和建设都有深远的意义。

从 1930 年毛泽东提出马克思主义同中国实际相结合，到 1938 年提出马克思主义中国化，这充分表明，中国共产党对马克思主义中国化的理解和把握已经克服并超越了狭隘的经验性认识，成熟并升华为指导中国革命的最基本的原则，标志着中国共产党人对马克思主义的科学内涵和本质的认识实现了质的飞跃。

1945 年，毛泽东在党的七大作关于选举问题的讲话时说："中国共产党历史上有两个重要关键的会议。一次是一九三五年一月的遵义会议，一次是一九三八年的六中全会""六中全会是决定中国之命运的。"（彭志才）

题写书名的《论持久战》

新华日报馆发行的毛泽东题写书名的《论持久战》

这是1939年新华日报馆发行的《论持久战》订正本（长18.2厘米，宽13.0厘米，厚0.5厘米，属竖排竖长方形铅印书籍），封面竖印有毛泽东手迹笔书"论持久战""毛泽东"，右侧另印有"新群丛书之十五""新华日报馆发行"，以及盖有一椭圆形蓝色印章——"江西省立图书馆藏书章"和一长条形黑色印章——"陈列书刊"；封底盖有一蓝色长方形印章——"邮费昂贵加邮成"；扉页印有"中华民国二十八年一月一日订正本"。现由南昌八一起义纪念馆收藏。

全民族抗战爆发后，随着日军相继攻陷了北平、天津、上海等地，国内弥漫着悲观失望的中国"亡国论"，严重扰乱了全国军民团结一致抗战的坚定决心。而后，1937年9月八路军取得平型关大捷，1938年3月中国军队取得了台儿庄战役的胜利，在获胜的消息频频传来的情况下，又有人开始宣扬中国抗战的"速胜论"。为彻底批驳"亡国论"和"速胜论"等错误思想，统一全党思想，毛泽东决定写一部论持久抗战的理论专著，对抗日战争全面爆发10个月来的战争经历和经验作个总结性的概括，回应全国人民关于抗战前途、抗战策略、抗战方式的关切。

毛泽东在阅读了大量国内外相关资料及战争理论著作的基础上，以其卓越的洞察力以及高超的军事素养，于1938年5月开始了废寝忘食的写作。当时，作为毛泽东警卫员的翟作军曾在回忆时说道："主席写《论持久战》，已经有两天两夜没有睡觉了，还一个劲儿伏在桌子上写呀写的。实在写得太累太困的时候，才叫我们给他打盆水洗洗脸，清醒清醒，或者到院子里转一转，要不就躺在躺椅上闭上眼睛养一会儿神，又继续写。饭吃得很少，脸色也不好看。大家深（生）怕主席累病了，便在值班时加倍注意，劝主席多休息。"就这样，不到10天的时间，5万余字的军事理论著作《论持久战》一气呵成了。

5月26日至6月3日，毛泽东在延安抗日战争研究会上演讲的基本内容就是《论持久战》中的观点。《论持久战》对抗日战争的发展规律作了清晰的描述，陈云听后，认为毛泽东讲得非常深刻，很有说服力，对全国抗战具有重要的指导意义。第二天，陈云问毛泽东，可不可以在更大一点的范围讲？毛泽东接受了陈云的建议，但是考虑到在更大范围去讲听者仍然有限，于是他决定把讲稿整理出来，先在党内印发。这样，《论持久战》先在延安油印出来，在党内传阅。可油印的数量有限，许多干部看不到，特别是前线的干部，毛泽东又决定将其公开发表。7月1日，《论持久战》在延安机关刊物《解放》第四十三、第四十四期（合刊）正式刊出。当月，延安解放社和汉口新华日报馆发行单行本。1939年1月，新华日报馆再版了《论持久战》。

《论持久战》是毛泽东的一部抗战名著，也是抗战时期中国最著名、印行次数最多、影响最大的抗战著作，其系统地阐明了中国共产党的抗日持久战方针，回答了当时困扰人们思想的种种问题，坚定了中国人民争取抗战胜利的信心，是指导全国抗战的理论纲领。它就像茫茫大海中的灯塔和漫漫长夜中的北斗星，为中国人民的抗日战争指明了胜利的方向。（彭志才）

题写报头的《五日时事》

毛泽东题写报头的《五日时事》

1938年5月，中共晋西南区党委为了及时报道抗战时局战况，指导晋西南抗日根据地的抗战工作，创办了《五日时事》。1939年初，毛泽东为《五日时事》题写了报头。现由山西省档案馆收藏。

1937年全民族抗战爆发后，八路军总部和第一一五师主力依托吕梁山脉创建晋西南抗日根据地。1937年到1939年间，为了发动群众、团结抗战，中共地方党组织在晋西南地区创办了很多油印、石印的报纸和期刊，新闻出版事业呈现蓬勃发展的局面。在众多进步报刊中，办得最好、印量最大的是中共晋西南区党委的机关报——《五日时事》。

《五日时事》每期4开2版，5天一期，开始时印5000份，后来增加到30000多份，发行到晋西南20多个县。这份报纸编印的两年多时间里，共出版了150多期，中共晋西南区党委宣传部部长张稼夫抓稿件的审稿工作，还经常撰稿，区党委书记林枫和当时驻扎晋西南的中共中央北方局领导人杨尚昆也参与指导报纸的编辑工作。

1939年初，在延安举办的各抗日根据地报纸展览会上，《五日时事》受到了毛泽东和中央其他领导的赞扬。毛泽东在给张稼夫的信中写道："报纸办得很好，希望你们向《新中华报》学习。"他还给《五日时事》题写了报头，亲署"毛泽东题"。《五日时事》从1939年2月15日第50期开始，启用毛泽东题写的报头。这是迄今为止正式出版印刷的由毛泽东题写报头的报纸中唯一留有落款的报纸。

《五日时事》的印刷独创一格，字体美观，版面整齐，有时还用红、蓝油墨套色印刷，十分醒目。它的刻印技术在当时被公认为样板。主编王修从事刻印工作，除了能刻印大标题字、报头、漫画外，还具有印破版的高超本领。由于蜡纸上刻了大字和漫画，或者油印时版下面的纸太厚，或者刻写时某一笔重一点，都会使蜡纸版破裂，导致损毁浪费。但是版破了，可以通过控制墨辊的压力，继续印刷出看不出破痕的报纸，这种高超技艺是《五日时事》的"独家秘籍"。

《五日时事》在抗战的硝烟中创办发行，是一张流动的战地报纸。1938年12月之前，《五日时事》报社随区机关在山西孝义张家庄出版发行，通信地址是由孝义兑九峪邮局转达。1938年12月15日开始，《五日时事》报社随区机关转移到隰县蟠龙庄（现属交口县）出版发行，通信地址改为灵石县双池镇邮局转。到1939年2月15日出版第50期时，通信地址改为第一一五师独立第一支队政治部转。1939年12月，晋西事变爆发，晋西南区党委转移到晋西北，和晋西北区党委合并成立晋西区党委，《五日时事》作为晋西区党委的机关报继续出版，至1940年9月18日《抗战日报》创刊时停刊。

《五日时事》坚持报道全国军民英勇抗战的胜利消息，报道国际社会对中国抗战的支持和声援，鼓舞晋西南抗日根据地军民的必胜信心。比如，1938年10月15日第29期，译载了《共产国际执委会主席团的决定》，称"完全同意中国共产党的政治路线，并声明共产国际与中华民族反对日寇侵略者的解放斗争是团结一致的",在同一天的报纸上还译载了苏联《真理报》发表的《论中国必胜》一文。

《五日时事》大量揭露日军的侵略罪行。比如,1939年4月5日第56期,报道了《敌寇暴行在汾西》,列举了日军在汾西"憩兵三日""放纵兽兵自由活动",烧杀、奸淫、抢掠,无所不为,无恶不作。

《五日时事》经常报道抗日根据地民主政权建设、经济建设等方面的工作。比如,1939年1月20日第45期发表了《敌军退走后的政权工作》,3月20日第55期发表了《把春耕变成广大群众的抗日运动》,3月25日第56期报道了八路军第一一五师独立第一支队政治部在隰县蟠龙庄、苇沟、神堂底等村先后帮助43家抗日军人的家属和群众开荒、施肥、播种的消息。

《五日时事》根据战争需要还经常出版专刊。1939年5月中旬,日军集结大批兵力侵入吕梁山,携带大量渡河工具,企图越过黄河向我大西北进攻。《五日时事》从5月20日第66期改出战时版,由平时的两张蜡纸版改为一张,套红印出:粉碎敌人的围攻,牵制敌人的西进!编辑部在短评中写下誓言:我们一定要以巨大的铁锤,打破敌人进攻大西北、"扫荡"吕梁山的迷梦!

诞生、成长、战斗在吕梁山的《五日时事》用战斗的笔筑起了阻止日军西进的无形屏障,它像一支号角,在唤醒人民、动员人民、鼓舞人民、团结人民、教育人民等方面起到了不可低估的作用。(仲艳妮)

为《抗日模范根据地——晋冀察边区》题写的书名

毛泽东为《抗日模范根据地——晋冀察边区》题写的书名

  这是1939年毛泽东为《抗日模范根据地——晋冀察边区》("晋冀察边区"即"晋察冀边区",当时还有"冀察晋"称法)题写的书名,他在为该书撰写的序言中称赞道,晋冀察边区是华北抗战的堡垒……而且足以为各地如何实行三民主义,如何唤起民众以密切配合抗战的模范。1937年平型关大捷之后,八路军第一一五师主力由山西五台山南下晋西南,开始创建晋西南抗日根据地。第一一五师一部及军政干部共约3000人,在聂荣臻率领下留驻五台山地区,着手创建敌后抗日根据地。现由晋察冀边区革命纪念馆收藏。

147

聂荣臻率部在五台山地区建立战地动员委员会和抗日救国会等半政权性质的组织,广泛发动群众,武装群众,扩大队伍,开展游击战争,收复敌占城镇,在平绥、正太、同蒲、平汉4条铁路干线之间初步形成了晋察冀边区中心根据地。1937年11月7日,根据中共中央、中央军委的命令,以阜平、五台山为中心的晋察冀军区成立,聂荣臻任司令员兼政治委员。11月下旬,日军调集两万余人分八路对根据地进行围攻。八路军采取游击战和集中主力歼敌的作战方针,歼敌1000余人,消耗了敌人的有生力量,粉碎了敌人的围攻,巩固了根据地。1937年底,晋察冀抗日根据地发展到30多个县。

1938年1月,晋察冀边区军政民代表大会在河北阜平召开。会议经过民主选举,成立了晋察冀边区行政委员会。这是中国共产党领导的第一个敌后统一战线性质的抗日民主政权,它颁布实施的各项政策法令稳定了社会秩序,从根本上改变了国民党军队败退和政权垮台后出现的混乱局面,使敌后抗战力量得到迅速发展。

到1938年底,晋察冀抗日根据地共辖70余个县,拥有居民1200万人,武装力量约10万人。中共晋察冀分局、晋察冀边区行政委员会、晋察冀军区统一领导晋察冀抗日根据地各个地区、各方面的工作。

晋察冀边区党政军机关在石家庄平山蛟潭庄一带驻扎期间,聂荣臻开始撰写向中央汇报根据地全面情况的报告。1939年3月,毛泽东看到后,决定把这个报告单独成书,为它题写了书名:《抗日模范根据地——晋冀察边区》,并撰写了序言。毛泽东在给聂荣臻的信中说,这本书"是十分宝贵的",准备在延安、重庆两处出版。望努力奋斗,加深研究,写出更多的作品。(刘珂)

题写刊名的《共产党人》

毛泽东题写刊名的《共产党人》

这是一本32开的刊物，封面很简朴，目录印在封面上，右侧是毛泽东题写的刊名——"共产党人"，这4个大字字体刚劲有力，大气洒脱，极具特色。现由延安革命纪念馆收藏。

《共产党人》是毛泽东倡议创办的中共中央党内刊物，创刊目的是帮助建设一个全国范围的、广大群众性的、思想上政治上组织上完全巩固的布尔什维克化的中国共产党。当时，随着抗日战争从战略防御向战略相持阶段转变，为使中国共产党能够更好承担起抗战时期的任务，1938年3月15日中共中央发布了《关于大量发展党员的决议》，极大地促进了各地党员队伍的发展。

一方面，党组织不断扩大带来了党内思想教育和党的建设的迫切问题。另一方面，1939年1月国民党五届五中全会提出"溶共""防共"和"限共"的方针，还提出了《限制异党活动办法》，开始全面压制、围困边区。对此，1939年8月25日中共中央政治局通过的《关于巩固党的决定》提出："在思想上政治上组织上巩固党，成为我们今天极端严重的任务。"而要建设一个"全国模范的""广大群众性的""完全巩固的""布尔塞维克化的"中国共产党，完成这一"伟大的工程"，"不是一般党报所能胜任的，必须有专门的党报"。

正是在这样的时代背景下，中共中央创办了《共产党人》，组成《共产党人》编辑委员会，张闻天任主编，李维汉任编辑主任。经过一段时间的紧张筹备，1939年10月20日《共产党人》在延安创刊。

毛泽东对该刊非常重视，在创刊之际题写了刊名，并撰写了《〈共产党人〉发刊词》，阐明了刊物的缘起、宗旨和任务，指出："一方面，是抗日民族统一战线中的投降危险、分裂危险和倒退危险日益发展着；又一方面，是我们党已经走出了狭隘的圈子，变成了全国性的大党。而党的任务是动员群众克服投降危险、分裂危险和倒退危险，并准备对付可能的突然事变，使党和革命不在可能的突然事变中，遭受出乎意料的损失。在这种时机，这样一个党内刊物的出版，实在是十分必要的了。"

就是在这篇发刊词中，毛泽东根据党成立以来18年的历史经验，提出了著名的"三大法宝"论断："统一战线，武装斗争，党的建设，是中国共产党在中国革命中战胜敌人的三个法宝，三个主要的法宝。"还第一次提出"马克思列宁主义理论和中国革命的实践相结合"这一党的根本思想原则。

《共产党人》至此成为开展党的建设伟大工程的重要阵地。该刊的读者对象限于中共党员，以阐释中国共产党的原则和方针政策为主，内容涉及党建、群众运动、战争形势、统一战线等各方面。该刊于1941年8月停刊，共发行19期。（高慧琳）

为谢子长题写的碑文

毛泽东为谢子长题写的碑文拓片

这是毛泽东于1939年为谢子长题写的碑文。谢子长（1897—1935）是陕北红军和革命根据地创建人，曾长期在西北地区从事兵运、红色武装的创建和领导工作。1935年2月21日，谢子长因伤逝世，享年38岁。同年10月，党中央和红军长征胜利抵达陕北时，谢子长已去世8个月了，毛泽东虽从未和他见过面，却高度评价谢子长的历史功绩，曾3次亲笔为他题写碑文。题词拓片现由延安革命纪念馆收藏。

谢子长，陕西安定（今子长）人。1919年起，先后在西安省立第一中学、陕北联合县立榆林中学读书；1922年，投笔从戎；1925年，加入中国共产党。同年根据党的指示，回陕北开展革命活动。他通过共产党员李象九打入陕北军阀井岳秀部下石谦旅任连长，并在该旅中

谢子长

发展党员、团员100余人。

1927年春，谢子长率部进驻安定县城，协助建立了中共安定特别支部。谢子长组织召开安定县地方行政会议，主持制定了《安定县地方行政会议组织大纲》《农民协会案》等8个决议案和《安定县农民协会章程》，创办农民运动讲习所，还在全县成立了1个县级、14个区级、100多个村级的农民协会，9个党支部。农民运动在安定县轰轰烈烈地开展起来，陕北的革命火种得以播撒。

1932年2月，西北抗日反帝同盟军改编为中国工农红军陕甘游击队，谢子长任总指挥。谢子长率部消灭了陕西旬邑职田镇民团，两次攻打甘肃正宁山河镇，奔袭旬邑，强攻保安，谢子长身先士卒，吃苦耐劳，英勇睿智，深受广大官兵爱戴。

1933年，谢子长曾赴张家口参加察哈尔民众抗日同盟军，协助吉鸿昌部共产党员许权中师长指挥作战。1934年1月，谢子长由北平（今北京）经太原渡黄河，回到安定。当时，陕北党组织受到敌人的血腥镇压，处于十分困难的时期。谢子长经历了无数艰险，终于找到地下党组织，恢复了陕北红一支队，担任陕北红军游击队总指挥部总指挥，随后率部与刘志丹率领的陕甘红军第二十六军第四十二师会合，兼任该师政委，又建立红二十七军，与刘志丹等建立了陕甘边和陕北两支游击队，开拓了陕甘边革命根据地，也就是后来的西北革命根据地，为党中央和红军提供了落脚点，为中国革命事业的发展壮大作出了重要贡献。

1934年8月底，在红军攻打陕西清涧河口的战斗中，谢子长亲临前线指挥，部队士气大振，迫使敌人放弃该据点逃往清涧县城。在指挥战斗中，谢子长不幸胸部中弹，但依然带伤指挥部队作战，直到胜利。为了稳定部队和群众的斗争情绪，谢子长传出命令：对他负伤的事要保密，不许声张。战后，他又不顾重伤在身指挥部队，攻下安定县城，彻底粉碎了国民党新军阀对陕北革命根据地的第一次"围剿"。

1935年2月初，中共西北工委和西北军委成立，以统一领导陕北、陕甘边两块革命根据地的党和红军，谢子长因养伤未出席会议，但仍被推举为中共西北工委委员和西北革命军事委员会主席。1935年2月21日，谢子长由于伤病恶化在安定县灯盏湾逝世，年仅38岁。

由于谢子长在西北革命根据地的重大影响，他逝世后，西北军委为了麻痹敌人，仍然以谢子长的名义签发文件。为了纪念谢子长，1935年，中共西北工委决定改谢子长的家乡安定县为子长县。2019年7月设市。

1939年，陕甘宁边区党委和政府决定将谢子长的遗骨移葬于他的家乡枣树坪，并修建了谢子长烈士墓。6月23日，毛泽东为谢子长墓题写碑文：

谢子长同志之墓
民族英雄

毛泽东
中华民国二十八年六月廿三日

1939年，毛泽东亲切接见了谢子长的亲属，高度赞扬谢子长的革命贡献。随后，他第二次为谢子长撰写碑文——"谢子长同志，虽死犹生"，并亲笔为谢子长撰写了长达277字的祭文。

　　1943年，中共中央西北局和陕甘宁边区政府决定在瓦窑堡专门为谢子长修建陵园。1946年，在谢子长牺牲11周年之际，子长烈士陵园落成，边区政府将谢子长灵柩迁到子长烈士陵园。距1939年两次题词不到7年，毛泽东第三次为谢子长题写碑文——"谢子长同志千古，前赴后继，打倒人民公敌蒋介石"。毛泽东三次为一位已故根据地领导人题写碑文，这是绝无仅有的。（高慧琳）

撰写的《学习白求恩》

毛泽东于1939年撰写的《学习白求恩》

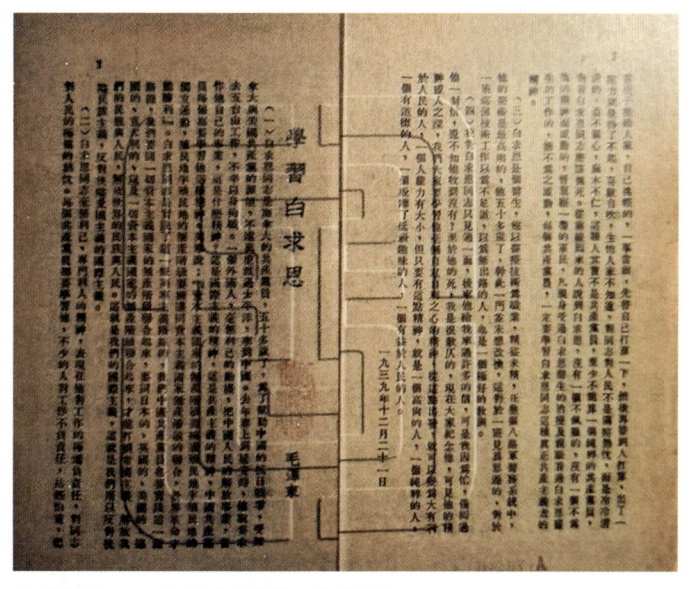

    毛泽东于1939年撰写的《学习白求恩》一文收录于八路军政治部、卫生部所编的《诺尔曼·白求恩纪念册》。我们现在看到毛泽东写的悼念白求恩的文章题为《纪念白求恩》，实际是1952年毛泽东将文章原标题《学习白求恩》改为《纪念白求恩》的。现由石家庄白求恩纪念馆收藏。

    诺尔曼·白求恩，1890年3月3日出生在加拿大安大略省格雷文赫斯特镇的一个牧师家庭，加拿大共产党员，国际共产主义战士，著名胸外科医师，曾在西班牙反对德国法西斯侵略战争中当过战地救护队队长。

    1938年1月，白求恩受加拿大共产党和美国共产党的派遣，率领援华医疗队从温哥华启程,不远万里来到中国,援助中国的抗日战争。他先后经武汉、西安到延安,受到毛泽东的亲切接见。经过中央批准,于6月到达八路军晋察冀军区所在地山西五台县金岗库村。

　　白求恩一到晋察冀军区后方医院,不顾疲劳,立即投入治疗伤员的工作中。由于当时后方医院条件异常艰苦,医务人员的技术水平也不高,又没有完善的手术设备,药品也十分缺乏,白求恩只能因陋就简,用铁丝做探针,用竹签做镊子,用锯木头的锯子截肢。在这样的条件下,白求恩仍然在一个月里施行了147次手术,参加了多次重大战斗的战场救护工作。他率领的医疗队创造了战地手术新纪录——曾一次连续工作69个小时,为115名伤员做手术。白求恩在抗日前线工作期间,把自己的生死置之度外,哪里有伤员他就出现在哪里。在一年多的时间里,他抢救了数千名伤员,施行了数不清的手术。他带头给伤员输过血,对伤员像对待自己的亲人一样。他的无私奉献精神感动了抗日

《诺尔曼·白求恩纪念册》封面

白求恩在为伤员做手术

将士,也激励着将士们为保卫祖国而英勇杀敌。

1939年10月,日军对晋察冀北岳区发动大规模的冬季"扫荡"。白求恩率领一支战地医疗队到达河北涞源县摩天岭战斗前线,在临近火线的孙家庄小庙里布置了手术室后,立即投入紧张的手术中。就在他给伤员做急救手术时,左手中指不幸被手术刀划破,后来在为一位伤员做手术时受感染,伤口化脓红肿。病发后,白求恩不顾病痛继续支撑着为重伤员做手术,并说:"你们不要拿我当古董,要拿我当一挺机关枪使用。"不久,他伤势恶化,转为败血症,生命垂危。当时晋察冀军区的聂荣臻司令员知晓后,立即写信,要部队不惜任何代价安全地把白求恩大夫送出这个在敌人威胁下的区域,挽救白求恩大夫的生命。医疗队采取了所有的抢救措施仍不见好转。

1939年11月12日,白求恩于河北唐县黄石口村停止了呼吸。11月17日,聂荣臻率晋察冀军民在唐县于家寨为白求恩举行了隆重的殡殓典礼。

白求恩去世后,聂荣臻很快向毛泽东作了报告,并转去白求恩写给他的几封信,同时报告了白求恩遗嘱的有关情况。

12月1日下午,延安各界在杨家岭中央大礼堂沉痛悼念白求恩。主席台前,写着毛泽东的挽词:"学习白求恩同志的国际精神,学习他的牺牲精神、责任心与工作热忱。"

追悼大会结束后,八路军政治部、卫生部领导决定,要在八路军军政杂志上编辑出版《诺尔曼·白求恩纪念册》,由王稼祥和八路军卫生部部长孙仪之向毛泽东、朱德等中央领导约稿。

毛泽东接到请他撰写纪念白求恩文章的报告后,于12月21日在延安杨家岭窑洞完成了纪念文章《学习白求恩》。毛泽东把写好的文章送往八路军政治部,政治部领导马上批示送往八路军军政杂志社。在主编萧向荣的组织下,《诺尔曼·白求恩纪念册》很快编辑完成,送审后在延安拐峁印刷厂完成了印刷。

1940年初出版的《诺尔曼·白求恩纪念册》为32开的毛边本,全书119页,封面上方是黑体字标注的书名,左下方是白求恩的半身黑白像，最下面署"国民革命军第十八集团军（八路军）政治部　卫生部出版　1940"字样。纪念册不仅收入了毛泽东的《学习白求恩》、朱德的《追悼白求恩同志》等文章，还刊登了白求恩写给毛泽东、聂荣臻的书信及工作报告等。

《诺尔曼·白求恩纪念册》当时仅印了1000册，发放范围是延安卫生机关、晋察冀军区卫生系统，少部分被带到其他根据地。尽管印量少，但毛泽东《学习白求恩》一文还是迅速传播开来，许多根据地通过手抄、油印等方式学习这篇文章，并在八路军、新四军中，特别是在医疗卫生战线开展了向白求恩学习的活动。

1952年，毛泽东在把这篇文章收入《毛泽东选集（第二卷）》时，将文章标题由《学习白求恩》改为《纪念白求恩》。（马国庆、姜廷玉）

为抗大学员毕业证书题词

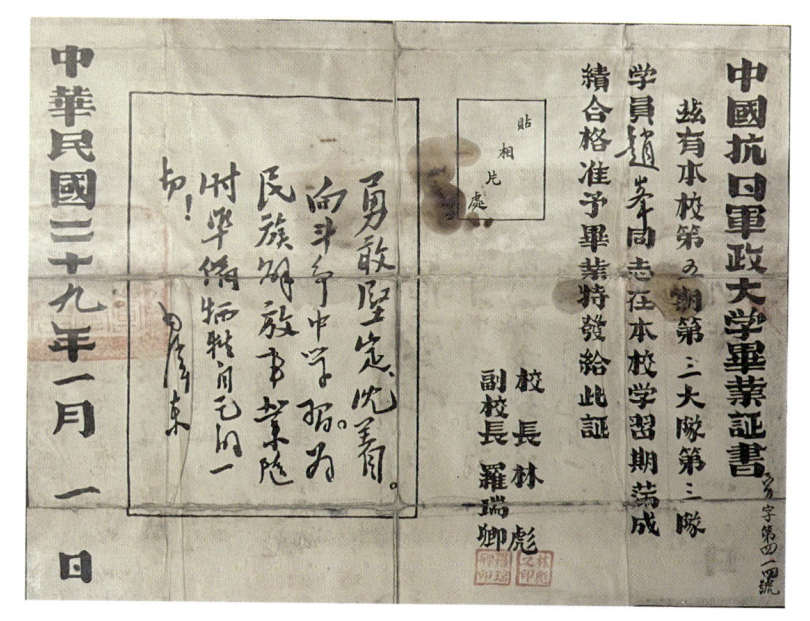

抗大学员毕业证书

这是1940年1月1日签发的抗大学员毕业证书，上面印有毛泽东的亲笔题词，它折射了名垂青史的抗大的光辉历程，也见证了毛泽东对抗大的悉心关怀和对抗大学员的殷切期望。现由延安的中国人民抗日军政大学纪念馆收藏。

中国人民抗日军事政治大学是中共中央在全民族抗战时期创办的培养军事和政治干部的学校。1936年6月1日，中共中央在瓦窑堡创办了中国人民抗日红军大学，1937年初随中央机关迁至延安，改名中国人民抗日军事政治大学。随着西安事变的顺利解决，国共第二次合作和抗日民族统一战线开始形成和发展，迫切地需要大批干部去前线和基层工作。毛泽东非常重视抗大的发展，不仅亲任抗大教育委员会主席，还为抗大规定了"坚定正确的政治方向，艰苦朴素的工作作风，灵活机动的战略战术"的教育方针和"团结、紧张、严肃、活泼"的校训，该教育方针后来成为延安精神的核心内涵。抗大的教育体制，是按照毛泽东的教育思想设置的，为抗战培养前方和基层急需的军政人才，确定了"少而精""理论与实际联系""理论与实际并重""军事与政治并重"等教育原则。教育的课程，有联共党史、马列主义、政治经济学、军事战略学、哲学等。

这份抗大毕业证书的持证人是赵峰，证书题头是"中国抗日军政大学毕业证书"，编号是"勇字第四一四号"，正文写明："兹有本校第五期第三大队第三队学员赵峰同志在本校学习期满，成绩合格，准予毕业，特发给此证。"左侧页面则印着毛泽东的手迹："勇敢、坚定、沉着。向斗争中学习。为民族解放事业随时准备牺牲自己的一切！"

证书的签发日期是"中华民国二十九年一月一日"，即1940年元旦。据记载，抗大按照中央命令，总校于1939年7月开始从延安向晋察冀边区转移，1939年底第五期学生大部分按照原定教育计划毕业到八路军中去工作。1940年2月抗大向山西武乡转移，第六期于1940年4月在山西武乡开学。这份毕业证书签发于1940年元旦，这时抗大总校还在晋察冀边区的陈庄，第五期学员大部分已经毕业离校奔赴前线。而这位学员赵峰，1922年出生于河南灵宝市，1938年6月从家乡奔赴延安参加革命，同年加入中国共产党。这份抗大毕业证书签发时，赵峰年仅18岁，他虽然毕业了，但没有马上离开学校，留校工作了一段时间。赵峰后来长期在中央机关以及地质部门工作，为党和国家作出了很大贡献，实践了毛泽东题词中的要求。（高慧琳）

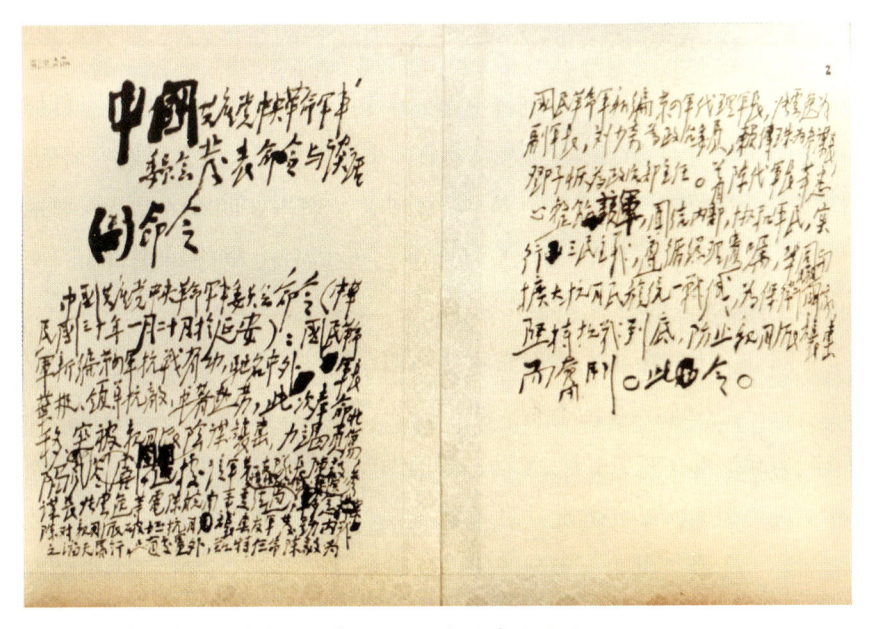

起草的中央军委关于重建新四军军部的命令手稿

毛泽东起草的中央军委关于重建新四军军部的命令手稿

这是 1941 年 1 月皖南事变后，毛泽东起草的中央军委关于重建新四军军部的命令手稿。命令任命陈毅为新四军代理军长，刘少奇为政治委员，张云逸为副军长，赖传珠为参谋长，邓子恢为政治部主任。1 月 25 日，新四军新军部在苏北盐城成立，坚决抵制蒋介石的反动命令，继续在长江南北坚持敌后抗战。现由中央档案馆收藏。

1941 年 1 月 6 日至 14 日，国民党顽固派调集 7 个师 8 万余人的兵力，围攻在皖南地区奉命北移的新四军军部及其所率部队 9000 余人。新四军指战员浴血奋战七昼夜，终因寡不敌众，弹尽粮绝，除 2000 余人突出重围外，大部分壮烈牺牲，一部分被俘。军长叶挺在下山与国民党军谈判时被扣，政治部主任袁国平在突围中牺牲，副军长项英、副参谋长周子昆突围后率军政机关部分人员在泾县南部山区隐蔽时，于3月13日凌晨被叛徒杀害于赤坑山蜜蜂洞中。1月17日，蒋介石反诬新四军"叛变"，宣布撤销其番号，声称将把军长叶挺交付"军法审判"，这就是震惊中外的皖南事变。

针对国民党顽固派的倒行逆施，中共中央、中央军委进行了针锋相对的斗争。1月20日，毛泽东以中共中央军委发言人的名义发表谈话，揭露国民党顽固派的反共阴谋，抗议其武装袭击新四军的暴行，要求国民党当局取消1月17日的反动命令，惩办祸首，恢复叶挺自由，废止国民党一党专政，实行民主政治。

同日，中共中央军委发布重建新四军军部的命令，任命陈毅为代理军长，刘少奇为政治委员，张云逸为副军长，赖传珠为参谋长，邓子恢为政治部主任。1月25日，新四军军部以华中新四军八路军总指挥部机关为基础，在苏北盐城重新成立。新的军部除下设司令部、政治部外，还设有供给、卫生、军工、财经4个部门。其中，供给部部长宋裕和，卫生部部长沈其震，军工部部长韩振纪，财经部部长朱毅。随后，根据中共中央的指示，新四军军部将陇海铁路以南、长江南北地区的新四军、八路军统一整编为新四军7个师又1个独立旅，共计9万余人，继续坚持华中地区的抗战。2月和6月，中共中央军委先后发布了新四军各师、旅领导干部的任命。

第一师由原新四军苏北指挥部所属部队整编而成，师长粟裕，政治委员刘炎，政治部主任钟期光。第二师由原新四军江北指挥部所属部队整编而成，张云逸兼师长，政治委员郑位三，副师长罗炳辉，参谋长周骏鸣，政治部主任郭述申（未到职）。第三师由八路军第五纵队改编，师长兼政治委员黄克诚，参谋长彭雄，政治部主任吴文玉（吴法宪）。第四师由八路军第四纵队改编，师长兼政治委员彭雪枫，参谋长张震，政治部主任萧望东。第五师由原新四军豫鄂挺进纵队编成，师长兼政治委员李先念，参谋长刘少卿，政治部主任任质斌。第六师由新四军新第二、新第三支队编成，师长兼政治委员谭震林，参谋长罗忠毅。第七师由新四军无为游击纵队、第三支队挺进团及由皖南突围出来的部队编成，师长张鼎丞（未到职），政治委员曾希圣，参谋长李志高，政治部主任何伟。独立旅由八路军第一一五师教导第五旅第十三、第十四团和淮河大队改编，旅长梁兴初，政治委员罗华生。

4月30日，新四军各师组成军政委员会。同年4月，新四军又组建了中共中央军委华中分会，刘少奇兼任书记。

新四军军部重建和新四军的整编，表明国民党顽固派企图消灭新四军的反动计划彻底破产。（姜廷玉）

发出的延安文艺座谈会邀请函

毛泽东、凯丰邀请胡一川参加延安文艺座谈会的请柬

　　这是一张普通的粉红色有光纸，16开大小，抬头是"鲁艺 胡一川同志启"，单位和姓名是用毛笔写的，正文是油印的文字——"为着交换对于目前文艺运动各方面问题的意见起见，特订于五月二日下午一时半在杨家岭办公厅楼下会议室内开座谈会，敬希届时出席为盼"，落款是"毛泽东 凯丰 四月廿七日"。现由中国国家博物馆收藏。

　　延安文艺座谈会是1942年5月召开的，是延安整风的一部分。早在1941年5月，毛泽东就在《改造我们的学习》中提出了整顿学风的问题。1942年初，中共中央开始部署整风。2月1日，毛泽东在中央党校作《整顿学风党风文风》报告，动员整风；2月8日，又作《反对党八股》演说，之后全党整风全面推开。

　　这一年的春天，毛泽东为文艺座谈会做了大量准备，找了很多人调查研究，征求正反两方面的意见。4月27日，毛泽东和凯丰（时任中宣部代部长），联名发出邀请函，召集延安文艺界的知名人士和有关负责人开座谈会。

在毛泽东、凯丰的召集主持下，延安文艺座谈会于1942年5月2日、16日、23日先后分3次举行。5月2日，毛泽东在会上先作了"引言"讲话，然后与会者10余人发言；会议在5月16日又开了一天，20余人发言；在5月23日开最后一次大会，10余人发言，毛泽东作了总结讲话，后来与"引言"合成《在延安文艺座谈会上的讲话》发表，对延安文艺和后来整个中国的文艺发展产生了极其深远的影响。

参会人员名单毛泽东找了周扬、舒群、萧向荣3个人帮助初拟，拟好后他又作了调整，加进了他记得的几个文艺家，最后与凯丰一起审定出席会议的名单。虽然会议最后一天的合影中只有105人，但据统计可考的先后参会的有134人。实际参加会议的人中，有一些人是被口头通知前去听会的，因此当时收到会议邀请函并能保存下来的人并不多。

目前保存的这张邀请函，上面有一个小的破洞，正好缺失了"出席"二字，它的受邀者兼保存者胡一川（1910—2000），福建永定人，少年时在印度尼西亚读书，1925年回国，1926年考入厦门集美中学读书。1929年考入杭州国立西湖艺术院，在校期间曾与同学组织"一八艺社"，受到鲁迅先生的热情支持和悉心指导。1930年起先后加入中国左翼美术家联盟、野风画会和MK木刻研究会，在鲁迅先生指导下开展新兴版画运动。1937年赴延安，1938年鲁艺（鲁迅艺术学院，后更名为鲁迅艺术文学院）成立，任鲁艺木刻研究班主任，组织鲁艺木刻工作团前往晋察冀抗日根据地开展木刻活动。新中国成立后，历任中央美术学院教授、广州美术学院院长等职。

据胡一川回忆，延安文艺座谈会召开前不久，为粉碎敌人的九路围攻扫荡，他们还在太行山根据地搞诗文绘画宣传，后来回到延安时刚好赶上座谈会。毛泽东是通过李伯钊了解了他的情况，向他发了请柬。战争时期，胡一川多次赴前线宣传，这个请柬一直珍藏在身边，直到新中国成立后中央档案馆征集革命文物他才捐献出去。如今，这张珍贵的邀请函就收藏在中国国家博物馆。（高慧琳）

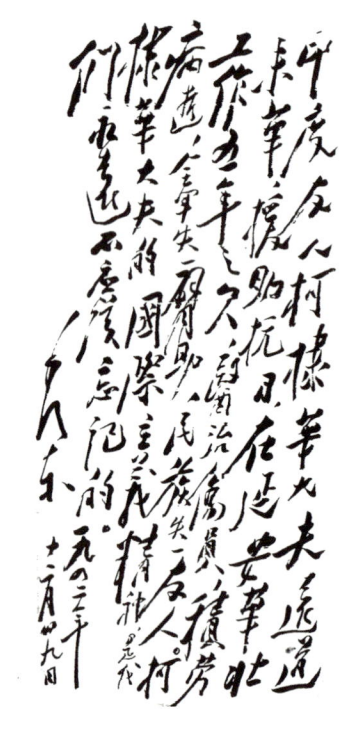

为印度友人柯棣华大夫题写的挽词

毛泽东为印度友人柯棣华大夫题写的挽词

这是1942年12月毛泽东为印度友人柯棣华大夫题写的挽词:"印度友人柯棣华大夫远道来华,援助抗日,在延安华北工作五年之久,医治伤员,积劳病逝,全军失一臂助,民族失一友人。柯棣华大夫的国际主义精神,是我们永远不应该忘记的。"现由石家庄柯棣华纪念馆收藏。

柯棣华,原名德瓦卡纳思·桑塔拉姆·柯棣尼斯,柯棣尼斯是姓。1910年10月10日出生在印度马哈拉施特拉邦南部的索拉普尔小镇,1936年毕业于孟买的格兰特医学院。

1938年，印度国民大会党（简称"国大党"）组织了援华医疗队，派遣来华，帮助中国抗战，德瓦卡纳思·桑塔拉姆·柯棣尼斯参加了该医疗队。9月1日，印度援华医疗队从孟买出发，乘英轮拉吉普塔纳号经科伦坡、槟榔屿，满载着印度人民维护正义与和平的美好愿望以及国大党的重托，驶向战火弥漫的中国。

同年11月，印度援华医疗队到中国重庆后，为表达对中国人民的情意，队员一致决定在每个人的姓氏之后加一个"华"字，柯棣华的名字由此而来。1939年1月22日，柯棣华及印度援华医疗队全体成员离开重庆，一路北上，冒着被敌机轰炸的危险，历经艰难困苦，长途跋涉，于2月12日到达延安。不久，柯棣华被分配到距延安约40里远的八路军总医院任外科主治医生。

3月15日，毛泽东在延安会见印度援华医疗队全体成员，即柯棣华、巴苏华、卓克华、爱德华、木克华等。11月，中共中央批准了柯棣华、巴苏华、爱德华去前线的请求。从1939年底到1940年8月，他们转战晋东南、冀西、冀南、冀中和晋察冀等抗日根据地，行程近万里，

毛泽东与印度援华医疗队成员柯棣华（右二）、爱德华（右一）等人亲切交谈

沿途施行手术千余次，诊治了数千名伤病员。尤其是在1940年8月的百团大战期间，柯棣华和巴苏华分率一个医疗队进行战地救护。在13天的战斗中，柯棣华医疗队接收800余名伤员，施行手术588人次。战事紧张时，曾三天三夜不合眼。

1941年1月，柯棣华出任白求恩国际和平医院首任院长。凡是他做过的手术，他都要自己进行术后检查、换药。他以认真负责的态度和高超的医疗技术，不知挽救了多少八路军将士的生命！

1941年冬，有一名战士左脚腕受伤，因没有得到及时治疗，伤口感染，整条腿不能动了。医生们为他做了检查，准备第二天给他做截肢手术。次日，柯棣华来到这个部队，经重新检查，决定不做截肢。此后，柯棣华每天给他洗伤换药。经过一个月的治疗，终于保住了这名战士的左腿。由于柯棣华对工作极端负责，对同志极端热忱，他被伤员亲切地称为"黑妈妈""第二个白求恩"。

在战争环境中，八路军医务人员较为缺乏，柯棣华不仅从事救疗工作，还非常重视培养青年医生。他主动担任教学任务，为八路军培养了大批医务人员，充实了八路军的医疗队伍，提高了医护人员的医疗水平。1942年7月，柯棣华被批准加入中国共产党，实现了他的夙愿。

12月9日凌晨，柯棣华因积劳成疾，癫痫病发作严重，经抢救无效逝世，年仅32岁。12月30日，在延安召开了柯棣华追悼大会。朱德在大会上致了悼词，毛泽东题写了挽词：

印度友人柯棣华大夫远道来华，援助抗日，在延安华北工作五年之久，医治伤员，积劳病逝，全军失一臂助，民族失一友人。柯棣华大夫的国际主义精神，是我们永远不应该忘记的。

1943年4月5日，毛泽东、朱德致信印度国大党：

中国抗日战争开始后，贵会派遣了一个援华医疗队来华参加中国的抗战，表示对华的极大友谊。这个医疗队五人均在八路军工作。四年以来，医疗队诸同志不避艰险，辗转北方战地，他们的艰苦努力和极有价值的工作，使无数中国军民亲睹印度人民的援华热忱。医疗队五人中除已先后返印的三人外，柯棣华大夫因病逝世于晋察冀边区，我国军民失一良友，印度人民失一优秀战士，至堪悼惜。

毛泽东、朱德高度评价了柯棣华大夫对中国抗战的支持和国际主义精神。昔人已逝，丰碑永存。印度援华医疗队在中国人民抗击日本侵略者最艰难时刻给予的支持和帮助，是中国人民永远不应忘记的。(姜廷玉)

为中共中央党校题写的"实事求是"石刻

毛泽东为中共中央党校题写的"实事求是"石刻

　　翻阅延安时期的老照片，常常可以看到当时的中共中央党校大礼堂。礼堂建在延河边的半山上，稍微近看，就可看到其外墙上镌刻着四个遒劲有力的大字——"实事求是"。再仔细看才知道，那是镶嵌在墙上的四块石刻。石刻每块约两尺见方，厚两寸余，从字体看，一望而知是毛泽东的笔迹。在它的背后，隐藏着一段令人深思的故事。现由延安革命纪念馆收藏。

　　中共中央党校是中国共产党培养中高级党员干部的重要教育机关。1933年，中共中央在江西中央苏区就创办了马克思共产主义学校，后来因为长征停办，到陕北后恢复了办学，1935年11月正式定名为中共中央党校，1937年2月迁入延安，校址最初在延安桥儿沟的天主教堂，后来搬迁到延河边小沟坪的半山上。中共中央对党校的发展建设十分重视，先后由任弼时、张闻天、董必武、李维汉、康生、陈云、邓发等担任或兼任校长，1943年3月20日由毛泽东兼任校长。

　　这期间，中共中央党校在小沟坪校内新建了一个大礼堂，大礼堂由袁乃康和彭明设计,面积近 1200 平方米,可以容纳千余人,后来在这里举行过很多重要的会议,如 1942 年 2 月 1 日毛泽东作重要讲话的延安整风动员会。毛泽东为中共中央党校提出了校训——"实事求是,不尚空谈",并为该礼堂题写了"实事求是"四个大字。这四个大字后来被镌刻在四块石板上,镶嵌到礼堂的外墙正面顶端,与礼堂正面的线条设计相得益彰,成为延安的新地标。

毛泽东为中共中央党校题写"实事求是",这绝不是偶然的,"实事求是"既体现了马克思主义的精髓,也是毛泽东一贯的行为准则和理念。"实事求是"的提法,最初源自汉代班固的《汉书·河间献王传》中的"修学好古,实事求是"一语,本意是以事实为依据,寻求正确的结论。这种务实的学风,成为中华优秀传统文化的组成部分流传下来。毛泽东在早年就接受了这个思想,1916 年到 1919 年他在长沙读书期间,曾在岳麓山的岳麓书院寄寓,书院的讲堂门楣上有一块匾,上面镌刻着"实事求是"四个字,这深深刻入了青年毛泽东的记忆,并成为他的自觉意识。

毛泽东在 1930 年 5 月写的《反对本本主义》一文中提出:"中国革命斗争的胜利要靠中国同志了解中国情况。"已经闪耀着实事求是的思想光芒。1938 年 10 月 14 日,毛泽东在中共扩大的六届六中全会上的《论新阶段》报告中指出:"共产党员应是实事求是的模范,又是具有远见卓识的模范。因为只有实事求是,才能完成确定的任务;

毛泽东为中共中央党校题写的"实事求是"

只有远见卓识，才能不失前进的方向。"这一论述已经把"实事求是"作为共产党员的行为规范。这次全会通过的《关于召集第七次全国代表大会的决议》规定，为实现抗日战争的最后胜利这一中心任务，党的七大"要以中国共产党的统一与团结成为全民族团结的模范，它的一切工作要实事求是的解答今天克服困难、争取抗战最后胜利的一切主要问题"。1940年1月毛泽东在《新民主主义论》中指出："科学的态度是'实事求是'""反对一切封建思想迷信思想，主张实事求是，主张客观真理，主张理论与实践一致"。

1941年5月，毛泽东在《改造我们的学习》一文中，对"实事求是"作出科学解释："'实事'就是客观存在着的一切事物，'是'就是客观事物的内部联系，即规律性，'求'就是我们去研究。我们要从国内外、省内外、县内外、区内外的实际情况出发，从其中引出其固有的而不是臆造的规律性，即找出周围事物的内部联系，作为我们行动的向导。"7月，毛泽东在延安马列学院改组为马列研究院的大会上作题为《实事求是》的讲话，再次阐释了"实事求是"的理论内涵，强调调查研究，一切从实际出发。直到1943年为中共中央党校题写"实事求是"校训，1945年党的七大将"实事求是"正式写入党章，这些都说明毛泽东视"实事求是"为马克思主义活的灵魂。大力倡导和推行"实事求是"这一思想路线，显示了毛泽东的深思熟虑，也体现了他的马克思主义理论高度与深度。

1947年3月，中共中央党校随中共中央撤出延安，党校师生在撤离前把礼堂外墙上的"实事求是"石刻拆下来埋在地下，免遭破坏。1953年，在延安的中共中央党校旧址改办延安师范学校，师生们挖出了这几块石刻，并交予延安革命纪念馆保存，至今作为国家一级文物陈列在该馆，见证着、铭记着这段历史。（高慧琳）

在延安用过的生铁条"镇纸"

毛泽东在延安用过的生铁条"镇纸"

在延安枣园革命旧址毛泽东旧居的办公室桌上有一方"镇纸",仔细看时,会发现这"镇纸"不像一般的镇纸那样用木料、竹子或铜制成,这方"镇纸"竟是一块生铁!

这根一尺来长、锈迹斑斑的生铁条,是当年延安大生产运动中边区冶炼出的第一炉铁的样品。

1943年,国民党在第三次反共高潮中对陕甘宁边区实行严密封锁,边区的生铁来源非常困难,最紧缺的是铸造军械和炮弹壳的重要原料灰生铁。尽管当时也从当地群众中回收废钢铁,但数量十分有限。同时,想依靠其他地区支援也很难,一旦遭到国民党军阻拦或遇到日军来犯,随时可能断供。这种情况严重阻碍了边区的军工业生产。

陕甘宁边区机器第一厂总工程师沈鸿便向毛泽东等中央领导建议,有可能时自己动手炼铁。沈鸿是来自上海的一名技术工人,1938

年带了 11 台机器和 7 名工人到达延安，创办了兵工厂，他被誉为"边区工业之父"。

1943 年，边区先后成立了贺龙铁厂和军工局炼铁部。军工局炼铁部成立后，由沈鸿和另一名工程师徐驰牵头，组织边区的技术人员开始设计制造炼铁高炉，徐驰负责设计以木炭为燃料的炼铁小高炉，沈鸿负责设计和生产高炉辅助设备。但当时一无资料、二无设备，他们凭借沈鸿从上海带来的英文、德文图书资料，边研究边摸索着干。能工巧匠们就地取材，用陕北的白坩磁土代替耐火砖，用木炭烧炼焦炭当燃料。那段时间，他们几乎很少睡觉。经过不断摸索，同年 5 月，第一座小高炉在延安大砭沟建成了，根据当时的军工需求和燃料及炼铁原料的供应能力，小高炉设计日产生铁约 1 吨。

这座小高炉炼铁的时候，吸引了很多当地群众前来观看，成为当时延安的一道风景线。后来，炼铁部还派出沈鸿到贺龙铁厂指导建成了第二座炼铁高炉，设计年产生铁 64 万吨，进一步增强了边区炼铁能力。据统计，仅 1944 年至 1945 年的两年时间里，边区就生产了灰生铁 60 余万斤。边区两座炼铁炉的建成，结束了边区不生产铁的历史，为边区军工生产注入了活力。此后边区的军工厂生产力大为增强，为有效突破国民党军队的重重包围提供了有力支撑。

第一座小高炉的第一炉铁炼成后，边区炼铁部就拿了这块样品送给毛泽东看，毛泽东也为延安的高炉能生产出生铁而欣喜。这块意义非凡的生铁条被留作纪念，放在他的案头当作镇纸使用。

在延安杨家岭和枣园居住时，毛泽东一直把生铁条"镇纸"放在办公桌上，除了压纸，还当作了健身器材：每当写作疲劳、手指僵硬时，毛泽东便会放下笔墨，站起来走一走，拿起这根生铁条活络一下手指，以放松精神、缓解疲劳，然后再继续写作。在生铁条"镇纸"的"陪伴"下，毛泽东写下了《学习和时局》《论联合政府》《关于重庆谈判》等大量著作，收入《毛泽东选集》的就有 28 篇。生铁条"镇纸"是毛泽东在延安工作的重要历史见证，在某种意义上，助力了伟人的创作。

（高慧琳）

"自己动手" "丰衣足食" 的题词

毛泽东"自己动手""丰衣足食"的题词

"自己动手""丰衣足食",是1943年毛泽东为电影纪录片《生产、战斗结合起来》(后改名为《南泥湾》)题的词。这两幅题词均长21厘米、宽16厘米,为珍贵的历史文物,陈列在中国人民革命军事博物馆。

1938年底,抗日战争进入战略相持阶段。日军对解放区实行大规模的军事进攻,实行残酷的"扫荡"和经济封锁,妄图彻底摧毁敌后抗日根据地。再加上连年不断的自然灾害,使解放区出现了极其严重的困难局面。为了坚持长期抗战,夺取抗战最后胜利,中共中央发出了开展大生产运动的号召。

1939年2月,毛泽东在延安生产动员大会上作了生动而深刻的讲话,他说:"面对严重的困难,我们是饿死呢?解散呢?还是自己动手呢?饿死是没有一个人赞成的,解散也是没有一个人赞成的。还是自己动手吧!这就是我们的回答。"中央军委根据党中央、毛泽东提出的"自己动手、生产自给"和"发展生产、保障供给"的方针,于

1942年2月向全军发出指示，要求全军各部队做到一面战斗，一面生产，一面学习，依据不同的环境条件开展生产运动。从此，大生产运动在陕甘宁边区和敌后抗日根据地轰轰烈烈地开展起来。

八路军第一二〇师第三五九旅在荒山上开辟了12万多亩土地，把南泥湾变成了到处是庄稼、遍地是牛羊的陕北的"好江南"。各敌后抗日根据地也都普遍开展了大生产运动。在游击区，游击队员白天耕地，夜晚训练，部队一面分散作战，一面进行生产，实行"劳武结合"。通过大生产运动，各解放区基本上解决了军民的吃饭问题，达到了自己动手、丰衣足食的目的。

1943年，八路军总政治部电影团拍摄电影纪录片《生产、战斗结合起来》。在电影即将拍完时，时任摄影队队长的吴印咸到延安中共中央所在地枣园请求毛泽东为电影题词，毛泽东欣然同意。因窑洞内光线太暗，毛泽东就到窑洞外写，他在两张白色的凸版纸上分别题写了"自己动手""丰衣足食"八个大字，并签上自己的名字。在题写过程中，毛泽东边写，吴印咸边拍摄，这段珍贵的影像素材被用在了影片开头。

毛泽东将这两幅题词送给吴印咸作纪念，吴印咸一直珍藏。直至1959年，中国人民革命军事博物馆筹建时，吴印咸将收藏了16年的这两幅题词捐给了该馆，用以见证那段峥嵘岁月。（姜廷玉）

题赠罗章的"以身作则"奖状

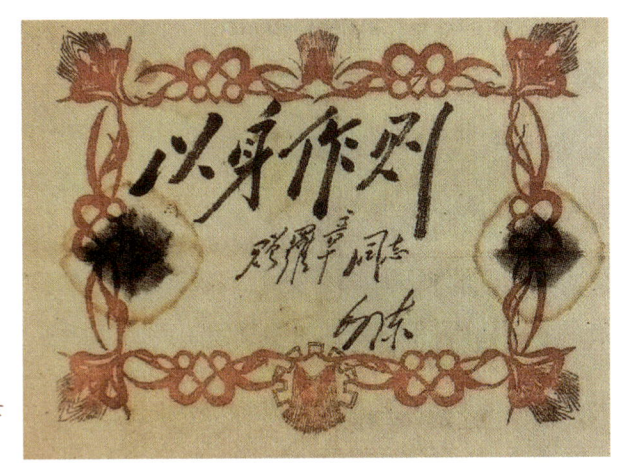

毛泽东题赠罗章的布质奖状

"以身作则",是毛泽东为八路军第一二〇师第三五九旅第七一八团政治委员罗章的亲笔题词。这个题词是以奖状的形式对罗章的表彰,奖状长43厘米、宽30.5厘米,布质。现由中国人民革命军事博物馆收藏。

为了打破经济封锁,克服严重困难,1940年底,八路军第一二〇师第三五九旅奉命进驻延安南面的南泥湾、甘泉等地实行屯垦。第三五九旅指战员日夜奋战在南泥湾,在这片荒无人烟的土地上开展了生产劳动竞赛,使荒山变成了米粮川,南泥湾也被誉为陕北的"好江南"。辛勤的劳动终于换来了丰收的成果,部队的粮食实现了自给自足。接着又建立了纺织厂、粮油综合厂、肥皂厂、造纸厂等,还发展了运输业和商业,使部队官兵生活得到了改善,日用品自给有余,减轻了人民负担,密切了军民关系。

在垦荒生产的劳动竞赛中,第三五九旅从旅长到排长均以身作则,和战士一样战斗在开荒第一线，尤其是旅长王震、第七一八团政委罗章等团以上领导干部表现得更为出色。

1942年12月，中共中央西北局在延安召开了高级干部会议。毛泽东在会议上所作的《经济问题与财政问题》报告中，高度赞扬了第三五九旅官兵在大生产运动中的重大贡献："他们不仅起了保卫边区政治上与军事上的作用，而且起了解决大数量的财政供给与帮助发展边区的作用。"同时，毛泽东还亲笔题词表彰了在大生产运动中作出重大成绩的22位生产英雄，其中第三五九旅团以上干部就有4名。毛泽东为王震的题词是"有创造精神"，为罗章的题词是"以身作则"。

罗章在新中国成立后把毛泽东亲笔题词的奖状捐赠给中国人民革命军事博物馆，作为一级珍贵文物陈列。（中国人民革命军事博物馆）

给延安代耕农民王枚的信

毛泽东给延安代耕农民王枚的信

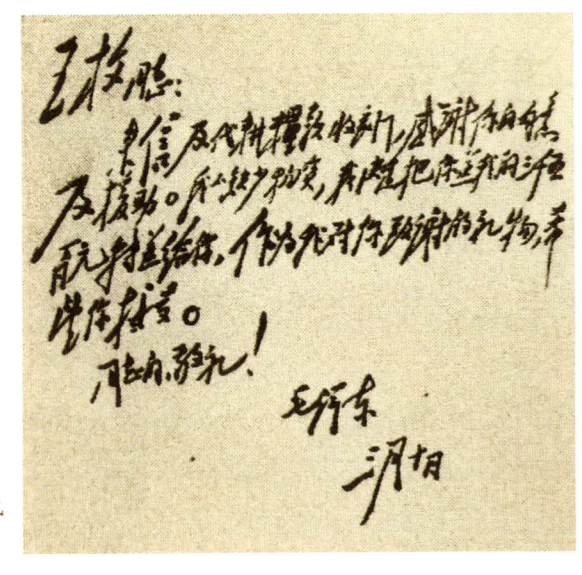

  这是毛泽东给延安代耕农民王枚的信。在延安大生产运动中，他率先垂范，开荒种地，树立了共产党人以身作则、艰苦奋斗的光辉形象。这封凝结着领袖和人民鱼水深情的信，现陈列在中国人民革命军事博物馆内。

  全面抗战时期，由于日伪军的疯狂"扫荡"和国民党顽固派的军事包围及经济封锁，造成了解放区严重的经济和财政困难。党中央号召解放区军民自力更生，克服困难，发展生产。

  从1939年开始，各抗日根据地军民先后开展了轰轰烈烈的大生产运动，陕甘宁边区军民每人都要参加种粮纺棉工作。毛泽东也分得了一块土地进行耕种，一有时间，他就拿起锄头干起来。警卫员和勤务员见了忙跑过来和他一起干，毛泽东阻止他们说："你们有你们的生产任务,我有我的生产任务。这点地,你们都干了,我没有干的了。"

后来,由于毛泽东工作太忙,延安农民王枚主动替他代耕,并把代耕所得交给毛泽东。毛泽东亲笔回信致谢,信中所说:

王枚同志:

　　来信及代耕粮款收到了,感谢你的好意及援助。我不缺少物资,我决定把你送我的三千五百元转送给你,作为我对你致谢的礼物,希望你接受。

　　同志的敬礼!

毛泽东
三月十日

这封充满深情的信,使王枚十分感动,一直把它珍藏在身边。

在艰苦的岁月里,毛泽东始终和人民同甘共苦、共渡难关。由于他和中央机关干部带头开荒种地,延安大生产运动取得了巨大成就,解放区军民不仅战胜了严重物质困难,而且使解放区的财政经济状况发生了根本的转变,军队的战斗力更加提高,为最后打败日本侵略者奠定了物质基础。(中国人民革命军事博物馆)

为陕甘宁边区劳模陈振夏题词

毛泽东为陕甘宁边区劳模陈振夏题的词

这是毛泽东为延长石油厂第一任厂长陈振夏写的"埋头苦干"题词，是毛泽东给石油工人最早的一次题词。现由陕西延长县石油和化工行业红色教育基地收藏。

1944年5月25日，陕甘宁边区工厂厂长暨职工代表会议上，陈振夏荣获陕甘宁边区政府"劳动英雄"和"特等劳动模范"的光荣称号。在"向陈振夏同志学习"的口号声中，陈振夏走上主席台，毛泽东将题写了"埋头苦干"四个遒劲大字的一方白色细布送到他手里，夸赞道：

"你是边区埋头苦干的典范。"

陈振夏(1904—1981),上海崇明港东乡人。青年时代当过工人、司机、船员。1925年,参加了"五卅"大罢工,被推选为上海中华电气制作所罢工委员会委员长。1937年,日本帝国主义发动全面侵华战争后,投身于抗日救亡斗争,参加了江阴沉船封港行动。1938年2月,从上海辗转到延安,受中央组织部派遣到延长石油厂工作。

中共中央要求陈振夏和同事对延长石油厂的生产现状进行调查,及时汇报。当时延长石油厂受陕甘宁边区政府建设厅领导,全厂共有职工50余名,只有永坪201井日产原油100多公斤,拉回延长提炼。彼时,石油厂的很多机器设备疏散在四处,为了把战争期间疏散在四处的设备情况搞清楚,延长石油厂的老工人董开泰配合陈振夏等,深入从延长到永坪沿途过去藏机器的各个村庄,访问当地群众,将藏机器的窑洞逐个清理,造册登记。陈振夏还撰写了书面报告,提出用收回的器材打新井的建议计划。一是采用科学的炼油技术,调整炼油设备;二是修复旧油井,开钻新油井;三是修复旧有机械;四是修建姚店至延长公路。

1940年春,陈振夏和同事一起在延长西山钻成延19井,初日产量达到1.6吨。原油产量增加,石油厂有了收入,可以进行扩大再生产,职工生活也得到了改善,大家称这口井是"起家井"。1941年12月,陈振夏出任延长石油厂厂长,厂里职工也发展到上百人。1943年,七1井、七3井先后喷油,当年原油产量达到1279吨。

陈振夏改造土法炼油,生产了大量汽油、煤油,提炼出了润滑油和黄油等,保证了党中央和边区政府、部队和人民的生活用油,印刷油墨、军工用油,燃料、洋蜡都得到充足供应。毛泽东在延安期间工作所用的灯油和蜡烛都由延长石油厂提供。当时,在边区到处可见运油的成群骡马,送油队伍络绎不绝,保证了边区政府和抗日前线的供给。

1944年5月和1945年1月,陈振夏两次被评为边区"特等工业模范工作者",毛泽东在陕甘宁边区职工代表大会上表彰了石油厂的特殊贡献,并给陈振夏亲笔题词"埋头苦干",以资鼓励。(姜廷玉)

为抗日英雄马本斋题写的挽词

毛泽东为抗日英雄马本斋题写的挽词

毛泽东称赞马本斋领导的队伍为"百战百胜的回民支队"

抗日战争时期，马本斋先后任回民义勇队队长、八路军冀中军区回民教导总队总队长、冀中军区回民支队司令员、冀鲁豫军区第三军分区司令员兼回民支队司令员等职。因长期转战，积劳成疾，马本斋于1944年2月病逝。毛泽东为其题写挽词："马本斋同志不死。"现由献县马本斋纪念馆收藏。

马本斋，直隶献县（今属河北）人，出生于一个贫苦的回族农民家庭。他从小的志向就是投笔从戎，报效国家。早年投身奉军当兵，后被选送到沈阳东北讲武堂学习。在部队奋勇作战的他，逐级升至团长。

马本斋

1931年九一八事变后，大好江山沦陷于日本侵略者之手，而国民党蒋介石集团却提出"攘外必先安内"的方针。马本斋因不满国民党蒋介石的不抵抗政策，愤然解甲归田。

1937年7月，全民族抗战爆发后，抗日战争的烽火燃遍了大江南北，马本斋在家乡组织回民义勇队，奋起抵抗日本侵略军。义勇队组建后，他迅速投入抗战大潮，并积极配合党的抗日武装，高举联合抗日大旗，并于1938年4月率队参加八路军。随后，所部改编为八路军冀中军区回民教导总队，马本斋任总队长，后任八路军冀中军区回民支队司令员。在党的坚强领导下，根据冀中军区的部署，他率部骁勇征战，屡战屡胜，成为华北地区一支重要的抗日劲旅。

马本斋在革命斗争中深切感到中国共产党的伟大，决心加入中国共产党。1938年10月，马本斋光荣地加入中国共产党。他在入党申请书中写道："我甘心情愿把我的一切献给伟大的中国共产党，献给为回族解放和整个中华民族的解放而奋斗的伟业。"

1939年日军"扫荡"华北，马

本斋领导的回民教导总队、回民支队在献县、河间、青县、沧县地区转战，并在各大清真寺帮助"回民抗战建国会"组织伊斯兰小队，开展敌后游击战争。回民支队在他的率领下，战斗力不断提高，队伍迅速发展到2000多人，成为八路军冀中军区野战化较早的一支能征善战的精锐部队。

回民支队英勇善战，威名远扬，毛泽东称赞马本斋领导的队伍为"百战百胜的回民支队"。

1940年12月，日军增兵平、津、保三角地带，加紧修筑公路、碉堡，逐步向根据地中心地区延伸，抗日根据地大为缩小，大清河两岸斗争形势急剧恶化。为坚守大清河北抗日根据地，冀中军区命令回民支队开赴十分区，配合分区部队利用青纱帐组织了几次大的战役，打开了十分区的斗争局面。马本斋率领回民支队于保定、徐水间越过平汉路，进入敌占区，战斗在大清河畔。

1941年7月以后，马本斋率领回民支队战斗在河间、献县、建国县一带，与日军驻河间的山本联队展开了激烈斗争。几番交手之下，山本联队连连失利，黔驴技穷的联队长山本采纳叛徒的毒计，将马本斋的母亲白文冠抓到河间宪兵队，逼迫马母招降马本斋。马母面对山本的威逼利诱，大义凛然，英勇斗争，最后绝食殉国。

1942年春开始，日军频繁在回民支队活动的地区"扫荡"，冀中抗日环境急剧恶化。马本斋在极端困难的情况下，率领队伍打伏击、袭据点，英勇奋战。从5月1日开始，日军对冀中抗日根据地进行空前规模的大"扫荡"。为了减轻日军对冀中中心区的压力，回民支队奉命打泊镇、袭交河，转移敌人的视线；之后戳破铁壁合围口袋阵，跳出敌人的包围圈，胜利转移到冀鲁边区。

9月，回民支队奉命开赴冀鲁豫抗日根据地。部队到鲁西北后，马本斋被任命为冀鲁豫军区第三军分区司令员兼回民支队司令员。回民支队作为第三军分区的主力部队，担负起保卫、巩固和发展鲁西北抗日根据地的艰巨任务。在消灭孙良诚伪军第二方面军的八公桥战斗中，马本斋提出了著名的"牛刀子钻心"战术，长途奇袭八公桥，取得重大胜利。

在长期的战争生活中，马本斋积劳成疾，身患重病，由于战事繁忙，未能及时治疗。1944年1月，马本斋奉命率回民支队赴延安，行前病重，又突发急性肺炎，不能去延安。回民支队奉命开赴延安前，马本斋抱病叮嘱回民支队的同志："要跟着党，跟着毛主席，抗战到底！"

1944年2月7日，马本斋病逝于山东莘县，终年41岁。

1944年3月17日，延安各界隆重举行马本斋追悼大会。毛泽东为其题写挽词："马本斋同志不死。"朱德为其题写挽词："壮志难移，汉回各族模范，大节不死，母子两代英雄。"周恩来为其题写挽词："民族英雄，吾党战士。"

毛泽东等领导人的挽词，高度评价了马本斋光辉战斗的一生。（姜廷玉）

为清涧县县长黄静波题词的奖状

毛泽东为黄静波题词的奖状

这是一张十分特殊的奖状，用白市布制作而成，长41厘米，宽29厘米，四周有套红色石印的花纹和图案，中间有"坚决执行党的路线，赠黄静波同志。毛泽东"三行毛笔字。这是1943年中共中央西北局高级干部会议为奖励在边区经济建设中有重要成绩的22位干部颁发的获奖证书，不同的是，它是用领袖的题词来代替颁奖词。现由中共中央西北局纪念馆收藏。

1943年1月14日，在中共中央西北局高级干部会议闭幕会上，中共中央西北局对在边区大生产运动中领导经济建设成绩卓著的3个单位和第三五九旅旅长王震等22位生产英雄予以奖励，毛泽东分别为22位获奖者题写了颁奖词。因当时条件有限，会议以白市布印上一圈花边和图案为奖状，由毛泽东题写颁奖词，对获奖者予以表彰。时任边区清涧县县长的黄静波作为模范县长参加了会议，得到毛泽东亲笔题词的奖状。

黄静波（1919—2014），陕西绥德县焦石堡村人，15岁参加革命，全面抗战期间曾任绥德、米脂、清涧县委书记、县长，1947年任西北野战军后勤部副部长。新中国成立后，历任甘肃省财政厅厅长兼党委书记，国家粮食部副部长、党组副书记，陕西省副省长，吉林省副省长，广东省革命委员会党组副书记，广东省委常委、副省长，青海省委书记、省长，第六、第七届全国政协常委。

1938年，抗日战争从战略防御向战略相持阶段转变，国民党顽固派不断挑起国共摩擦，黄静波一年内先后担任绥德、米脂、清涧三县县委书记，通过斗智斗勇赶走了清涧两任国民党县长，在当地威名远扬。1939年，为了冲破国民党的重重包围和经济封锁，陕甘宁边区开展了轰轰烈烈的大生产运动。当时黄静波任清涧县委书记兼县长，他深感责任重大。由于清涧土地以沙土为主，且人多地少，又没有矿产，发展生产十分困难，黄静波坚定不移执行党的路线宗旨，通过深入农民群众中调查研究，和县委班子一起带领群众创造性地办起了合作社，把农民组织起来，并成功改造"二流子"积极投入生产。通过开荒、发展种植业和畜牧业，清涧的大生产运动开展得轰轰烈烈，1942年全县超额完成开荒、植棉任务，获得了丰收，实现了党中央号召的丰衣足食目标。在中共中央西北局高级干部会议上，黄静波受到了表彰。毛泽东亲笔为他题词的"坚决执行党的路线"这八个字，既是党的要求，也是黄静波自觉执行的工作方针，更是对黄静波模范执行党的路线实至名归的崇高评价。

毛泽东的题词成为精神火把，此后一直激励着黄静波为执行党的路线而奋斗，从不停歇，直至2014年逝世。在这70多年的风云岁月里，他一直把这张奖状珍藏在身边。

在黄静波93岁生日时，他对自己的一生用三句话加以概括：第一，我没有贪污；第二，我没有为子女和亲友谋私利；第三，我没有欺负过老百姓。

2015年，黄静波的子女遵照父亲的遗愿，将这张珍贵的奖状捐赠给中共中央西北局纪念馆，后被评为国家一级文物对外展出。（高慧琳）

出席党的七大的代表证

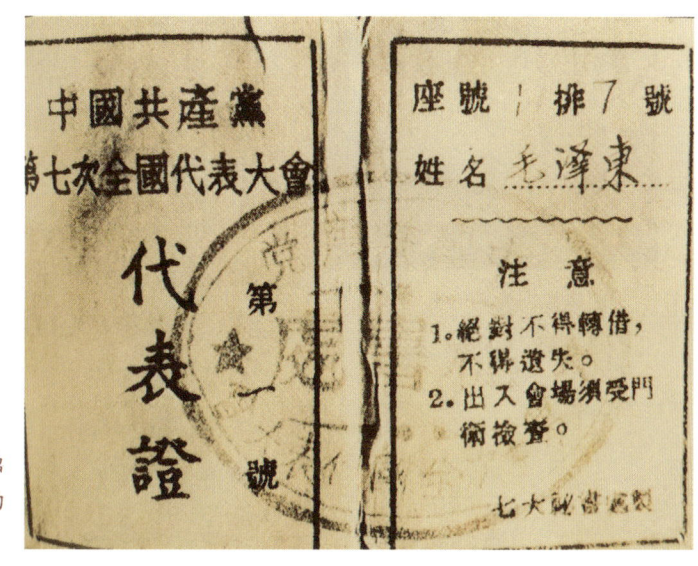

毛泽东出席党的七大的代表证

这是毛泽东出席中国共产党第七次全国代表大会的代表证，上面写着："座号1排7号。姓名：毛泽东。注意：1.绝对不得转借，不得遗失。2.出入会场须受门卫检查。"代表证由党的七大秘书处制作颁发。现由中国国家博物馆收藏。

在抗日战争接近胜利的前夜，在全党整风的基础上，1945年4月至6月，中国共产党第七次全国代表大会在延安杨家岭中央大礼堂召开，来自全国各地的代表济济一堂。出席大会的正式代表547人，候补代表208人，代表着全国121万名党员。代表的平均年龄36.5岁，年龄最大的69岁——徐特立，最小的23岁——方朗。

中央大礼堂放着32排木质靠背长椅，每排能坐24人，坐在第1排的代表由左至右（1排1号至24号）依次为赵毅敏、李富春、徐特立、

毛泽东在党的七大会议上致开幕词

周恩来、刘伯承、朱德、毛泽东、陈云、罗瑞卿、彭真、聂荣臻、刘少奇、任弼时、王明、陈毅、康生、林彪、朱瑞、林华、罗贵波、高岗、贺龙、谭政、林伯渠。

毛泽东向大会致开幕词和闭幕词，并作了《论联合政府》的书面政治报告、关于形势和思想政治问题的报告、关于讨论政治报告的结论和关于选举问题的讲话。朱德作《论解放区战场》的军事报告和关于讨论军事问题的结论。刘少奇作《关于修改党章的报告》和关于讨论组织问题的结论。周恩来作《论统一战线》的讲话。

党的七大提出党的政治路线："放手发动群众，壮大人民力量，在我党的领导下，打败日本侵略者，解放全国人民，建立一个新民主主义的中国。"为建立新民主主义国家，大会再次提出"废止国民党一党专政，建立民主的联合政府"的口号，进而提出结束国民党一党专政的两个具体步骤：目前时期，经过各党各派和无党无派代表人物的协议，成立临时的联合政府；将来时期，经过自由的无拘束的选举，召开国民大会，成立正式的联合政府。

把毛泽东思想确立为党的指导思想并写入党章，是党的七大的历史性贡献。刘少奇在《关于修改党章的报告》中指出："毛泽东思想，就是马克思列宁主义的理论与中国革命的实践之统一的思想，就是中国的共产主义，中国的马克思主义。""毛泽东思想，就是马克思主义在目前时代的殖民地、半殖民地、半封建国家民族民主革命中的继续发展，就是马克思主义民族化的优秀典型。"大会首次以无记名投票方式选举出新的中央委员会，其中中央委员44人，中央候补委员33人。毛泽东当选为中央委员会主席、中央政治局主席和中央书记处主席。

党的七大是共产国际解散后中国共产党第一次独立自主召开的全国代表大会，正确地解决了马克思主义基本原理与中国革命具体实践相结合的问题，形成了中国共产党集体智慧的结晶——毛泽东思想，还选举产生了以毛泽东为核心的中央领导集体，使全党在组织上达到空前的团结和统一，为迎接抗日战争的胜利和新民主主义革命在全国的胜利奠定了政治上、思想上和组织上的基础。（刘珂）

发表的《对日寇的最后一战》声明

毛泽东发表的《对日寇的最后一战》声明

1945年8月9日，中共中央主席毛泽东发表了《对日寇的最后一战》的声明，号召"中国人民的一切抗日力量应举行全国规模的反攻，密切而有效力地配合苏联及其他同盟国作战"。现由中央档案馆收藏。

1945年春夏，世界人民反法西斯战争处在最后胜利的前夜。5月8日，德国法西斯签字投降，欧洲战场的反法西斯作战胜利结束，苏、美、英盟军的作战重心迅即东移。在太平洋战场上，4月1日美军在冲绳岛登陆，6月底攻克全岛，战争已迫近日本本土。在中国战场上，随着中国军队尤其是中国共产党领导的敌后军民局部反攻的展开，日军被迫困守在大中城市、交通要道和沿海地区。日本法西斯的灭亡指日可待。

在这一历史的重大转折关头，中国共产党于4月23日至6月11日在延安召开了党的七大，提出了"放手发动群众，壮大人民力量，在我党的领导下，打败日本侵略者，解放全国人民，建立一个新民主主义的中国"的政治路线和人民军队要在抗战后期"实行从抗日游击战争到抗日正规战争"的军事战略转变的任务。

7月26日，中、美、英三国政府发表《波茨坦公告》，促令日本政府立即宣布所有日本武装部队无条件投降。但是，日本政府对《波茨坦公告》不予理睬，并在全国实行第三次总动员，准备实施本土决战。8月6日和9日，美国先后在日本广岛和长崎投下两颗原子弹，对日本朝野起到一定的威慑作用。8月8日，苏联加入《波茨坦公告》，并对日宣战。8月9日，苏军陆海空总兵力150余万人在东北抗日联军的配合下，由西、北、东三面向在中国东北的日本关东军发动进攻，加速了日本法西斯的覆灭，给中国解放区战场的全面反攻造成了有利的条件。同日，中共中央召开七届一中全会第二次会议，讨论苏联参战后的形势和党的方针、任务。会上，毛泽东指出：苏联参战，使抗日战争进入最后阶段。我们准备发表一个声明。我们的任务有四项，即配合作战、制止内战、集中统一、国共谈判。

经过会议讨论确认后，在全世界反法西斯战场胜利发展的形势下，中国共产党中央委员会主席毛泽东于8月9日就苏联对日本宣战发表《对日寇的最后一战》的声明，指出：

八月八日，苏联政府宣布对日作战，中国人民表示热烈的欢迎。由于苏联这一行动，对日战争的时间将大大缩短。对日战争已处在最后阶段，最后地战胜日本侵略者及其一切走狗的时间已经到来了。在这种情况下，中国人民的一切抗日力量应举行全国规模的反攻，密切而有效力地配合苏联及其他同盟国作战。八路军、新四军及其他人民军队，应在一切可能条件下，对于一切不愿投降的侵略者及其走狗实行广泛的进攻，歼灭这些敌人的有生力量，夺取其武器与资财，猛烈地扩大解放区，缩小沦陷区。放手组织武装工作队，成百队成千队地深入敌后之敌后，组织人民，破击敌人的交通线，配合正规军作战。放手发动沦陷区的千百万民众，立即组织地下军，准备武装起义，配合从外部进攻的军队，消灭敌人。解放区的巩固工作仍应注意。今冬明春，应在现有一万万人民及一切新解放的人民中普遍地实行减租减息，发展生产，组织人民政权与人民武装，加强民兵工作，加强军队的纪律，坚持各界人民的统一战线，防止浪费人力物力。凡此一切，都是为着加强对敌人的进攻。全国人民必须注意制止内战危险，努力促成民主的联合政府之建立。中国民族解放战争的新阶段已经到来了，全国人民应该加强团结，为夺取最后胜利而斗争。

8月10日、11日这两天，朱德总司令在延安总部连续发布第一号至第七号作战命令，命令各解放区抗日武装部队向附近城镇及交通要道之日伪军发出最后通牒，限期向解放区抗日武装投降；如遇日伪军拒绝缴械投降，即应予以坚决消灭；令晋察冀、晋绥和山东军区以及在华北之朝鲜义勇队，各以一部兵力向察哈尔、热河、辽宁、吉林等

毛泽东与朱德研究作战问题

地进发，配合苏军作战，消灭负隅顽抗的日伪军；令各解放区部队向本区一切敌占交通要道城镇展开进攻，迫使日伪军无条件投降，对收复的城镇实行军事管制，维持秩序，保护人民。

8月10日，中共中央指示各中央局、分局和各区党委："应立即布置动员一切力量，向敌、伪进行广泛的进攻，迅速扩大解放区，壮大我军，并须准备于日本投降时，我们能迅速占领所有被我包围和力所能及的大小城市、交通要道，以正规部队占领大城及要道，以游击队民兵占小城。在日本投降实现时，我军对日军应令其在一定时间内实行投降缴械，缴械后可予以优待。否则应以各种方法迫其投降缴械。对伪军，则应令其立即反正，接受我之委任与改编，并指令防区驻扎，否则应即消灭之。"

8月11日，中共中央发出《关于日本投降后我党任务的指示》，指出："目前阶段，应集中主要力量迫使敌伪向我投降，不投降者，按具体情况发动进攻，逐一消灭之，猛力扩大解放区，占领一切可能与必须占领的大小城市与交通要道，夺取武器与资源，并放手武装基本群众，不应稍有犹豫。"

八路军、新四军和华南人民抗日游击队根据中共中央、延安总部的指示和命令，在民兵和群众的积极配合下，利用自己处于抗日最前线的有利态势，迅速向盘踞在华北、华中和华南城镇及交通要道的日伪军展开大规模的全面反攻。（姜廷玉）

1945—1949

全国解放战争时期

虎老紙論

和平的基礎在那裏
原期的世界新聞
為誰辛苦為誰忙
轉形期的數論新聞
毛澤東與與美國
穩定文與與大學
島上海的工專見聞
漫壇記述下
黑暗的狡猾
由田流氓文藝論二則

　　　丁　　　　蘇
　　　　　　　　　　平
　　　　　　　　　　夢
　　　犬　　小　　前
　　　　　　松　　　
　　　妙　　江　　門
　　　　　　龍　　
　　　作　　　　　　
　　　原　　杜　　亡
　　　恩　　池　　生
　　　幸　　作　　
　　　　　　　人　　
　　　仇　　紅　　七
　　　　　　　　　　
　　　飯　　客　　等
　　　文

6

中華民國三十六年五月三十日出版

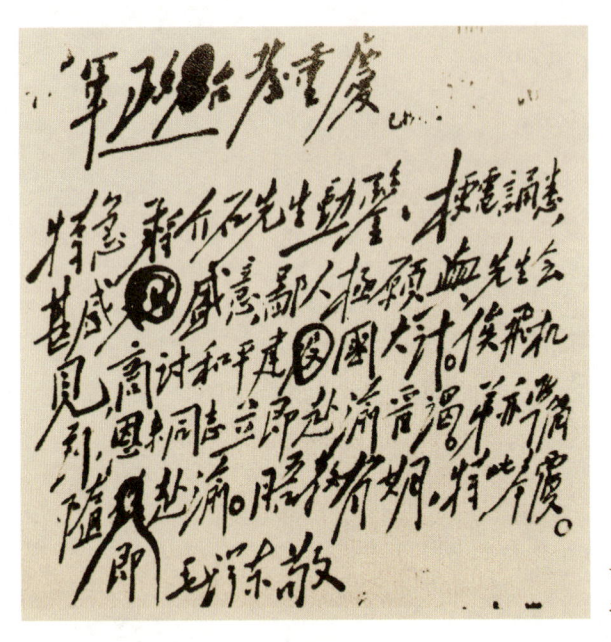

关于赴重庆谈判问题复蒋介石的电报手稿

毛泽东关于赴重庆谈判问题复蒋介石的电报手稿

这是1945年8月24日毛泽东关于赴重庆谈判问题复蒋介石的电报手稿，现由中央档案馆收藏。

抗战胜利后，蒋介石于1945年8月14日、20日、23日3次致电毛泽东，邀请毛泽东速到重庆进行和平谈判。

8月23日，中共中央政治局召开扩大会议，毛泽东在会上讲话，提出了"和平、民主、团结"的新口号，他认为和平是能取得的，蒋介石有可能采取暂时的和平，将来等待机会消灭我们。这次谈判应该去，不能拖。会议决定先派周恩来去重庆，随后毛泽东再去。

8月24日，毛泽东复电蒋介石，表明准备"随即赴渝"。毛泽东在复电中说："鄙人极愿与先生会见，商讨和平建国大计。"表明了中国共产党真诚谋求和平、和平建国的意愿。

8月26日，毛泽东主持召开中共中央政治局会议，继续讨论去重庆谈判的问题。毛泽东表示："去，这样可以取得全部主动权。要充分估计到蒋介石逼我城下之盟的可能，但签字之手在我……由于有我们的力量、全国的人心、蒋介石自己的困难、外国的干预四个条件，这次去是可以解决一些问题的。"

8月28日上午11时许，毛泽东、周恩来、王若飞在美国驻华大使赫尔利和国民党政府代表张治中的陪同下，乘飞机离开延安。当时党内外都有人担心毛泽东到重庆后会遭到蒋介石的暗算，而毛泽东不顾个人安危，以大无畏的勇气用亲赴重庆这一行动向国内外宣告：中国共产党是真诚地谋求和平的。

毛泽东等到达重庆，受到各阶层民众的热烈欢迎，在国内外引起巨大反响。毛泽东在机场向记者发表书面谈话："现在抗日战争已经胜利结束，中国即将进入和平建设时期，当前时机极为重要。目前最迫切者，为保证国内和平，实施民主政治，巩固国内团结。"

重庆谈判从8月29日开始，到10月10日结束。在此期间，毛泽东直接同蒋介石就国共两党关系的重大问题进行多次商谈。有关国内

毛泽东和周恩来等到达重庆，受到各界人士的热烈欢迎

和平问题的具体谈判,是在中共代表周恩来、王若飞和国民党政府代表王世杰、张群、张治中、邵力子之间进行的。在谈判中,为了争取全国人民所需要的和平民主,中国共产党在谈判中作出了很大的牺牲和让步,以推动谈判取得进展。特别是在解放区的军队和解放区的政府这两个最为重要的问题上,共产党方面都作出了重大让步。

在谈判期间,中共代表团广泛地进行了争取各方面和平民主力量的工作。毛泽东会见了宋庆龄、冯玉祥、谭平山、柳亚子、张伯苓等,会见了中国民主同盟负责人张澜、沈钧儒、罗隆基、章伯钧、黄炎培,以及社会知名人士郭沫若、章士钊、马寅初等,还分别会晤了国民党人士孙科、于右任、陈诚、白崇禧等,会晤了苏、美、英、法等国的驻华使节,反复说明中国共产党的基本主张。周恩来也多次举行有各民主党派和国际人士参加的座谈会,与各界代表交流对谈判的意见。

10月10日,国共双方代表在重庆桂园签订《政府与中共代表会谈纪要》(即《双十协定》),并公开发表。在《双十协定》中,国民党政府接受中共提出的和平建国的基本方针。双方协议"必须共同努力,以和平、民主、团结、统一为基础""长期合作,坚决避免内战,建设独立、自由和富强的新中国"。双方还确定召开各党派代表及无党派人士参加的政治协商会议,共商和平建国大计。这是重庆谈判重要的两项成果。

重庆谈判的举行和《双十协定》的签订,表明国民党方面承认了中共的地位,承认了各党派的会议,使中国共产党关于和平建设新中国的政治主张被全国人民所了解,从而推动了全国和平民主运动的发展。

尽管《双十协定》公布后不久,即被蒋介石公开撕毁,发动了大规模内战,但是重庆谈判还是推迟了内战的爆发,为中国争取了暂时的和平;同时向国内外广泛宣传了中国共产党的主张,扩大了中国共产党的政治影响,为后来打败蒋介石、建立新中国赢得了人心。(刘珂)

去重庆谈判戴过的盔式帽

毛泽东去重庆谈判戴过的盔式帽

这是一顶考克帽，也叫盔式帽。这顶帽子就是1945年毛泽东从延安到重庆参加重庆谈判时戴的帽子，它见证了国共两党领导人重庆谈判的历史。现由中国人民革命军事博物馆收藏。

1945年8月，经过中国人民的不懈抗战，日本政府宣布无条件投降，抗日战争取得全面胜利。抗战胜利后的中国何去何从，是摆在国共两党面前的首要问题。事实上，在此之前两党已经在酝酿和谈，此后蒋介石连发几封电报，邀请毛泽东前往重庆进行和平谈判。

虽然很多人反对毛泽东前往谈判，认为那只不过是国民党的拖延战术，甚至是一场鸿门宴。但毛泽东最终还是决定前往，因为这是关乎国家前途的大事。如果不去，必然会授人以柄；去则展现共产党人的襟怀与态度，同时可以做好两手准备。中共中央赞同毛泽东的决定。

8月28日，毛泽东与周恩来、王若飞前往重庆与蒋介石谈判。出发这天，平时不在意穿着的毛泽东特意换上一套灰布中山装，里面是全新的白衬衣，还罕见地换上了一双皮鞋。

在乘坐美军观察组吉普车前往机场途中，周恩来看到毛泽东借戴的苏联医生阿洛夫的礼帽不太适合他。细心的周恩来随手摘下自己头上的考克帽递给毛泽东，"主席，你这帽子好像不太合适，有点小"。

1945年8月28日，毛泽东乘机抵达重庆

毛泽东接过周恩来的帽子，戴在头上发现正好合适，显得既精神又有风度。毛泽东笑着说："那我就夺人所好了。"

原来，这种帽子最初流行于法国，是法国军队在热带殖民地常用的军帽式样，最初是绿色的。由于它轻便、结实且能防晒防雨，所以在东南亚国家民间也流行起来，但款式、材质和颜色都有些改变。当时在中国也有人戴，孙中山就曾戴过这种帽子。

其实，周恩来给毛泽东的这顶盔式帽，原本不是他自己的，而是他的副官龙飞虎的。龙飞虎是江西永新人，1928年参加红军，次年入党，参加过长征，担任过周恩来的警卫组组长。1945年作为大后方代表团成员参加党的七大，重庆谈判期间任中共代表团总务处主任、行政处处长。然而，这顶帽子最初的主人也不是龙飞虎，是一位爱国华侨林琼秀从南洋带来，后转赠给八路军桂林办事处做电台工作的郭正。龙飞虎在八路军桂林办事处任交通运输科科长的时候，看中了这顶帽子。郭正见龙飞虎喜欢，又考虑到他经常随周恩来外出，这帽子可以派上用场，就将帽子送给了龙飞虎。有一天，周恩来看到龙飞虎戴了这顶帽子，便打趣说他戴了这顶帽子"雕不像雕，鹰不像鹰"。周恩来本是随口打趣，龙飞虎却认真起来，觉得既然自己戴着不好看，便硬是把这顶帽子送给了周恩来。这就是这顶盔式帽的来历。

8月28日上午11时许，毛泽东在延安数万军民的欢送中，从飞机舷梯登上飞机，然后转过身来，摘下盔式帽，向大家挥动帽子告别。在盔式帽的映衬下，一个伟人扭转乾坤的恢宏气势和赴汤蹈火的无畏气概被拍照记录下来。这个历史瞬间，成为传世经典画面。

下午3时，毛泽东一行乘坐的飞机降落在重庆九龙坡机场，毛泽东出现在机舱门口，再次挥动盔式帽，向前来欢迎的各方人士致意。各方人士也被毛泽东的气概所折服，著名爱国民主人士柳亚子还写诗称赞毛泽东的"弥天大勇"。

经过43天的艰难谈判博弈，10月10日国共双方签订了《双十协定》，11日毛泽东仍然戴着这顶盔式帽登上来时的飞机，再次挥动盔式帽告别，随后顺利飞回延安。

回到延安后，这顶帽子完成了历史使命，毛泽东把它还给了周恩来。此后，这顶帽子跟随周恩来多年，直到他去世后被捐献给国家，曾在南京中共代表团梅园新村纪念馆展出，后来在中国人民革命军事博物馆展出。

这顶帽子见证了毛泽东在历史的重大关头以国家前途和人民利益为重，将个人安危置之度外，"明知山有虎，偏向虎山行"的非凡勇气和无往而不胜的恢宏气概。（高慧琳）

为"四八"烈士题词

毛泽东为"四八"烈士题的词

一张白纸上,毛泽东用遒劲有力的字迹题写了"为人民而死""虽死犹荣"两行字。这是1946年毛泽东为飞机失事而遇难的"四八"烈士所题的词,曾刊登在1946年4月20日《解放日报》上,后来被镌刻在延安"四八"烈士纪念碑上。

1946年4月,蒋介石接连撕毁东北停战协定和政治协商会议决议,向解放区发动全面进攻,挑起大规模内战。当时在重庆参加谈判的中共代表团决定尽快赶回延安向中央报告情况,商量对策。4月7日,中共代表团给中央发来电报,代表团成员王若飞、秦邦宪(博古)、叶挺、邓发等决定于4月8日由重庆飞返延安。

4月8日,重庆有雨,但代表团还是决定冒雨飞延安。上午8时

45分,他们乘坐的美军C-47运输机从重庆起飞。同机的共17人:中共代表团成员王若飞、秦邦宪,中共中央职工运动委员会书记邓发,刚出狱不久的原新四军军长叶挺和家属(夫人李秀文、女儿叶扬眉、儿子叶阿九及保姆高琼),著名教育家黄齐生及其孙黄晓庄(延安鲁艺教员),十八集团军参谋李少华,王若飞的副官魏万吉,秦邦宪的副官赵登俊,机组人员——佩戴飞虎队标识的美军飞行员兰奇上尉、瓦伊斯上士和迈欧、马尔丁。

飞机起飞后,机组曾联系驻延安的美军观察组电台,报告一切正常。飞机经停西安稍事休整后,11时55分再次起飞前往延安。半小时后,机组再次联系美军观察组电台,报告飞行正常,预计下午1点左右抵达延安机场。

下午1时许,毛泽东、朱德、任弼时、林伯渠等中共中央和陕甘宁边区领导人以及各机关团体代表、群众数百人齐聚延安东关机场迎接,现场气氛热烈。

谁知那天延安天气不佳,小雨淅沥,浓云密布。只听得空中隐隐传来隆隆机声,但飞机没有降落,又渐渐远去,以至消失了。这时,美军观察组电台收到机组来电:飞机迷航了,之后就再无消息了。中共中央得此信息,十分担心,组织了数万人连日搜寻,美军观察组也出动两架飞机在延安附近搜索3天,但都无果。

就在4月8日下午2时许,远在延安东北方向200多公里外的山西兴县东南黑茶山附近,庄上村的村民听到了隆隆的飞机声,接着传来剧烈的爆炸声。村长李文堂感觉到有大事发生,就带人寻声前往山上探察。

结果,他们在海拔2000米的黑茶山山顶南坡的一块巨石旁发现了飞机残骸、遇难者遗体和遗物等。当晚,村党支部正在开会商量办法,区大队长刘富匆匆赶来告诉他们:一架载有党的重要领导和高级将领的飞机失踪,边区正在四处寻找。大家瞬间意识到了事情的严重性,天一亮就组织人员上山开展更大范围的搜寻工作,同时派人向中共中央晋绥分局报告。

镌刻在延安"四八"烈士纪念碑上的毛泽东题词

4月10日晨，中共中央晋绥分局保卫部部长谭政文、机要股股长顾逸之带人赶到飞机失事现场，经仔细辨认，找到了王若飞、秦邦宪、叶挺、邓发的遗体，并运下山存放于民房中。次日继续搜寻，又找到其他遇难者的遗体，确认17人全部遇难。

4月12日，新华社发布了一则短讯：王若飞、秦邦宪、叶挺、邓发等同志"在本月八日乘美机由重庆飞延安途中，因飞机迷失道路，于下午二时左右在晋西北兴县东南八十里的黑茶山遇雾，撞山焚毁，当即全部遇难"。

噩耗传来，毛泽东难忍悲伤，提笔写下了"为人民而死，虽死犹荣"的题词，手迹刊登于4月20日《解放日报》上。

4月18日，烈士遗体由两架飞机运达延安，朱德、刘少奇、任弼时等中央领导和各界代表及群众共万余人赴机场迎灵。19日，延安各界3万余人隆重举行公祭追悼大会和遗体安放仪式，朱德、刘少奇等亲随执绋。

1947年，"四八"烈士陵园曾被国民党胡宗南部破坏。延安收复后，人民政府修复了陵园，后陵园搬迁到现址李家洼，毛泽东的题词一直镌刻在烈士纪念碑上，永远怀念着烈士们。（高慧琳　仲艳妮）

为中共中央起草的
《关于练兵的指示》手稿

毛泽东为中共中央起草的
《关于练兵的指示》手稿

这是1946年5月1日毛泽东为中共中央起草的《关于练兵的指示》手稿，现由中国人民解放军档案馆收藏。

抗战胜利后，中国面临着两种前途、两种命运的斗争。国民党军队在国共谈判期间和谈判之后，不断侵扰解放区，八路军采取了"针锋相对，寸土必争"的方针，相继取得了上党战役、平汉战役、津浦战役、平绥战役的胜利，迫使国民党暂时停止了向解放区的进攻，重新回到谈判桌上。

出于对国民党内战政策的警惕，1946年5月1日，中共中央发出了毛泽东起草的《关于练兵的指示》，强调练兵是"决定胜负的关键之一"。

各解放区部队开展大练兵运动。图为某部进行刺杀训练

  毛泽东在《关于练兵的指示》中要求：（一）国民党反动派除在东北扩大内战外，现正准备发动全面内战，在此种情况下，我党必须有充分准备，能够于国民党发动内战时坚决彻底粉碎之。（二）准备工作中，除精简老弱（复员）、充实部队、减租减息、发展生产、整理财政等项外，各地必须抓紧练兵工作。（三）三个月来各地练兵工作抓得不很紧，没有造成热潮，有的练了，有的没有练，此种现象应即刻检讨改正。（四）接此指示后，立即下令全军练兵，上级督促检查，将此看成决定胜负的关键之一。（五）练兵内容，军事上练三大技术（指射击、刺杀和投弹三项军事技术），练守城，练夜战，政治上提高战胜顽军、保卫解放区之决心与信心。（六）执行情形速告。

  《关于练兵的指示》下达后，各解放区正规部队、地方部队和民兵掀起了以射击、刺杀、投弹、爆破四大技术为主的官教兵、兵教官、兵教兵的群众性练兵热潮。经过大练兵，我军的军事技术和战术素养有了很大的提高。（刘珂）

为中共中央起草的《以自卫战争粉碎蒋介石的进攻》党内指示

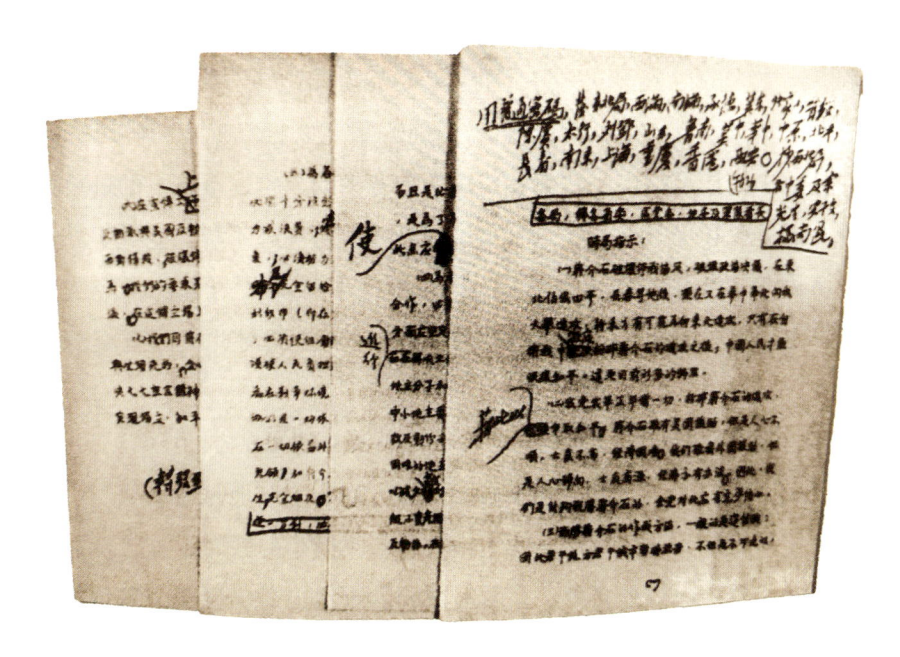

毛泽东为中共中央起草的《以自卫战争粉碎蒋介石的进攻》党内指示

1946 年 7 月 20 日,面对国民党军队的全面进攻,毛泽东为中共中央起草了党内指示,号召解放区军民以自卫战争粉碎蒋介石的进攻。现由中国人民解放军档案馆收藏。

1946 年 6 月 26 日,国民党军队对中原解放区发动了全面进攻,大规模内战爆发了。处于劣势的中国人民解放军能否战胜装备精良的国民党军队的大规模进攻,当时国内外许多人都对此表示忧虑和怀疑。

面对这个重大问题,毛泽东既充分看到蒋介石在军事、经济力量方面所占有的优势，尤其是有美国大力支持的优势；另一方面，他坚持对事物采取具体分析的态度，清晰地看到国民党存在的种种弱点和共产党的种种优势，尤其是革命力量在14年抗战中取得的巨大发展已远非土地革命时期可比。

为了使人们进一步认清蒋介石和美帝国主义的虚弱本质，树立起共产党人战胜国民党军进攻的信心，1946年7月20日，毛泽东为中共中央起草了一份党内指示，明确表示要以自卫战争粉碎蒋介石的进攻。该指示指出："我党我军正准备一切，粉碎蒋介石的进攻，借此以争取和平。蒋介石虽有美国援助，但是人心不顺，士气不高，经济困难。我们虽无外国援助，但是人心归向，士气高涨，经济亦有办法。因此，我们是能够战胜蒋介石的。全党对此应当有充分的信心。"

怎样战胜蒋介石呢？毛泽东提出几条基本的指导方针：

在军事方面，"战胜蒋介石的作战方法，一般地是运动战"。为了打好运动战，他指出："若干地方，若干城市的暂时放弃，不但是不可避免的，而且是必要的。暂时放弃若干地方若干城市，是为了取得最后胜利，否则就不能取得最后胜利。此点，应使全党和全解放区人民都能明白，都有精神准备。"

在政治方面，为粉碎蒋介石的进攻，他指出"必须和人民群众亲密合作，必须争取一切可能争取的人"，并为此规定了党在农村中、在城市中和在国民党军队中必须团结、争取、孤立的阶级、阶层和人员。

在经济方面，为粉碎蒋介石的进攻，他要求"必须作持久打算。必须十分节省地使用我们的人力资源和物质资源，力戒浪费"。要"努力生产""总之，我们是一切依靠自力更生，立于不败之地，和蒋介石的一切依靠外国，完全相反"。"在这种情形下，我们是一定要胜利的。"

他号召全党同志和全解放区军民，"团结一致，彻底粉碎蒋介石的进攻，建立独立、和平、民主的新中国"。（姜廷玉）

签署的保卫延安的《命令》

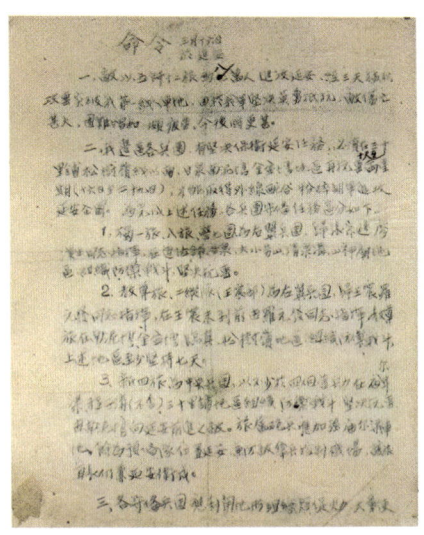

毛泽东签署的保卫延安的《命令》

这是1947年3月16日毛泽东以中共中央军委主席名义给陕甘宁边区各兵团的保卫延安的《命令》，现由中国人民解放军档案馆收藏。

1947年3月13日，国民党军胡宗南部15个旅14万余人兵分两路，同时自宜川、洛川一线向中共中央驻地延安发动进攻。

面对敌人的猖狂进攻，中共中央、毛泽东审时度势，认为陕北战场敌情虽然严重，但这里的群众条件、地形条件等均有利于我方，必要时可放弃延安，诱敌深入，与敌在延安以北的山区周旋，陷敌于疲惫、缺粮之困境，然后抓住战机，必能逐次歼敌，击退其进攻。

根据中共中央军委主席毛泽东的部署，教导旅及警备第三旅第七团共5000余人在鄜县（今富县）临真镇以北地区采取运动防御抗击进犯之敌。第一纵队为右防御兵团，新四旅为预备队，在指定地区待机。在"保卫党中央、保卫毛主席、保卫陕甘宁边区"口号的鼓舞下，从3月13日起，我军依托既设阵地交替掩护，节节抗击进攻之敌并不断实施反击。

国民党军空军出动45架飞机对延安进行轰炸，彭德怀急调新四旅一个团守卫延安机场，准备歼敌空降兵，并劝说毛泽东尽早撤离延安。毛泽东说，我是要最后撤离延安的。下午，一颗重磅炸弹落在毛泽东的窑洞前不远处爆炸，毛泽东镇定自若。

3月16日，中央军委决定组成西北野战兵团，以彭德怀为司令员兼政治委员，习仲勋为副政治委员，统一指挥陕甘宁边区所有部队作战。

同日，中共中央军委主席毛泽东签署发布关于陕甘宁边区各兵团保卫延安的部署的命令："一、敌以五师十二旅约八万人进攻延安，经三天猛烈攻击，突破我第一线阵地，由于我军坚决英勇抵抗，敌伤亡甚大，困难增加，颇疲劳，今后将更甚。二、我边区各兵团有坚决保卫延安任务，必须在三十里铺、松树岭线以南甘泉、南泥湾、金盆湾地区，再抗击十天至两星期（十六日至二十九日），才能取得外线配合，粉碎胡军进攻延安企图。"

延安宝塔山

在毛泽东发布保卫延安命令的同一天,胡宗南部对延安发起了更猛烈的进攻,我守备兵团临危不乱,予敌以坚决回击。

3月18日下午,中共中央和西北局部分领导人在王家坪毛泽东住的窑洞内举行会议,讨论撤出延安和西北野战兵团对国民党军进攻的作战问题。其间,由于敌机轰炸,会议转移到防空洞内继续进行。会上,毛泽东和周恩来讲了全国战争的形势,分析了陕甘宁边区目前的情况,还要求对撤出延安问题做好干部、群众的思想工作。

在撤离延安之前,毛泽东接见了参加保卫延安的人民解放军部分领导干部,对他们说:敌人要来了,我们准备给他打扫房子。我军打仗,不在一城一地的得失,而在于消灭敌人的有生力量。存人失地,人地皆存;存地失人,人地皆失。敌人进延安是握着拳头的,他到了延安,就要把指头伸开,这样就便于我们一个一个地切掉它。要告诉同志们:少则一年,多则二年,我们就要回来,我们要以一个延安换取全中国。

3月18日晚8时,毛泽东和周恩来等率领中共中央机关撤离延安。3月19日凌晨,转移到延川县永坪镇西南面的刘家渠。当日傍晚,毛泽东和周恩来率中共中央机关由刘家渠出发,深夜转移到清涧县徐家沟。同日,参加保卫延安作战的部队经过6天的战斗,歼敌5000人后主动放弃延安。(姜廷玉)

刊载"一切反动派都是纸老虎"
著名论断的《美亚》杂志

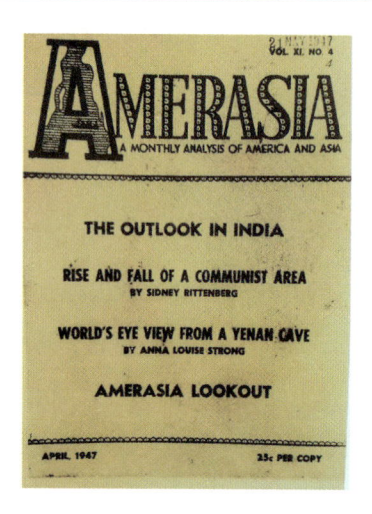

1947年4月，美国的《美亚》杂志用英文发表了毛泽东与斯特朗的谈话

1947年5月，上海出版的《文萃》第6辑译载了毛泽东关于"一切反动派都是纸老虎"的著名论断

1946年8月6日，毛泽东在延安杨家岭会见美国记者安娜·路易斯·斯特朗，同她就国际国内形势作重要谈话。在此次谈话中，毛泽东提出了"一切反动派都是纸老虎"的著名论断。1947年4月，美国的《美亚》杂志用英文发表了毛泽东与斯特朗的谈话。现由中国国家博物馆收藏。

为了使人们认清蒋介石和美帝国主义的虚弱本质，树立起必胜的信念，需要提出一个简单明了、使人一听就明白的基本观点，那就是毛泽东向美国记者安娜·路易斯·斯特朗所说的，"一切反动派都是纸老虎"。

斯特朗是一位美国籍的进步女记者。1946年初，她从旧金山来到

美国记者安娜·路易斯·斯特朗

毛泽东同安娜·路易斯·斯特朗谈话的地点

上海，再转往北平，接着乘军调部的飞机到达延安采访。她在延安住了几个星期，同各界人民和中共许多领导人广泛接触，对中国共产党的政策和解放区的情况已有相当的了解。

8月6日下午，延安雨后初晴。在毛泽东居住的杨家岭，斯特朗见到了毛泽东。陪同她去的，一个是中共中央宣传部部长陆定一，一个是长期在延安工作的美国医生马海德，由他担任临时的翻译工作。

听到斯特朗来了，毛泽东走出窑洞，来到院里欢迎。为了表示对客人的礼貌，他那天特意穿了件稍好的蓝布衣服。他们一起坐在窑洞前苹果树下的一张石桌旁，娓娓而谈。

毛泽东先向斯特朗询问了许多美国国内的情况，这让斯特朗很惊奇："美国发生的事有许多他知道的比我还详细。"接着，毛泽东回答了斯特朗提出的问题。

毛泽东谈话的中心点就是"一切反动派都是纸老虎"，他列举俄国沙皇和德国的希特勒、意大利的墨索里尼以及日本帝国主义的例子来说明这些反动力量从表面上看是强大的、可怕的，但从长远的观点看，从本质上看，"真正强大的力量不是属于反动派，而是属于人民"。当斯特朗问到对美国使用原子弹的看法时，毛泽东爽朗地回答："原子弹是美国反动派用来吓人的一只纸老虎，看样子可怕，实际上并不可怕。"原子弹当然是一种大规模杀伤性武器，"但是决定战争胜败的是人民，而不是一两件新式武器"。

毛泽东最后又谈到蒋介石发动的这场大规模内战的前景，他十分坚定地告诉斯特朗："拿中国的情形来说，我们所依靠的不过是小米加步枪，但历史最后将证明，这小米加步枪比蒋介石的飞机加坦克还要强些。虽然在中国人民面前还存在着许多困难，中国人民在美国帝国主义和中国反动派的联合进攻之下，将要受到长时间的苦难，但是这些反动派总有一天要失败，我们总有一天要胜利。这原因不是别的，就在于反动派代表反动，而我们代表进步。"

毛泽东关于"一切反动派都是纸老虎"的论断、关于"小米加步枪比蒋介石的飞机加坦克还要强些"的论断一提出来就立刻传遍国内外，深入人心，产生了意想不到的力量。

1947年4月，1937年创刊于美国纽约的《美亚》杂志用英文发表了毛泽东与斯特朗的谈话。5月，上海出版的《文萃》第6辑译载了毛泽东关于"一切反动派都是纸老虎"的著名论断。

1960年，斯特朗在《一个现时代的伟大真理》这篇文章中怀着深厚的感情回忆起这次谈话。文章说："毛主席是十四年前在延安时说帝国主义和一切反动派都是纸老虎的。现在这已成为有历史意义的历史名言了。""毛主席的一针见血的语句，渊博的知识，敏锐的分析和诗人的想象力，使他的谈话成为我一生中听到的最有启发性的谈话。"

（姜廷玉）

转战陕北时骑的小青马

毛泽东骑马转战陕北

毛泽东骑过的小青马（标本）

这是一匹白色骏马的标本，看上去栩栩如生。这匹马个头不大，首尾长 1.87 米，高 1.32 米。它原是青色马，大家都叫它"小青马"，随着年龄的增长，小青马的毛色由青变白。它就是毛泽东转战陕北时骑的那匹马。现由延安革命纪念馆收藏。

延安时期，毛泽东长征中骑的小黄马死去了。那时延安还没有汽车，毛泽东出门经常需要骑马，中共西北局为了给毛泽东配备一匹好马，派人到三边草地去选购。

一天，毛泽东的警卫员贺清华接到通知，叫他去南门外接收马匹。几个回民老乡送来两匹马，一匹是小青马，另一匹是白嘴头的小红马，据送马的老乡介绍，这两匹马属于川马品种，体形虽小，力气不小，走起路来平稳、快捷，性情也温驯。

贺清华先后骑上这两匹马在南门外的体育场跑了几圈，认为都不错，于是将小青马留给了毛泽东主席，小红马留给了周恩来副主席。从此，小青马成了毛泽东的常用坐骑。

当时，贺龙将军要把自己的高头大马乌龙驹给毛泽东，但是毛泽东不要，他认为高头大马应该给战场上用，自己骑小马代步就可以了。小青马好像知道自己的使命光荣、责任重大，每次都要等主人坐稳当以后才迈开步子，十分温驯机灵。

后来，延安有了汽车，毛泽东骑马的机会少了。毛泽东对马夫侯登科说："老侯，你喂马，帮了我大忙，这功劳要给你记上。现在我不骑马了，你愿意改行吗？"侯登科表示仍要跟着毛泽东当马夫。

毛泽东继续说："许多人都到前方当干部去了，你还愿意在这里喂马？"侯登科坦诚地说："别人当干部，人家年轻有文化。我年龄大了，又没有文化，我愿意给主席当一辈子马夫。我觉得这个工作是很光荣的。"就这样，在延安期间，侯登科一直留在毛泽东身边喂马，小青马则主要承担送信报、物资的任务。

一晃侯登科带着小青马在毛泽东身边一同度过了将近十年的时光。1947年，蒋介石调动胡宗南部25万兵力向陕甘宁边区发起重点进攻，党中央、毛泽东于3月18日主动撤离延安，转战陕北。这时候，小青马成了毛泽东唯一的交通工具。

陕北的沟沟峁峁，汽车没法开，小青马却驾轻就熟。毛泽东十分爱惜小青马，每当遇到太难走的路他总是下马步行，以减轻小青马的负担。有一次小青马的马掌掉了，一时没法钉，毛泽东生怕把马蹄磨坏了，就下马坚持徒步行军，走了很长的路。

就这样，在转战陕北途中，由小青马一路陪着，毛泽东根据陕北的地形特点巧施"蘑菇"战术，指挥部队连战连捷，并开辟外线战场，彻底扭转了战场形势。

1948年3月，毛泽东完成陕北转战，东渡黄河，奔向华北。在东渡的船上，因风急浪高，小青马被挤下船，掉进黄河里，正当毛泽东在船上焦急万分的时候，小青马却神奇地自己游回岸边，很快登上另一艘船渡过黄河，又回到毛泽东身边。

小青马跟随毛泽东转战陕北，走了2000多里路，经过12座县城、上千个村镇，立下了汗马功劳。毛泽东离开陕北，仅仅一年就"进京赶考"，小青马同它的主人一起来到了北京，完成了自己的历史使命，它被作为军功马送往北京动物园，由老红军周根山饲养。

后来，随着小青马年齿渐老，它的毛色慢慢由青变白，成了一匹"老白马"。1962年，小青马老死，后被制成标本。1964年，延安革命纪念馆把它运回馆内收藏和展出，后被评定为国家一级文物。（高慧琳）

在转战陕北期间用过的望远镜

毛泽东在转战陕北期间用过的望远镜

在中国人民革命军事博物馆里，陈列着一架老式的军用望远镜，这是毛泽东在转战陕北期间用过的。

1947初，随着国民党"全面进攻"的战略失败，蒋介石又调集了34个旅25万人向陕甘宁解放区进犯，企图夺取延安。

陕甘宁解放区是我党在土地革命时期创建的老根据地。它东临黄河中流峡谷，西抵环江，南至渭北山地，北傍长城，首府延安，一直是党中央和人民军队总部所在地。面对敌人的猖狂进攻，党中央、毛主席决定：诱敌深入，必要时放弃延安，与敌在山区周旋，然后集中兵力各个歼灭。

3月18日，党中央决定撤离延安。临行前，毛泽东对身边的同志说："我军打仗，不在一城一地的得失，而在于消灭敌人的有生力量。存人失地，人地皆存；存地失人，人地皆失。""我们要以一个延安换取全中国。"

3月19日，毛泽东、周恩来等率领中共中央机关、人民解放军总部撤离延安，转战陕北。毛泽东一边行军，一边指挥着西北和全国各个战场的作战。这架望远镜，一直伴随毛泽东转战陕北，毛泽东经常用它观察敌情，作出决策。

后来，这架望远镜由工作人员珍藏起来，新中国成立后被捐赠给中国人民革命军事博物馆，成为珍贵的历史文物，见证了毛泽东转战陕北的战斗历程。（姜廷玉）

为刘胡兰烈士题词

1947年3月,毛泽东为刘胡兰烈士题词:"生的伟大,死的光荣。"后刻在刘胡兰纪念馆广场纪念碑上

"主席毛泽东,感而撰其铭。落笔仅八字,千载壮忠魂:'生的伟大,死的光荣!'"这是歌谣《女英烈刘胡兰祭》中的歌词。一个15岁的花季少女,在敌人血腥的铡刀面前毫不退缩,用短暂的一生谱写出永恒的诗篇,以不朽的精神矗立起生命的丰碑。毛泽东两次为她亲笔题词:"生的伟大,死的光荣。"第二次题词的手迹如今珍藏于山西省档案馆。

1932年10月8日,刘胡兰出生于山西文水县云周西村一个农民家庭。全民族抗战爆发后,共产党领导八路军、新四军创建敌后抗日根据地,文水县成立了抗日民主政府,在中国共产党的领导下,当地人民进行了英勇抗战。

这在年幼的刘胡兰心中种下了红色的种子，年仅10岁的她加入云周西村儿童团并担任团长，组织小伙伴站岗放哨、查路条、发传单、送情报、监视汉奸、侦察敌情等，做了许多力所能及的工作。

抗日战争胜利后，刘胡兰参加了中共文水县委举办的妇女干部训练班并担任小组长。因敌骚扰，训练班数次转移，途中她拿文件、背粮食、帮同学扛行李，并鼓励大家说："八路军打仗死都不怕，咱们还能怕困难？怕困难哪能干革命……"

妇女干部训练班大大提高了刘胡兰的思想觉悟、文化水平和斗争本领，回村后担任村妇女救国联合会秘书。她积极组织妇女上冬学，热情宣传革命道理和党的政策；组织妇女纺线织布、做军鞋；组织青年给前线送水、送饭、救护伤员。1946年6月，14岁的刘胡兰在鲜红的党旗面前庄严宣誓，光荣地成为一名中共预备党员。

国民党军队挑起内战后，山西阎锡山当局"水漫晋中"，组织地主武装"还乡团""复仇自卫队"，疯狂镇压革命群众，加紧了对根据地的蚕食鲸吞。1946年10月，阎锡山的晋绥军进犯文水县城。为保存革命力量，减少不必要的牺牲，中共文水县委根据上级指示，决定留少数干部组织武工队坚持斗争，大部分同志转移上山。刘胡兰和留下来的同志一起向各村党组织传达上级指示，组织群众掩藏粮食。

1947年1月8日，晋绥军突袭云周西村，抓走了我党地下交通员石三槐、民兵石六儿等人。11日晚，上级通知刘胡兰立即转移，她因忙于安置善后没有及时撤离。12日拂晓，阎军1个连和"复仇自卫队"包围了云周西村。此时，刘胡兰已无法脱身。她本可以在村中一个孕妇家藏身，但为了不牵连无辜群众，她随着被押解的人群向村里的观音庙走去。因叛徒石五则告密，刘胡兰被敌人从人群中拉了出来，和其他被捕的6人押在一起。

审讯刘胡兰的阎军头目妄想从她口中得到所需要的情报，在山西省档案馆馆藏的《残害刘胡兰的凶手张匪全宝的供词》档案中详细记录了这一经过：

张匪全宝问群众说:"刘胡兰是好人还是坏人?"一个老汉说是好人,张匪全宝说:"你说是好人先铡你。"当时,全场群众哀求宽恕刘胡兰等人,张匪全宝说:"决不能饶恕……"接着,徐匪得胜宣布刘胡兰等人的所谓"罪状"。

徐匪得胜问:"刘胡兰,你们村中还有谁是共产党员?"刘胡兰说:"再没有,只是我一个。"张匪全宝又说:"你自白。"刘胡兰坚决不说,她说:"死了没关系,再过十几年我又是这么大!"匪徒先后铡死6个村民,铡死一个就问她:"你怕不怕?你说出共产党员来,就不杀你。"刘胡兰说:"我死也没说的。"匪徒又说:"你自白了,给你家里一份地。"刘胡兰说:"你给我抬一个金人来,我也不自白。"说完就自动躺到铡刀上。

为了中国人民的解放事业,刘胡兰从容就义,壮烈牺牲。

1947年2月6日,《晋绥日报》刊登了刘胡兰英勇就义的详细报道,号召全体共产党员和解放区军民向刘胡兰学习。同日,延安《解放日报》发表题为《只要有一口气活着,就要为人民干到底——女共产党员刘胡兰慷慨就义》的文章。

3月,毛泽东带领中共中央机关转战陕北途中,任弼时向他汇报了刘胡兰英勇就义的事迹。毛泽东问:"她是党员吗?"任弼时回答:"是个优秀的共产党员,才15岁。"毛泽东深受感动,挥笔写下了"生的伟大,死的光荣"8个大字。

8月1日,中共中央晋绥分局追认刘胡兰为中国共产党正式党员。1957年,刘胡兰英勇就义10周年时,刘胡兰纪念馆落成。因为原有题词在战乱中遗失,毛泽东应山西之请,再次为刘胡兰烈士题词。"生的伟大,死的光荣"8个大字,镌刻在刘胡兰纪念馆广场巍然高耸的汉白玉石碑上。(仲艳妮)

关于解决部队棉衣问题给刘伯承、邓小平的电报手稿

刘邓大军当年缝制的棉衣，现由中国人民革命军事博物馆收藏

毛泽东关于解决部队棉衣问题给刘伯承、邓小平的电报手稿

这是1947年9月16日毛泽东就解决晋冀鲁豫野战军部队过冬棉衣问题给刘伯承、邓小平的电报手稿。现由中国人民革命军事博物馆收藏。

1947年6月30日，刘伯承、邓小平率领晋冀鲁豫野战军主力南渡黄河，千里跃进大别山，创建新的解放区。

大别山位于鄂、豫、皖三省交界地区，是中原的枢纽重地，创建大别山根据地将直逼国民党军长江动脉，威胁国民党的统治中心南京，成为蒋介石政权的心腹大患。为此，蒋介石立即调集23个旅的兵力跟进大别山，企图趁刘邓大军立足未稳之机进行围困、"清剿"。

刘邓大军远离老根据地，跃进敌占区进行无后方作战，首先面临的困难是物资供应。转眼间冬天就要到了，天气一天天冷起来，山区又总是阴雨绵绵，然而10万大军身上还是过黄河时穿的单衣，从哪儿去弄这么多套棉衣给大家避寒呢？

党中央、毛主席时刻关心着部队官兵的冷暖，曾打算从晋冀鲁豫根据地送棉衣来，但是千里迢迢，封锁重重，这是何等困难的事。9月16日，毛泽东给刘伯承、邓小平起草电报：你们全军冬衣准备，不要将重点放在由后方按时供给上面，而要放在自己筹办上面，你们如能努力收集棉花布匹，每人做一件薄棉衣，或做一件棉背心，就能穿到12月、1月，那时后方冬服可能接济上来。

接到毛泽东的电报后，刘邓首长决心利用战斗间隙自己动手解决棉衣问题。号令一下，大家齐动员，各部队派出采购人员向商家和群

部队指战员自己动手做棉衣

众采购布匹和棉花，公平交易，价格合理。同时，部队还在新解放的几个县城里缴获了一批布匹和棉花。这样东拼西凑，总算把做棉衣的材料筹齐了。

可是，筹来的布五颜六色，于是大家动脑子、想办法，找来稻草灰，用水和成浆子，将各色杂布染成灰色。战士们互相评比，看谁的布染得最地道。与此同时，大家还用树枝制成弹弓来弹棉花。

布染好了，棉花也准备好了，下一步就是裁剪。战士们有的脱下衣服来照着画，有的请当地妇女传授裁剪技术。最后总算一件一件裁了出来，只是领口总开不好，不是大了，就是小了，还有的把领口开到脊梁上去了，只好找块布补上再重开。

刘邓首长也来到战士们中间，给大家做示范。刘伯承司令员还教战士们"简易裁领法"，用一只搪瓷碗扣在领口的位置上，照碗口大小画圈裁出领口。经过半个月的努力，全军将士终于都穿上了自制的棉衣，虽然棉衣不怎么美观，也不怎么合体，但都是大家一针一线缝出来的，穿在身上暖在心里。

就这样，全军上下一齐动手，成功穿上棉衣，战胜了大别山的严寒，满怀信心地迎接更加艰苦的考验。10万将士缝棉衣，可以说是战争史上空前的奇迹。

当年毛泽东以中央军委名义亲笔起草给刘、邓二人的关于解决部队棉衣问题的电报手稿，以及刘邓大军当年自己缝制的这套棉衣，已作为珍贵的文物收藏在中国人民革命军事博物馆。（姜廷玉）

"站在最大多数劳动人民的一面"的题词

毛泽东题写的"站在最大多数劳动人民的一面"

走进陕西榆林市佳县县委大院,就能看到一块高大厚重的题词碑,上面刻着13个苍劲有力的大字——"站在最大多数劳动人民的一面",落款者是"毛泽东"。

这个题词,是1947年10月毛泽东在转战陕北途中题赠佳县县委的。它真实记载了一代伟人的足迹和情怀,也充分表达了中国共产党的根本宗旨。现由中国人民革命军事博物馆收藏。

1947年3月,国民党军调集胡宗南部25万兵力对陕北解放区发动重点进攻,当时边区驻军只有两万多人,为了拖住蒋军,同时跳出包围圈，开辟外线战场，中共中央决定"撤离延安、转战陕北"。

依靠陕北高原特殊地形和良好的群众基础，西北野战军采取"蘑菇"战术，与十倍于己的敌人巧妙周旋，半年中接连取得了青化砭、羊马河、蟠龙三战三捷，1947年5月至8月，又取得陇东、榆林和沙家店战役的胜利，扭转了陕北战局，并有力支援了其他战场的战斗。

10月10日，毛泽东起草的《中国人民解放军宣言》正式发表，提出了"打倒蒋介石，解放全中国"的口号，解放战争进入战略反攻阶段。

10月17日至31日，毛泽东在佳县县城、谭家坪、南河底、吕家坪等地调研和视察。17日当天，毛泽东一行从神泉堡出发，渡过佳芦河，到达佳县县城。佳县县委书记张俊贤闻讯后，赶紧把毛泽东一行迎进县委借住的院子里，汇报了当地的生产生活情况，并提出请毛主席为佳县题词，毛泽东很高兴地答应了。

送走毛主席后，张俊贤随即找到县委宣传部的干事李林森，告诉他毛主席已经答应题词，让他赶紧去找笔墨和纸张送到毛主席住处。但当时的佳县地瘠民贫、物资匮乏，是陕北数得上的贫困地区，当地人民为了支援前线倾其所有、竭尽全力，根本找不到可供题词的纸张。

于是，大家想了一个办法：写在白布上！李林森赶到老城南关的长源兴商店，这是全城最大的商店，只有这里有白布。店主任祥云听说是给毛主席题词用，亲手扯了一块漂白布，说什么也不肯收钱。李林森赶忙把这块布收起来，又找了笔墨一起送至毛主席住处。

第二天早上，毛泽东应邀来到佳县县委。当时，县委正在召开扩大会议研究支前和土改工作。毛泽东走进县委大院，第一句话就问起："佳县群众的生活怎么样？"张俊贤答："由于蒋胡匪军的破坏、掠夺，加上庄稼又受了严重冻灾，群众生活很苦。"毛泽东说："那你们的担子就更重了嘛！一定要安排好群众生活，组织好生产。"张俊贤表示：一定要按照主席的指示精神办。不但要照顾好群众的生活，还要搞好土改，抓好生产自救，多打粮食，支援全国解放。

之后，毛泽东还接见与会代表并与大家合影留念。接着，张俊贤提议："主席，您来一趟不容易，请您给我们县委题个词，以勉励和教育大家。"

毛泽东连声说："好，好！"

说话间，笔墨拿来了，那块漂白布也端端正正地铺在了桌子上。毛泽东站在桌前稍加思索，挥笔写下"站在最大多数劳动人民的一面"13个大字。

毛泽东题写"站在最大多数劳动人民的一面"是大有深意的：这既是对佳县县委的勉励，也是中国共产党全心全意为人民服务根本宗旨的宣示。当时中国正处在解放战争的转折关头，佳县人民为人民解放事业作出了艰苦卓绝的努力，同时承担着克服困难、支援前线、配合解放战争的光荣任务。毛泽东通过这个题词，告诉佳县人民：中国共产党会永远站在你们一边，同时勉励佳县县委要坚守初心使命，始终与人民群众站在一起，决不脱离最大多数劳动群众，只有这样，才能赢得民心，才能真正立于不败之地，这也是中国共产党为什么能领导人民取得胜利的根本原因。

佳县县委把毛泽东的题词珍藏起来，新中国成立后将其交给了国家，珍藏在中国人民革命军事博物馆。（高慧琳）

起草的《中国人民解放军宣言》

毛泽东起草的《中国人民解放军宣言》

这是毛泽东在陕北佳县神泉堡为中国人民解放军总部所起草的政治宣言,于1947年10月10日颁布。该政治宣言分析了当时的国内政治形势,宣布了中国人民解放军的八项基本政策,提出了"打倒蒋介石,解放全中国"的口号,且第一次提出了"中国人民解放军"的全称。现由中国人民解放军档案馆收藏。

《中国人民解放军宣言》(以下简称《宣言》)指出:"中国人民解放军,在粉碎蒋介石的进攻之后,现已大举反攻。南线我军已向

毛泽东在陕北查看地图

长江流域进击,北线我军已向中长、北宁两路进击。我军所到之处,敌人望风披靡,人民欢声雷动。整个敌我形势,和一年前比较,业已起了基本上的变化。本军作战目的,迭经宣告中外,是为了中国人民与中华民族的解放。而在今天,则是实现全国人民的迫切要求,打倒内战祸首蒋介石,组织民主联合政府,借以达到解放人民与民族的总目标。中国人民,为了自己的解放与民族的独立,和日本帝国主义英勇奋战了八年之久。日本投降后,人民渴望和平,蒋介石则破坏人民一切争取和平的努力,而以空前的内战灾难压在人民的头上。这样,就逼得全国各阶层人民,除了团结起来打倒蒋介石以外,再无出路。"

"总而言之,蒋介石二十年的统治,就是卖国独裁反人民的统治。到了今天,全国绝大多数人民,地无分南北,年无分老幼,都认识了蒋介石的滔天罪恶,盼望本军从速反攻,打倒蒋介石,解放全中国。"

《宣言》宣布了中国人民解放军的八项基本政策。

《宣言》指出:"为了早日打倒蒋介石,建立民主联合政府,我们号召全国各界同胞,在本军到达之处,同我们积极合作,肃清反动势力,建立民主秩序。在本军未到之处,则自动拿起武器,实行抗丁抗粮,分田废债,利用敌人空隙,发展游击战争。为了早日打倒蒋介石,建立民主联合政府,我们号召解放区人民贯彻土地改革,巩固民主基础,发展生产,厉行节约,加强人民武装,肃清敌人残留据点,支援前线作战。"

《宣言》号召人民解放军指战员："我全军将士必须提高军事艺术,在必胜的战争中勇猛前进,坚决彻底干净全部地歼灭一切敌人。必须提高觉悟性,人人学会歼灭敌人、唤起民众两套本领,亲密团结群众,把新区迅速建设成为巩固区。必须提高纪律性,坚决执行命令,执行政策,执行三大纪律八项注意,军民一致,军政一致,官兵一致,全军一致,不允许任何破坏纪律的现象存在。我全军将士必须时刻牢记,我们是伟大的人民解放军,是伟大的中国共产党领导的队伍。只要我们时刻遵守党的指示,我们就一定胜利。"（姜廷玉）

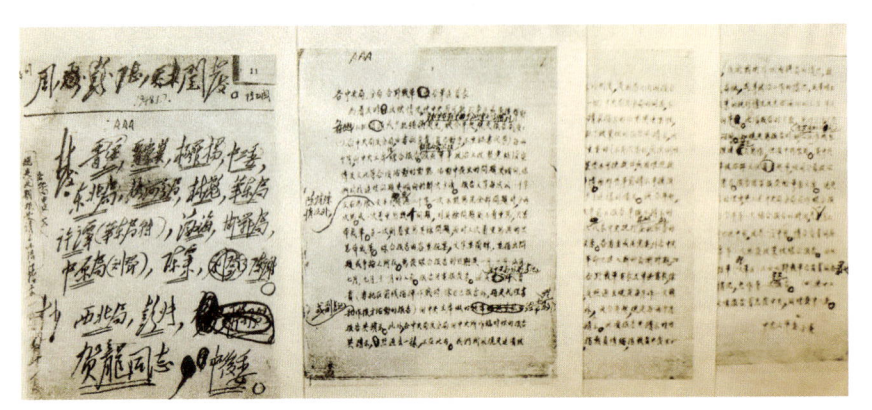

为中共中央起草的《关于建立报告制度》党内指示

毛泽东为中共中央起草的《关于建立报告制度》党内指示

1948年1月7日，毛泽东为中共中央起草的《关于建立报告制度》党内指示，对各中央局和分局、各大军区和野战军应当报告的内容及报告的时限作了具体规定。现由中央档案馆收藏。

全面内战爆发后，人民军队坚决贯彻中共中央、中央军委的战略方针，不断加强政治建军，提高部队战斗力。解放战争进入第三年，革命形势有了极大的发展，许多解放区连成一片，许多城市已经或即将解放，战争的正规化程度大为提高，而一些地区仍然存在长期处于被敌人分割的游击战争环境下产生的某些无纪律、无政府状态和地方主义、游击主义等现象。这就要求党迅速克服这一现象，将一切可能和必须集中的权力集中于中央和中央代表机关。

1947年2月27日，党中央为实现全军在党的领导下的高度团结和统一，集中全党智慧和力量夺取战争胜利，发出《关于在军队中组织党委会的指示》，规定"举凡关于作战、工作、政策及干部等问题，除紧急情况之处断应由首长担负外,在一般情况下,经过军队中各级党委会之民主讨论和决定,再由首长执行,较少数首长人员之商谈解决,更为全面与适当,因而加强党对于军队的领导作用,使各种工作能更好的进行"。同时,中共中央、中央军委决定恢复和发展党委制,加强党支部建设,建立严格的请示报告制度,作为加强组织性、纪律性的一项重要举措。

1948年1月7日,毛泽东为中共中央起草的《关于建立报告制度》党内指示指出:(一)各中央局和分局,由书记负责(自己动手,不要秘书代劳),每两个月,向中央和中央主席作一次综合报告。报告内容包括该区军事、政治、土地改革、整党、经济、宣传和文化等各项活动的动态,活动中发生的问题和倾向,对于这些问题和倾向的解决方法。(二)各野战军首长和军区首长,除作战方针必须随时报告和请示,并且照过去规定,每月作一次战绩报告、损耗报告和实力报告外,从今年起,每两个月要作一次政策性的综合报告和请示。

指示严肃地指出了不作请示报告对革命事业的极端危害性,并对各中央局和分局、各大军区和野战军应当报告的内容及报告的时限作了具体规定,要求各野战军首长除作战方针必须随时报告和请示外,

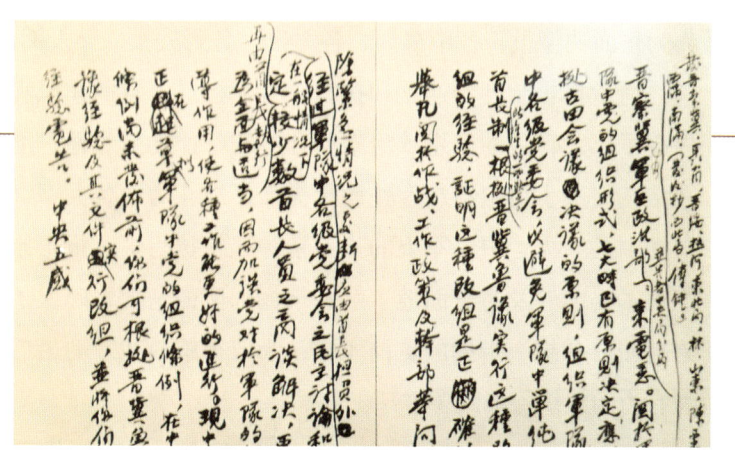

1947年2月27日发布的经毛泽东修改的中共中央《关于在军队中组织党委会的指示》

每两月要作一次综合报告和请示，并明确规定这种报告和请示均由书记负责（自己动手，不要秘书代劳）。

随后，《关于建立报告制度的补充指示》《关于各野战兵团、各后方军区严格执行请示报告制度的指示》《关于在全党全军中进行执行请示报告制度之检讨的指示》等文件陆续出台。

同年，中央政治局召开的九月会议正式通过中共中央《关于各中央局、分局、军区、军委分会及前委会向中央请示报告制度的决议》。该决议指出："凡属决定权完全属于中央的事项，中央已有决定指示者，各地必须严格遵守，正确执行。在执行中遇有困难及特殊情形，或有不同意见时，均可向中央说明理由，提出意见，等候中央批示，但不允许擅自修改。"

结合建立报告制度，中共中央、中央军委还大力整顿全军纪律，以更好地保证中央各项方针政策的贯彻执行。遵照中共中央、中央军委指示，全军各部队旅团以上党委均就严格执行请示报告制度开展反对无政府无纪律状态教育问题分别作出了决议。这时已千里跃进大别山，深入敌后，处在严峻斗争环境下的中原野战军主要领导人仍较好地坚持执行了请示报告制度。邓小平、刘伯承、陈毅、邓子恢等按照规定及时向中共中央、中央军委作的报告，经常被毛泽东和中共中央作为正面典型批转各中央局、各军区、各野战军领导人阅读。

请示报告制度的建立和执行，有力推进了党的作风和纪律建设，提高了广大官兵的思想政治素质和遵守纪律的自觉性，增进了部队的团结，促进了组织与制度建设，提高了战斗力。各大军区和各野战军根据中共中央、中央军委的指示精神严格执行请示报告制度，从而使中央军委能够及时全面地了解和掌握部队的情况，确保了党对军队的绝对领导和统一指挥的贯彻实施，为取得解放战争的最后胜利提供了强有力的组织保障。（方玮）

起草的《评西北大捷兼论解放军的新式整军运动》

毛泽东起草并修改的《评西北大捷兼论解放军的新式整军运动》

从1947年冬至1948年夏，人民解放军利用战争间隙，开展了以诉苦（诉旧社会和反动派所给予劳动人民之苦）和三查（查阶级、查工作、查斗志）为主要内容的整军运动。1948年3月，毛泽东起草并修改了《评西北大捷兼论解放军的新式整军运动》，他指出：人民解放军用诉苦和三查方法进行了新式整军运动，将使自己无敌于天下。现由中国人民解放军档案馆收藏。

为了解决党内不纯的问题，1947年12月，毛泽东在《目前形势和我们的任务》的报告里指出："全党同志必须明白，解决这个党内不纯的问题，整编党的队伍，使党能够和最广大的劳动群众完全站在一个方向，并领导他们前进，是解决土地问题和支援长期战争的一个决定性的环节。"

1948年1月30日,毛泽东为中央军委起草的关于《军队内部的民主运动》的指示,要求各部队有领导的放手发动群众,开展政治、经济、军事三大民主,进行三查三整,"达到政治上高度团结、生活上获得改善、军事上提高技术和战术的三大目的"。

遵照中共中央、中央军委的指示,结合本战略区的战争形势与部队实际情况,各野战军、各军区开展了新式整军运动。

诉苦教育是人民解放军多年来政治思想教育的一种有效方法。许多部队结合土改运动开展了多种形式的诉苦教育,以端正对土改运动的认识,加深对反帝、反封建、反官僚资本主义革命的理解,以及对国民党反动派本质的认识。诉苦着重诉封建统治、封建压迫、封建剥削之苦,从根本上提高广大指战员的阶级觉悟,提高革命的自觉性。

查阶级、查工作、查斗志和整顿思想、整顿作风、整顿组织,是新式整军运动的关键性阶段。查阶级,即查清每个官兵的家庭出身与本人成分。查工作,即根据单位和个人所承担的义务检查战斗、生产、业务的执行情况。查斗志,即克服惧怕敌人、惧怕困难的悲观情绪,

解放军某部召开诉苦大会

培养勇敢战斗、不怕牺牲、连续作战的战斗精神。

三查之后转入三整。整顿思想，即肃清封建地主阶级思想，克服雇佣思想，明确树立为土地而战，为打倒蒋介石、解放全中国而战的思想。整顿作风，即克服官僚主义、军阀主义、命令主义，提倡英勇顽强的战斗作风，深入实际密切联系群众的工作作风和艰苦朴素的生活作风。整顿组织，即把那些混入军队中的阶级异己分子及不可救药的兵痞流氓坚决清除出去。整顿党支部，建立士兵委员会等。总的方针依然是延安整风运动的方针，即"惩前毖后，治病救人"，以思想教育为主。

在三查三整基础上，人民解放军广泛开展了民主运动，使民主生活又有新的发展。毛泽东将这种民主概括为政治民主、经济民主、军事民主。

在新式整军运动开展以来，政治民主主要体现在发动群众评党员、评干部，即邀请非党战士向党支部和党员提意见，推荐新党员，审查候补党员转正，用民主方法检查领导，推荐干部，建议撤销不称职干部，等等。通过这些活动的开展，使官兵明确只有职务和分工的不同，没有人格高低贵贱之分，都是军队的主人，做到了官兵相互尊重。

新式整军开始后，人民解放军各部队的经济民主更加健全，各连队建立了由士兵选出的经济委员会组织，协助连队首长管理连队的给养和伙食。

各部队普遍实行军事民主，即在练兵中实行"官兵互教，兵兵互教"；作战时发动士兵群众讨论如何攻克敌阵，如何完成战斗任务；战后发动士兵群众评指挥、评战术、评技术、评纪律、评作风，总结战斗经验教训。

三大民主的发扬，从根本上调动了广大指战员的积极性、创造性，使人民解放军获得了一切剥削阶级军队无法获得的巨大战斗力。毛泽东说："这样就使部队万众一心，大家想办法，大家出力量，不怕牺牲，克服物质条件的困难，群威群胆，英勇杀敌。这样的军队，将是无敌于天下的。"（姜廷玉）

1948 年东渡黄河乘坐的木船

毛泽东 1948 年东渡黄河乘坐的木船

毛泽东乘船东渡黄河

  这是 20 世纪上半叶黄河河套地区常见的小木船。木船总长 5.82 米，高 0.6 米，最宽处 2.22 米，船体外形较为完整，但因年深日久、风吹雨淋，船体木料已有多处风化、破损。这艘小船虽然不起眼，但它在 1948 年 3 月承载着伟人毛泽东东渡黄河，走向华北，走到新中国。现由西安市荞麦园美术博物馆收藏。

  1947 年 3 月，国民党军胡宗南部 25 万兵力对陕北实施重点进攻，中共中央决定主动撤离延安，跳出外线，转战陕北，同时指挥全国战场。毛泽东运用"蘑菇"战术，与敌周旋，诱敌深入，把国民党军拖得筋疲力尽，同时运筹帷幄，连战连捷，把国民党军打得焦头烂额。到 1948 年 3 月，全国战场已经发生了根本性变化，大反攻即将开始，中共中央决定离开陕北，奔赴华北。

3月21日，毛泽东率领中共中央机关和人民解放军总部离开清涧县徐家沟，到达高家岭，次日到达佳县螅蜊峪，3月23日上午来到了转战陕北的最后一站——吴堡县岔上镇川口村。

当日下午1点左右，毛泽东在川口村的园则塔渡口坐上这艘小木船，开始东渡黄河。

陕西省文物鉴定委员会的专家通过走访、查阅相关档案资料确认，当时毛泽东东渡黄河的船工有薛德崇、薛海清、薛海玉、薛海江、薛国保等人。2021年，据98岁高龄的老船工薛德崇回忆：东渡黄河时，他和其他几位船工一起承担毛泽东所乘坐这艘船的渡河任务。随着老船工一声号子，小船解缆离岸。这时，毛泽东对警卫员叶子龙说："子龙，还是照张相，留个纪念吧！"于是，叶子龙以黄河西岸为背景，为毛泽东拍了好几张照片，留下了珍贵的影像资料。

当日，毛泽东渡过黄河，进入山西临县，到达碛口镇寨则山村住宿。在此逗留数日后，坐车前往晋察冀抗日根据地，4月13日到达晋察冀军区所在地河北阜平县城南庄，5月27日到达西柏坡。（高慧琳）

最早出版的《在晋绥干部会议上的讲话》单行本

毛泽东在晋绥干部会议上所阐述的土地改革的总路线、总政策

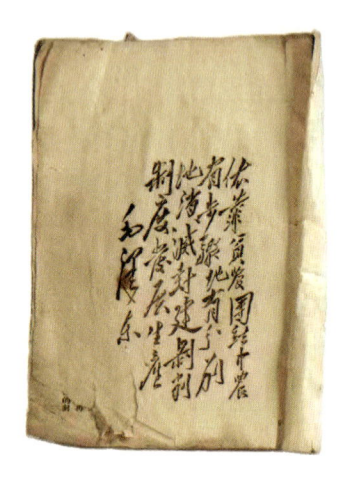

晋绥新华书店编印的毛泽东所著的《在晋绥干部会议上的讲话》单行本

这是毛泽东发表的《在晋绥干部会议上的讲话》最早出版的单行本,目前保存在山西兴县蔡家崖村晋绥边区革命纪念馆。在这篇讲话中,毛泽东完整地提出了新民主主义革命和土地改革的总路线、总政策,高度概括和科学总结了中国革命斗争的基本经验。

1948年3月23日,毛泽东和周恩来、任弼时率领中共中央前委结束了转战陕北的历程,从陕西吴堡县岔上镇川口村渡过黄河,在山西临县碛口镇上岸,第二天到达中央后委驻地临县三交镇双塔村,同留守的中央后委负责人杨尚昆商议分头行军的路线。3月26日,毛泽东一行来到了山西兴县蔡家崖村。这是毛泽东时隔12年之后,第二次来到山西。

蔡家崖是抗战以来晋绥边区行政公署、中共中央晋绥分局和晋绥军区司令部所在地，是晋绥解放区的政治中心。在这里，毛泽东和周恩来、任弼时不仅听取了晋绥军区司令员贺龙、中共中央晋绥分局书记李井泉等人关于晋绥解放区土改整党、生产支前等工作汇报，还召开了贫农团、土改工作团、地方干部等一系列代表座谈会，详细调查了解晋绥农村各阶级的比例、土地占有、土改工作团怎样发动群众等情况。

在全面掌握晋绥解放区情况的基础上，4月1日，毛泽东在贺龙主持的晋绥干部会议上作了重要讲话。在讲话中，毛泽东肯定了晋绥解放区土改和整党等工作中所取得的成绩，以及晋绥党组织对几个"左"的偏差的纠正。

毛泽东从党的路线政策和工作方法等方面剖析"左"的偏差，他指出："按照实际情况决定工作方针，这是一切共产党员所必须牢牢记住的最基本的工作方法。我们所犯的错误，研究其发生的原因，都是由于我们离开了当时当地的实际情况，主观地决定自己的工作方针。这一点，应当引为全体同志的教训。"

在"党和群众的关系的问题"上，毛泽东反对笼统地提出"群众要怎么办就怎么办"的口号，他认为："凡属人民群众的正确的意见，党必须依据情况，领导群众，加以实现；而对于人民群众中发生的不正确的意见，则必须教育群众，加以改正。"

对于在群众运动中产生的积极分子和工作干部，毛泽东给予热情赞颂并提醒："在土地改革和整党的伟大的群众斗争中，教育了和产生了成万的积极分子和工作干部。他们是联系群众的，他们是中华人民共和国的极可宝贵的财富。今后应当加强对于他们的教育，使他们在工作中不断地获得进步。同时，应当向他们提出警告，决不可以因为成功，因为受到奖励，而骄傲自满。"值得注意的是，毛泽东在这里首次使用了"中华人民共和国"的提法。由此看来，毛泽东在开国大典的前一年春天，就已经在思索中国革命道路的前景，思索着中华人民共和国的宏伟蓝图。

在讲话中，毛泽东从晋绥谈到全国形势，指出："全国的形势，是同志们所关心的……你们可以清楚地看见，我们所实行的具有伟大历史意义的整党、整军和土地改革工作，我们的敌人国民党是一样也不能实行的。在我们方面，是如此认真地纠正自己的缺点，把我们的全党全军团结得差不多像一个人一样，使全党全军和人民群众密切地结合起来，有效地执行着我党中央所规定的一切政策和策略，胜利地进行着人民的解放战争……全党同志必须紧紧地掌握党的总路线，这就是新民主主义革命的路线。"

由此，毛泽东完整阐述了党的新民主主义革命和土地改革的总路线、总政策："无产阶级领导的，人民大众的，反对帝国主义、封建主义和官僚资本主义的革命，这就是中国的新民主主义的革命，这就是中国共产党在当前历史阶段的总路线和总政策。依靠贫农，团结中农，有步骤地、有分别地消灭封建剥削制度，发展农业生产，这就是中国共产党在新民主主义的革命时期，在土地改革工作中的总路线和总政策。"

毛泽东对总路线、总政策的表述，比《新民主主义论》《论联合政府》《目前形势和我们的任务》等论著中的表述有了新的发展，如在此前的中央十二月会议上，毛泽东阐述的土地改革方针是"依靠贫农，巩固地联合中农，消灭地主阶级和旧式富农的封建的和半封建的剥削制度"。详加对比，我们从不同的措辞中可以体会到党对中农、富农、地主的政策的微妙变化，这是一个非常有意义的历史细节。

毛泽东在晋绥干部会议上的讲话，以及此前就纠正土改工作中发生的"左"倾错误所作出的一系列重要指示，极大地推动了山西乃至全国各解放区土改纠偏工作的进行。尤为重要的是，毛泽东以精确缜密的语言高度概括了党成立 27 年来领导人民开展革命运动的总路线、总政策，这意味着革命斗争新的高潮已经来临，夺取革命胜利的条件已经成熟，中国人民解放的伟大胜利正如一轮朝日，即将喷薄而出！（仲艳妮）

起草的关于济南战役指示的电报手稿

毛泽东为中央军委起草的关于济南战役指示的电报手稿

1948年9月，豫东战役和津浦路中段战役胜利后，出现了有利于人民解放军华东野战军内外线兵团集中作战的形势，国民党第二绥靖区所部10万多人在济南十分孤立。中央军委指示华东野战军集中全力发起济南战役，毛泽东为中央军委起草了关于济南战役指示的电报。现由中国人民解放军档案馆收藏。

关于济南战役的部署问题，毛泽东为中央军委起草的电报对战役的方针、部署作了具体指示，指出：此次战役的目的，主要是夺取济南，其次才是歼灭一部分援敌，但在手段上必须集中大部兵力于打援、阻援方向，力争歼灭援敌一部，才能取得攻城时间，实现上述的目的。毛泽东指出：攻城部署应分两阶段，第一阶段集中优势兵力攻占西面

在济南战役中荣立战功的"济南第一团"

飞机场;第二阶段则依战况发展,将主力使用于最利发展之方向,如果东面利于发展,则应使用于东面。全军指挥,由粟裕担负。

华东野战军遵照中央军委的指示,以参战总兵力的44%约14万人组成攻城集团,其部署是:以两广纵队、鲁中南纵队主力以及冀鲁豫军区武装一部、渤海军区武装等13个团攻歼济南外围的长清、齐河、泺口(今洛口)等地之敌,以第三、第十纵队及鲁中南纵队一部组成攻城西集团,以第九、渤海纵队组成攻城东集团,以第十三纵队为攻城预备队;以特纵炮一团(欠1个营)、炮三团(欠2个连)及各纵队炮兵团组成东、西两个炮兵群,支援攻城作战;置攻击重点于城西部,首先占领飞机场,断敌空运,尔后两个集团协力攻取城区。上述部队统一由山东兵团首长指挥。以参战总兵力的56%,即约18万人组成打援、阻援集团,其部署是:以第四、第八纵队及冀鲁豫军区独立第一、第三旅位于金乡、成武、巨野、嘉祥地区阻援;以第一、第六、第七纵队,中原野战军第十一纵队及苏北兵团第二、第十二纵队位于济宁、兖州、滕县地区打援。整个战役由粟裕指挥。

1948年9月16日晚，攻城集团从东、西两面向济南守军发起攻击，至20日扫清外围要点，并乘国民党军整编第九十六军军长吴化文率3个旅起义的有利时机，于22日占领商埠，23日攻占外城，当夜突破内城，经一天激战，24日全歼守敌。济南战役，华东野战军共歼灭国民党军10万余人（内2万人起义），并俘获第二绥靖区中将司令官王耀武。

　　济南城的攻克，严重地打击了国民党军据守大城市的信心，并使山东除青岛等少数据点外全境解放，从而为华东野战军下一步南下会同中原野战军进行淮海战役创造了极为有利的条件。

　　9月29日，中共中央发出济南解放的贺电。30日，新华社发表毛泽东审改的社论《庆祝济南解放的伟大胜利》，指出：济南这个敌人在山东最强大据点的攻克，使华东人民解放军获得了比以往任何时候更大的自由。任何一个国民党城市都无法抵御人民解放军的攻击了。（姜廷玉）

起草的《关于辽沈战役的作战方针》电报手稿

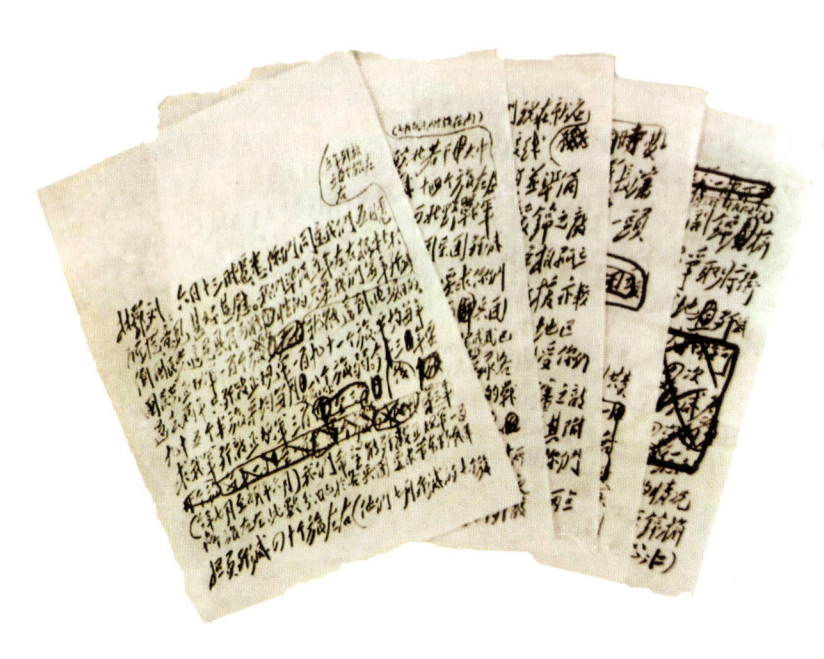

毛泽东为中央军委起草的《关于辽沈战役的作战方针》电报手稿

1948年9月7日，毛泽东为中央军委起草了给林彪、罗荣桓、刘亚楼的电报，明确地阐述了辽沈战役的作战方针。现由中国人民解放军档案馆收藏。

1948年，东北国民党军被人民解放军分割在长春、沈阳、锦州三块孤立的地区内，只能通过北宁线同关内联系。只要歼灭在东北的敌军，就能获得解放战争的战略总后方。

2月，毛泽东曾说过："对我军战略利益来说，是以封闭蒋军在东北加以各个歼灭为有利。"7月到9月初，毛泽东多次致电东北军事领导人林彪等人，提出攻打锦州的战略设想。但锦州被国民党军经营多年，相当坚固，林彪担心如果锦州久攻不下，我军会被沈阳、葫芦岛援敌夹攻，因而顾虑重重，再三提议先打长春。

9月7日，毛泽东为中央军委起草的给林彪、罗荣桓、刘亚楼的电报，明确阐述了辽沈战役的作战方针。电报希望他们"能在九十两月或再多一点时间内歼灭锦州至唐山一线之敌，并攻克锦州、榆关、唐山诸点"；并指出"为了歼灭这些敌人，你们现在就应该准备使用主力于该线，而置长春、沈阳两敌于不顾，并准备在打锦州时歼灭可能由长、沈援锦之敌"；要求东北野战军"（一）确立攻占锦、榆、唐三点并全部控制该线的决心。（二）确立打你们前所未有的大歼灭战的决心，即在卫立煌全军来援的时候敢于同他作战。（三）为适应上述两项决心，重新考虑作战计划并筹办全军军需（粮食、弹药、新兵等）和处理俘虏事宜"。

经过中央军委与东北野战军反复磋商，辽沈战役的作战方针终于确立。主要是：东北野战军主力南下，首先截断北宁线，封闭蒋军在东北，然后运用"攻锦打援"的手段，争取将卫立煌集团就地各个歼灭。

东北野战军某部向锦州国民党军发起进攻

战役的第一阶段是攻克锦州，解放长春。从9月12日开始，东北野战军按预定计划，首先在北宁线发起攻势，解放了兴城、义县，截断了敌军向华北的退路，继而又切断了锦州同锦西、葫芦岛的联系，完全把锦州敌军包围起来。自10月9日起，又在塔山地区阻击了从海上调来增援的敌军9个师。10月14日，东北野战军对锦州发起总攻，于15日胜利结束战斗，解放了北宁路上的战略要点——锦州，长春守敌一部分起义，其余投降。在战役第一阶段中，东北野战军歼灭国民党军20余万人，控制了锦州，完全截断了卫立煌集团向关内撤退的陆上通道，为全歼东北国民党军奠定了坚实基础。

辽沈战役第二阶段，是会战辽西，围歼廖耀湘兵团。东北野战军在攻占锦州后，就立即向东北方面回师，从黑山、大虎山地区南、北两面合围廖耀湘兵团。从10月26日起，经过两天一夜的激战，将廖耀湘兵团全部歼灭，俘虏敌兵团司令和军长以下10万余人。第二阶段对全歼东北国民党军，解放东北全境，具有决定性意义。

战役的第三阶段是解放沈阳，攻占营口。11月2日，沈阳、营口相继解放。至此，历时52天的辽沈战役胜利结束，共歼敌47万余人，东北全境宣告解放。

辽沈战役的胜利，使人民解放军在数量上超过了国民党军。战役中，人民解放军获得了进行大规模歼灭战的经验，为后来的决战提供了范例。此次战役是一场具有重大历史意义的战略性决战，它的胜利，使军事形势进入了一个新的转折点，也使东北成为人民解放军可靠的后方战略基地，为夺取全国解放战争胜利后恢复发展国民经济提供了有利的条件。（刘珂）

起草的《关于淮海战役的作战方针》电报手稿

毛泽东为中央军委起草的《关于淮海战役的作战方针》的电报手稿

1948年10月11日，毛泽东为中央军委起草了给华东野战军等的电报，提出的关于淮海战役部署的几点意见成为淮海战役的作战方针。现由中国人民解放军档案馆收藏。

淮海战役是解放战争中著名的三大战役之一。1948年9月24日，华东野战军攻克了济南，第二天毛泽东就指出："我们认为举行淮海战役，甚为必要。"

10月11日，毛泽东为中央军委起草了《关于淮海战役的作战方针》，为淮海战役确定了3个阶段的任务："第一阶段的重心，是集中兵力歼灭黄百韬兵团，完成中间突破""第二阶段，以大约五个纵队，攻歼海州、新浦、连云港、灌云地区之敌，并占领各城""第三阶段，可设想在两淮方面作战"。

11月6日，华东野战军、中原野战军联合发起淮海战役，华东野战军以6个纵队围攻郯城、峄县、临城、丰县、砀山之敌，中原野战军围歼商丘之敌。

战役开始后，战局发展非常顺利，徐州之敌出现总退却的动向。毛泽东当机立断，改变原先的战役构想，同意前线指挥员的建议，下达将国民党军主力歼灭于徐州附近的战役决心，从而把淮海战役发展成为人民解放军与国民党军的南线大决战。

鉴于战役规模越来越大，毛泽东决定组成淮海战役总前委，由刘伯承、陈毅、邓小平、粟裕、谭震林组成总前委，邓小平为总前委书记。

11月22日，淮海战役第一阶段结束。华东野战军全歼黄百韬兵团，解放了徐州东北与东部的广大地区。中原野战军攻占宿县，斩断徐州与蚌埠的联系，解放了徐州西部与南部的广大地区。敌人分别被包围在徐州、蚌埠、双堆集3个地区。

第一阶段战事结束后，位于双堆集地区的黄维兵团孤立且疲惫，比较容易攻打。前线指挥员建议先打黄维兵团，毛泽东及时修改计划，

淮海战役胜利结束，大批国民党军俘虏被押下战场

电示同意,并再次重申,情况紧急时机,一切由刘伯承、陈毅、邓小平临机处置,不要请示。

12月1日,徐州之敌邱清泉、李弥、孙元良3个兵团27万人弃城南逃,毛泽东电令我军兼程堵截,全歼了孙元良兵团,并重创了李弥兵团。从12月6日起,我军又对黄维兵团发起猛攻,到15日全歼黄维兵团,黄维被俘。

为防止华北敌军南逃,毛泽东于12月16日命令淮海包围杜聿明集团残军的各部队休息调整,不作军事进攻,只作政治攻势。杜聿明集团的30万大军被困在陈官庄,弹尽粮绝,无力回天。毛泽东为中原和华东野战军司令部起草了《敦促杜聿明等投降书》广播稿,在战场上反复向敌军播发。这一政治攻势,使敌军在20多天里有14000多人投诚。

1949年初,当华北敌军已完全被我军包围、无法南逃时,毛泽东于1月2日复电同意淮海我军对杜聿明集团发起总攻。1月6日15时30分,华东野战军向杜聿明集团发起猛攻,到10日下午全歼杜聿明集团,击毙邱清泉,生俘杜聿明。至此,历时66天的淮海战役胜利结束。

淮海战役的这场南线大决战,我军参战部队60万人,敌军出动兵力80万人,在毛泽东的总指挥下,共歼敌55万多人,创造了中外战争史上以少胜多的奇迹。淮海战役使蒋介石在南线战场上的精锐部队被消灭干净,基本上解放了长江以北的华东和中原广大地区,使国民党政府首都南京处于人民解放军的直接威胁之下。(刘珂)

起草的《关于平津战役的作战方针》电报手稿

毛泽东为中央军委起草的《关于平津战役的作战方针》电报手稿

1948年12月11日，毛泽东为中央军委起草了《关于平津战役作战方针》的电报。现由中国人民解放军档案馆收藏。

1948年11月，辽沈战役胜利结束。紧接着，中央军委又发起淮海战役，国共双方投入了在中原地区的全部精锐力量。这时，驻守华北平原的国民党军已成为一叶孤舟，风雨飘摇，前途未卜。

当时驻守华北的国民党军队主要是由华北"剿匪"总司令傅作义统帅的60多万人，龟缩在平绥、北宁两条铁路线的张家口、新保安、北平、天津、唐山一条线上。辽沈战役刚结束时，无论是蒋介石还是傅作义，都判断东北野战军还没有得到充分休整，短时间内不可能入关作战，所以对华北守军是守还是撤，举棋不定、犹豫不决。傅作义不断收缩兵力，先后放弃了承德、保定、山海关、秦皇岛等地，准备随时从海上南逃或西窜绥远。

为了在平津地区歼灭傅作义部主力，中央军委和毛泽东果断部署，立即发起平津战役。11月18日，毛泽东命令东北野战军主力立即结束休整，迅速入关，在华北军区主力协同下提前发起平津战役。

11月29日，平津战役首先从西线打响。当夜，华北第三兵团对柴沟堡等地发起攻击，迅速完成了对张家口、新保安的包围。12月11日上午9时，毛泽东起草了《关于平津战役的作战方针》的电报。电报指出："现在张家口、新保安两敌确已被围，大体上很难突围逃走。""我们的真正目的不是首先包围北平，而是首先包围天津、塘沽、芦台、唐山诸点。""从本日起的两星期内（十二月十一日至十二月二十五日）基本原则是围而不打（例如对张家口、新保安），有些则是隔而不围（即只作战略包围，隔断诸敌联系，而不作战役包围，例如对平、津、通州），以待部署完成之后各个歼敌。尤其不可将张家口、新保安、南口诸敌都打掉，这将迫使南口以东诸敌迅速决策狂跑。"

这封电报，体现出毛泽东的战略远见和战略耐心。在完成对平津的战略包围后，12月22日解放军先是攻占新保安，24日又解放张家口，

人民解放军攻城部队在天津金汤桥胜利会师

歼灭傅作义主力部队第三十五军，全歼从张家口突围的敌人7个师。

1949年1月14日，在天津守敌拒绝放下武器接受和平改编后，人民解放军又对天津发起总攻，全歼天津守敌13万人，17日又解放塘沽。这样，北平的20多万敌军已处在人民解放军百万大军的重重包围之中。当时，城内所有目标都在我军炮火的射程之内，战争一旦打响，这座有着3000多年历史的文化古都将会毁于一旦。

为了保护古城北平，使其免遭战火破坏，人民解放军表现出充分的诚意。毛泽东把军事打击与政治争取紧密结合起来，对傅作义进行了耐心的争取工作。毛泽东主导对傅作义的谈判工作，起草平津前线司令部致傅作义的公函，敦促他尽快接受和平解决北平问题的条件，对他提出的一些条件也予以同意，免除了他的后顾之忧。加上北平地下党通过傅作义女儿和身边亲信对他做工作，傅作义终于顺应人民意志，命令所属部队出城听候改编。1月31日，解放军进入北平，北平宣告和平解放。平津战役胜利结束。

平津战役是解放战争时期具有决定意义的三大战役中最后结束的，共歼灭和改编国民党军队52万余人，解放了北平、天津、张家口等大城市和华北大部分地区。至此，国民党的主要军事力量已基本被歼灭，全国解放已成定局。和平解放北平，为新中国留下了一个未经战火破坏的首都，为新中国定都北平创造了条件。（刘珂）

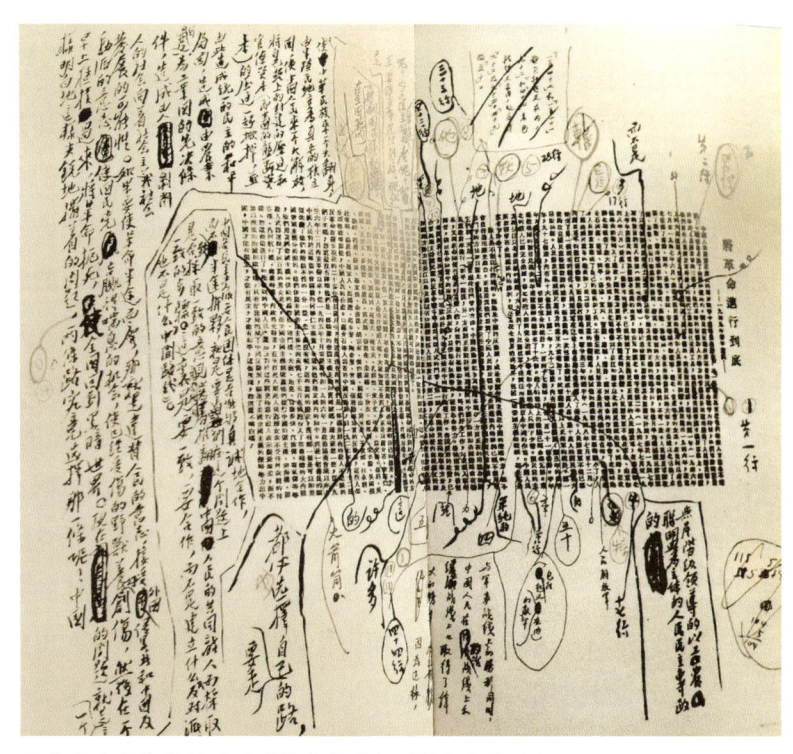

为新华社撰写的《将革命进行到底》新年献词

毛泽东为新华社撰写的《将革命进行到底》新年献词

1948年12月30日，毛泽东为新华社撰写的《将革命进行到底》新年献词，号召全党全军将革命进行到底。现由中央档案馆收藏。

辽沈、淮海、平津三大战役结束后，人民解放军只需再作若干次重大攻击就能夺取战争的全面胜利。军事、政治、经济上均陷于总崩溃的国民党反动派从1948年底起便发动新的和平攻势，以图达到保存残余力量，取得喘息时间，然后卷土重来扑灭革命力量的目的。美国政府也改变了对华政策，由单纯支持国民党的反革命战争转变为两种方式，一种是支持国民党残余军事力量及地方军阀继续抵抗人民解放军；另一种是网罗所谓"民主个人主义者"在革命阵营内部组织反对派，极力使革命就此止步，如果再要前进，则应带上温和的色彩，务必不要太多地侵犯其利益。国民党的和平攻势，美帝国主义分子的甜言蜜语，有极大的迷惑性。

中国革命处在一个转折的关头，是将解放战争进行到底还是半途而废，这是关系到中国人民命运和前途的一个必须明确回答的重大原则问题。具有丰富政治斗争、军事斗争经验的中国共产党识破了美蒋反动派的政治阴谋，号召全党、全军和全国各族人民将伟大的解放战争进行到底。

1948年12月30日，毛泽东用两天时间为新华社写了一篇题为《将革命进行到底》的新年献词，他毫不含糊地指出，必须"用革命的方法，坚决彻底干净全部地消灭一切反动势力，不动摇地坚持打倒帝国主义，打倒封建主义，打倒官僚资本主义，在全国范围内推翻国民党的反动统治，在全国范围内建立无产阶级领导的以工农联盟为主体的人民民主专政的共和国。这样，就可以使中华民族来一个大翻身，由半殖民地变为真正的独立国，使中国人民来一个大解放，将自己头上的封建的压迫和官僚资本（即中国的垄断资本）的压迫一起掀掉，并由此造成统一的民主的和平局面，造成由农业国变为工业国的先决条件，造成由人剥削人的社会向着社会主义社会发展的可能性。如果要使革命半途而废，那就是违背人民的意志，接受外国侵略者和中国反动派的意志，使国民党赢得养好创伤的机会，然后在一个早上猛扑过来，将革命扼死，使全国回到黑暗世界"。

毛泽东用了一个著名的譬喻来说明这个问题："这里用得着古代希腊的一段寓言：'一个农夫在冬天看见一条蛇冻僵着。他很可怜它，便拿来放在自己的胸口上。那蛇受了暖气就苏醒了，等到回复了它的天性，便把它的恩人咬了一口，使他受了致命的伤。农夫临死的时候说：我怜惜恶人，应该受这个恶报！'外国和中国的毒蛇们希望中国人民还像这个农夫一样地死去，希望中国共产党，中国的一切革命民主派，都像这个农夫一样地怀有对于毒蛇的好心肠。但是中国人民、中国共产党和中国真正的革命民主派，却听见了并且记住了这个劳动者的遗嘱。况且盘踞在大部分中国土地上的大蛇和小蛇，黑蛇和白蛇，露出毒牙的蛇和化成美女的蛇，虽然它们已经感觉到冬天的威胁，但是还没有冻僵呢！"

文章揭露中国反动派和美帝国主义用各种方法力图破坏革命势力，保存反动势力的阴谋，指出："已经有了充分经验的中国人民及其总参谋部中国共产党，一定会像粉碎敌人的军事进攻一样，粉碎敌人的政治阴谋，把伟大的人民解放战争进行到底。"（姜廷玉）

在党的七届二中全会上的报告修改稿

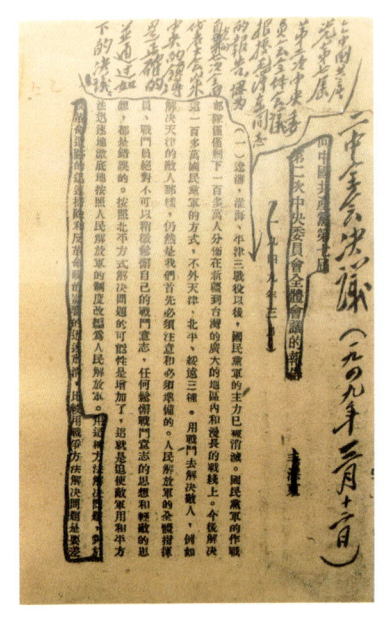

毛泽东《在中国共产党第七届中央委员会第二次全体会议上的报告》的修改稿（部分）

这是毛泽东《在中国共产党第七届中央委员会第二次全体会议上的报告》的修改稿，现由中央档案馆收藏。

1949年3月5日至13日，中共中央召开七届二中全会，毛泽东在会上作了《在中国共产党第七届中央委员会第二次全体会议上的报告》（以下简称《报告》）。《报告》提出促进革命迅速取得全国胜利和组织这个胜利的各项方针，指出在辽沈、淮海、平津三大战役以后，国民党军队的主力已被消灭，今后解决剩下的100多万国民党军队的方式，不外天津、北平、绥远三种。

《报告》说明在全国胜利的局面下，党的工作重心必须由乡村移到城市。城市工作必须以生产建设为中心。城市中其他的工作,都是围绕着生产建设这一个中心工作并为这个中心工作服务的。"如果我们在生产工作上无知,不能很快地学会生产工作,不能使生产事业尽可能迅速地恢复和发展,获得确实的成绩,首先使工人生活有所改善,并使一般人民的生活有所改善,那我们就不能维持政权,我们就会站不住脚,我们就会要失败。"

《报告》规定了党在全国胜利以后,在政治、经济、外交方面应当采取的基本政策,特别着重地分析了当时中国经济各种成分的状况和党所必须采取的正确政策,指出了中国由农业国转变为工业国、由新民主主义社会转变为社会主义社会的发展方向。《报告》估计了中国人民民主革命胜利以后的国内外阶级斗争的新形势,指出:中国革命在全国胜利,并且解决了土地问题以后,中国还存在着两种基本的矛

毛泽东在党的七届二中全会上作报告

盾。第一种是国内的，即工人阶级和资产阶级的矛盾。第二种是国外的，即中国和帝国主义国家的矛盾。

报告指出：我们很快就要在全国胜利了，"夺取这个胜利，已经是不要很久的时间和不要花费很大的气力了；巩固这个胜利，则是需要很久的时间和要花费很大的气力的事情"。表明夺取全国胜利，只是万里长征走完了第一步。

《报告》告诫人民解放军全体指战员，"绝对不可以稍微松懈自己的战斗意志，任何松懈战斗意志的思想和轻敌的思想，都是错误的"。人民解放军永远是一个战斗队，同时又是一个工作队，对于这一点不能有任何的误解和动摇，"随着战斗的逐步地减少，工作队的作用就增加了"。

《报告》指出：中国的革命是伟大的，但革命以后的路程更长，工作更伟大，更艰苦。这一点现在就必须向党内讲明白，务必使同志们继续地保持谦虚、谨慎、不骄、不躁的作风，务必使同志们继续地保持艰苦奋斗的作风……我们能够去掉不良作风，保持优良作风。我们能够学会我们原来不懂的东西。我们不但善于破坏一个旧世界，我们还将善于建设一个新世界。

会议还根据毛泽东的提议作出六条规定：一、不做寿；二、不送礼；三、少敬酒；四、少拍掌；五、不以人名作地名；六、不要把中国同志同马恩列斯平列。

在中国革命转折的历史关头召开党的七届二中全会，具有重大的历史意义。毛泽东在《报告》中提出的革命胜利后的蓝图和会议所作出的各项政策规定，不仅对迎接中国革命在全国的胜利，而且对新中国的建设事业，都具有巨大的指导作用。（姜廷玉）

起草的《向全国进军的命令》电报手稿

毛泽东起草的《向全国进军的命令》电报手稿

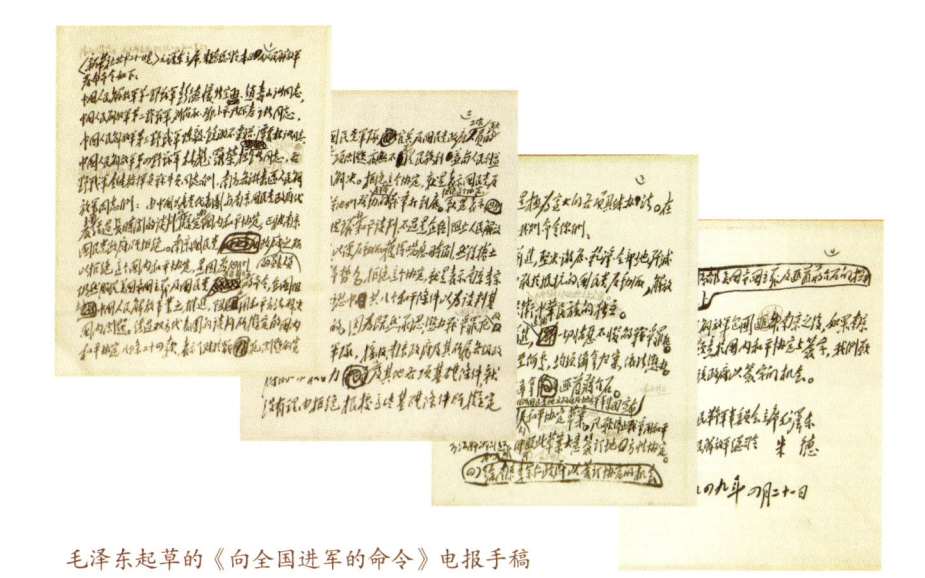

1949年4月21日，《向全国进军的命令》是在南京国民党政府拒绝签订《国内和平协定》的情况下，由毛泽东起草，与朱德联名向全军发布的。全体人民解放军即刻遵照毛泽东主席和朱德总司令的命令，以摧枯拉朽之势向一切尚未解放的广大区域举行了规模空前的全面大进军。现由中国人民解放军档案馆收藏。

经过辽沈、淮海、平津三大战役，以及人民解放军在战略决战阶段进行的其他战役，国民党军的精锐部队已基本消灭。截至1949年2月，国民党军损失兵力达495万人，虽经不断补充，但其总兵力仍由内战爆发时的430万人下降至204万余人，其中能用于作战的部队仅为146万人左右,且分布在从新疆到台湾的广大区域,已完全无法在战略上形成有效防御,从根本上动摇了国民党的反动统治。

随着国民党在军事上的接连失利,政治、经济方面也进一步恶化,国民党统治集团内部的矛盾日益激化,互相间的倾轧愈演愈烈,已成四分五裂之势,蒋介石所处的地位更加孤立和不稳。因此,整个国民党政府已处于风雨飘摇之中。

在中国人民解放战争即将取得全国胜利,国民党政府行将灭亡的形势下,蒋介石、李宗仁国民党统治集团在美国驻华大使司徒雷登的支持和策划下,发动了一场所谓的"和平"谈判,企图利用和平谈判的手段达到"划江而治",以便争取喘息的时间,将残余军队全部撤至长江以南,重整军力,组织长江防线,阻止人民解放军渡江,并伺机反扑。

针对国民党政府的虚伪和谈,中共中央和毛泽东洞察秋毫。但为了减少战争对人民的损害,早日实现和平,毛泽东提出愿意和南京国民党政府进行和平谈判,并于1949年1月14日发表了《关于时局的声明》,提出了与国民党政府进行和平谈判的八项条件,即"(一)惩办战争罪犯;(二)废除伪宪法;(三)废除伪法统;(四)依据民主原则改编一切反动军队;(五)没收官僚资本;(六)改革土地制度;(七)废除卖国条约;(八)召开没有反动分子参加的政治协商会议,成立民主联合政府,接收南京国民党反动政府及其所属各级政府的一切权力"。中国共产党认为,上述各项条件反映了全国人民的公意,只有在上述各项条件之下所建立的和平才是真正的民主的和平。

3月25日,毛泽东率领中共中央从西柏坡正式移驻北平,处理的第一件事就是同国民党政府的和平谈判。3月26日,中共中央即通知南京政府和平谈判开始时间为4月1日,谈判地点为北平,中共方面的首席代表为周恩来,以1月14日毛泽东发表的《关于时局的声明》以及所提八项条件为双方谈判的基础。

4月1日,以张治中为首席代表的南京国民党政府谈判代表团到达北平。从4月2日至12日，双方代表进行个别交换意见与磋商，同时酝酿协定的方案。其间，毛泽东在香山双清别墅分别接见了张治中等代表团成员，并进行了十分坦诚的意见交流。毛泽东说："人民的要求，我们最了解。我们共产党是主张和平的，否则也不会请你们来。我们是不愿意打仗的，发动内战的是以蒋介石为头子的国民党反动派嘛！只要李宗仁诚心和谈，我们是欢迎的。"

为了促成和谈成功，毛泽东还作了许多相应部署。从4月2日至11日，毛泽东分别致电邓小平、刘伯承、陈毅、粟裕等人，告诉他们：（一）我们认为可不攻安庆，让安庆守军向武汉撤退；（二）依据谈判情况，决定我军推迟一星期渡江，即由15日渡江推迟到22日渡江；（三）目前数日内（11日至16日）请令各部不要发生任何战斗（尤其是芜湖、镇江对岸）。

国共双方和谈代表团经过半个月的协商后，4月15日，中共代表团在尽可能地采纳南京政府代表团提出的意见后，最终形成了包含8条24款的《国内和平协定（最后修正案）》（以下简称《协定》），并宣布20日为《协定》最后签字日。

张治中回忆道："这次会议以后，代表团一致的意见，认为尽管条件过高些，如果能了然于'败战求和''天下为公'的道理，不囿于一派一系的私利，以国家元气、人民生命财产为重，那么就只有毅然接受。"他决定将《协定》带回南京，劝国民党政府接受。

毛泽东历来主张遇事要做好应付各种可能的准备。4月16日，毛泽东再次致电前线指挥员：南京是否同意签字，将取决于美国政府及蒋介石的态度。如果他们愿意，则可能于卯哿（4月20日）签字，否则谈判将破裂。他还叮嘱道：你们的立脚点应放在谈判破裂用战斗方法渡江上面，并保证于22日（卯养）一举渡江成功。

4月21日，毛泽东在南京国民党政府断然拒绝在《协定》上签字的情况下，立即起草了《向全国进军的命令》，并以中国人民革命军事委员会主席名义与中国人民解放军总司令朱德联名向全军发出。命令指出："由中国共产党的代表团和南京国民党政府的代表团经过长时间的谈判所拟定的国内和平协定，已被南京国民党政府所拒绝。南京国民党政府的负责人员之所以拒绝这个国内和平协定，是因为他们仍然服从美国帝国主义和国民党匪首蒋介石的命令，企图阻止中国人民解放事业的推进，阻止用和平方法解决国内问题。"并命令人民解放军"奋勇前进，坚决、彻底、干净、全部地歼灭中国境内一切敢于抵抗的国民党反动派，解放全国人民，保卫中国领土主权的独立和完整"。

毛泽东起草的《向全国进军的命令》，成为人民解放军向江南广大地区和西北奋勇进军，彻底粉碎美国政府和国民党政府企图"划江而治"阻止中国革命前进梦想的伟大号令。（缪炳法）

为新华社起草的渡江战役新闻稿手稿

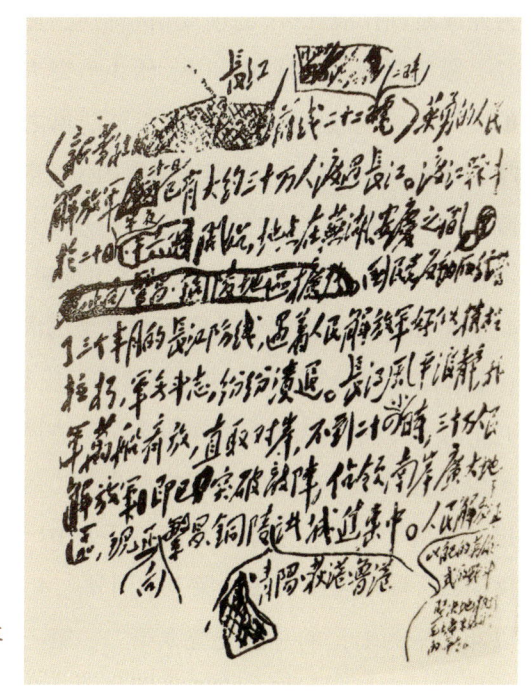

毛泽东为新华社起草的渡江战役新闻稿手稿

这是毛泽东为新华社起草的关于人民解放军渡江战役的新闻稿手稿，现由中国人民解放军档案馆收藏。

为了将革命进行到底，中共中央、中央军委决定在与南京国民党政府进行和平谈判的同时加紧渡江作战的准备，决定以第二、第三野战军100万兵力在第四野战军先遣兵团12万兵力的策应下准备渡江，歼灭汤恩伯集团，夺取国民党政治、经济中心——京沪杭地区。由刘伯承、陈毅、邓小平、粟裕、谭震林在淮海战役期间组成的总前委统一领导渡江作战。

长江，是中国第一大河，自古被喻为天堑。渡江作战，是人民解放军面临的一个新课题。在既无海军、空军，缺少航渡工具，广大指战员又不习水性，缺乏渡江作战经验的条件下，要突破国民党军由海、陆、空军组成的长江防线，困难很多。

为完成渡江作战任务，总前委精心制定了《京沪杭战役实施纲要》，将第二、第三野战军组成东、中、西3个突击集团，采取宽正面、有重点的多路突击的战法，首先歼灭沿江防御之敌，然后向南发展，夺取南京、上海、杭州等城市，彻底摧毁国民党统治的政治、经济中心。参加渡江作战的各部队于1949年3月初至4月初先后进抵长江北岸，从政治思想、战术技术、物资保障等各方面进行了充分的准备。

4月20日，南京国民党政府拒绝在《国内和平协定》上签字，蒋介石、李宗仁发表联合声明，决心继续进行反革命战争，作垂死挣扎。

4月21日，中国人民革命军事委员会主席毛泽东和中国人民解放军总司令朱德发布《向全国进军的命令》，命令中国人民解放军"奋勇前进，坚决、彻底、干净、全部地歼灭中国境内一切敢于抵抗的国民党反动派，解放全国人民，保卫中国领土主权的独立和完整"。

以邓小平为书记的总前委统率第二、第三野战军的百万大军发起京沪杭战役，在西起湖口、东至江阴的500公里的战线上，以木帆船

毛泽东在北京香山看人民解放军解放南京的报道

为主要航渡工具，在强大的炮兵、工兵支援下横渡长江，一举突破国民党军苦心经营的长江防线。

4月22日，国民党军仓皇实施总退却，一部向浙赣路退却，一部向杭州方向退却，一部向上海退却，企图在浙赣路和上海地区组织新的防御。胜利渡江的人民解放军展开追歼，于23日晚占领国民党反动统治的中心——南京。

4月22日，毛泽东为新华社撰写的渡江战役新闻稿指出：英勇的人民解放军21日已有大约30万人渡过长江……国民党反动派经营了3个半月的长江防线，遇着人民解放军好似摧枯拉朽，军无斗志，纷纷溃退。长江风平浪静，我军万船齐放，直取对岸，不到24小时，30万人民解放军即已突破敌阵，占领南岸广大地区，现正向繁昌、铜陵、青阳、荻港、鲁港诸城进击中。

南京的解放，宣告了国民党反动统治的灭亡。中、东两突击集团主力迅速在皖南郎溪、广德地区包围歼灭南京、镇江逃敌，并解放杭州，逼近上海。西突击集团分多路向浙赣路齐头并进，截歼逃敌，截断浙赣线，并解放九江、南昌，割断了国民党白崇禧、汤恩伯两集团的联系。

退守上海及其周围地区的汤恩伯集团20万人在蒋介石的亲自部署下，企图凭借上海大城市的物资和坚固工事继续抵抗，并准备破坏该市，挑起国际事件，促使帝国主义武装干涉。第三野战军第九、第十兵团于5月12日发起上海战役，两兵团取钳形攻势，从浦东、浦西两翼迂回，以吴淞口为目标实施向心突击，5月27日解放上海，6月2日解放崇明岛。至此，京沪杭战役结束。

5月14日，第四野战军先遣兵团在武汉以东团风至武穴间的百余公里地段上横渡长江，17日解放武汉三镇。

渡江战役中，人民解放军以伤亡6万余人的代价歼灭国民党军43万余人，解放南京、上海、杭州、武汉等重要城市和苏南、皖南、浙江广大地区，以及江西、湖北、福建三省的部分地区，为向长江以南各省进军奠定了胜利的基础。（姜廷玉）

起草的《向全国进军的部署》电报手稿

毛泽东为中央军委起草的《向全国进军的部署》电报手稿

这是毛泽东为中央军委起草的关于人民解放军《向全国进军的部署》电报手稿,现由中国人民解放军档案馆收藏。

渡江战役结束后,1949年5月23日,毛泽东为中央军委起草《向全国进军的部署》,对人民解放军各野战军向全国进军作出部署:

第一野战军向西北进军,年底前解放兰州、宁夏、青海等地,然后分兵两路,一路由彭德怀率领,解放并经营陕、甘、宁、青、新五省;一路由贺龙率领,协同第二野战军解放川、黔、康西南三省。

第二野战军协同第三野战军解放长江下游地区后，集结于浙赣铁路沿线，准备应对美国的军事干涉。待此种干涉可能减少后，第二野战军则转向西南进军，在第一野战军贺龙部配合下解放川、黔、康三省（7月16日，中央军委又确定第二野战军的任务是解放并经营川、黔、滇、康四省）。

第三野战军以主力一部向闽、浙进军，并准备提早入闽，争取六、七两月内占领福州、泉州、漳州及其他要点，相机夺取厦门，解放并经营鲁、苏、皖、浙、闽五省。

第四野战军向中南进军，解放并经营豫、鄂、湘、赣、粤、桂六省。

各野战军遵照中央军委的统一部署，迅速展开了向全国各地的大进军。

第一野战军经过10个月的行军作战，解放陕、甘、宁、青、新五省，歼灭和改编国民党军30余万人，提前完成了解放大西北的历史任务，这对于实现民族团结、巩固国防具有重大意义。

第二野战军在第一、第四野战军各一部的配合下，在进军西南的作战中歼灭盘踞在云、贵、川三省的国民党军90余万人，粉碎了蒋介石妄图以西南为反革命基地待机反攻的迷梦，把国民党反动统治势力最后逐出中国大陆。

第三野战军向华东南进军，共歼灭国民党军近10万人，使华东全境除台湾、金门、马祖等部分岛屿外都获得解放。

第四野战军自1949年6月向中南进军以来，历时11个月，在第二野战军第四兵团的配合和华南各游击纵队的有力策应下，先后进行6次较大规模的战役，歼灭中南境内白崇禧集团和余汉谋部等共43万人，使中南大陆和两广沿海岛屿除西沙、中沙、南沙群岛外均获解放。

人民解放军在中共中央、中央军委和毛泽东的英明领导与全国人民的支持下，经过艰苦作战，在4年多解放战争中共歼灭国民党军807万人，解放除台湾、澎湖、金门、马祖、西沙、南沙等岛屿以外的广大国土。人民解放军总兵力发展到550万人。（姜廷玉）

1949年版的《论人民民主专政》

1949年出版的毛泽东著作——《论人民民主专政》

这是一本1949年出版的毛泽东著作——《论人民民主专政》，32开本，左侧翻阅。该书封面正中央印有竖版红色"论人民民主专政"书名，书名右侧上部印有毛泽东像，右下侧印有红色"毛泽东"3个字。现由中央档案馆收藏。

1949年3月，中共中央在西柏坡召开了七届二中全会，毛泽东在会上作了重要报告，专门解释了人民民主专政。

党的七届二中全会结束后，中共中央由西柏坡迁入北平，中国新民主主义革命取得了决定性的胜利，全国性政权即将建立，此时中央已经明确要在全国范围内建立无产阶级领导的以工农联盟为基础的人民民主专政的共和国。

然而，民族资产阶级代表人物仍然幻想走资产阶级共和国的道路，国内外阶级敌人则诬蔑即将建立的中华人民共和国是"极权政府"，攻击共产党实行"独裁"。在这样的背景下，6月30日，毛泽东为纪念中国共产党成立28周年写下了这篇题为《论人民民主专政》的文章。

毛泽东在这篇文章中，根据马克思主义国家学说，又结合中国具体实际情况，论述了即将成立的中华人民共和国的国家性质，各阶级在国家中的地位及其相互关系，国家对内、对外政策等内容，驳斥敌人的诬蔑，批评各种错误思想。文章从五个方面分别进行阐述：

（一）深刻地总结了近百年中国人民革命斗争正反两个方面的历史经验，指出新中国的国家性质只能是工人阶级（经过共产党）领导的以工农联盟为基础的人民民主专政的人民共和国，而不能是资产阶级专政的人民共和国。这个人民共和国的前途，必将是社会主义和共产主义。

（二）科学地分析了各个阶级在人民民主专政的政权中的地位及其相互关系，指出工人阶级是人民共和国的领导力量；工人阶级、农民阶级和城市小资产阶级的联盟，而主要是工人和农民的联盟是人民民主专政的基础；民族资产阶级也是人民民主专政的参加者，它在现阶段有很大重要性。

（三）论证了民主与专政的辩证关系，强调加强人民民主专政的重要性。指出对人民内部的民主方面和对反动派的专政方面，互相结合起来，就是人民民主专政。

（四）提出要依靠人民民主专政的力量，恢复和发展生产，担负起经济建设任务。为了挑起组织经济建设的重担，文章特别强调了学习经济工作的重大意义。

（五）制定了要在平等、互利和互相尊重领土主权的基础之上和一切国家建立外交关系，反对帝国主义侵略和扩张的外交政策。

《论人民民主专政》阐明了关于人民民主专政的理论，奠定了中国人民民主专政国家政权的理论基础和一定发展阶段上的政策基础，丰富了马克思主义国家学说，为即将成立的新中国做了政治理论准备，对于中华人民共和国的建立和《中华人民共和国宪法》的制定都具有重要的指导意义。（高星）

在中国人民政治协商会议上致的开幕词

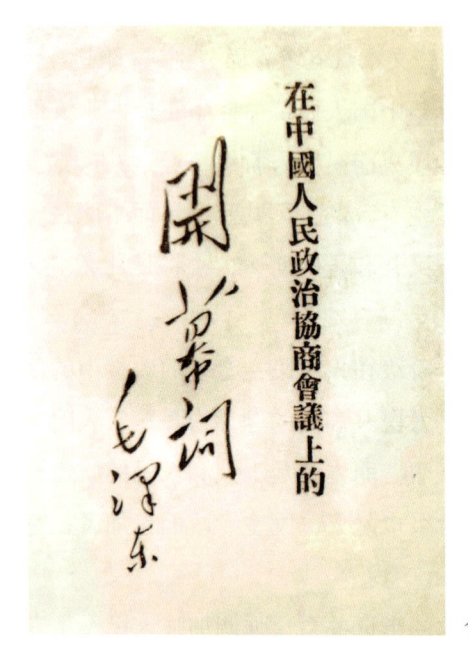

毛泽东在中国人民政治协商会议上致的开幕词文件

1949年9月21日，毛泽东等人来到中南海怀仁堂，出席中国人民政治协商会议第一届全体会议。在欢快的《中国人民解放军进行曲》和会场外鸣放的54响礼炮声中，大会隆重开幕，由毛泽东致开幕词。现由中央档案馆收藏。

毛泽东在开幕词中说：我们的会议代表着全中国所有的民主党派，人民团体，人民解放军，各地区，各民族和国外华侨。

"我们的会议之所以称为政治协商会议，是因为三年以前我们曾和蒋介石国民党一道开过一次政治协商会议。那次会议的结果是被蒋介石国民党及其帮凶们破坏了，但是已在人民中留下了不可磨灭的印象。"

"现在的中国人民政治协商会议是在完全新的基础之上召开的，它具有代表全国人民的性质，它获得全国人民的信任和拥护。因此，中国人民政治协商会议宣布自己执行全国人民代表大会的职权。中国人民政治协商会议在自己的议程中将要制定中国人民政治协商会议的组织法，制定中华人民共和国中央人民政府的组织法，制定中国人民政治协商会议的共同纲领，选举中国人民政治协商会议的全国委员会，选举中华人民共和国中央人民政府委员会，制定中华人民共和国的国旗和国徽，决定中华人民共和国国都的所在地以及采取和世界大多数国家一样的年号。"

"诸位代表先生们，我们有一个共同的感觉，这就是我们的工作将写在人类的历史上，它将表明：占人类总数四分之一的中国人从此站立起来了。"

"我们的民族将从此列入爱好和平自由的世界各民族的大家庭，以勇敢而勤劳的姿态工作着，创造自己的文明和幸福，同时也促进世界的和平和自由。我们的民族将再也不是一个被人侮辱的民族了，我们已经站起来了。我们的革命已经获得全世界广大人民的同情和欢呼，

毛泽东在中国人民政治协商会议上致开幕词

我们的朋友遍于全世界。"

"随着经济建设的高潮的到来，不可避免地将要出现一个文化建设的高潮。中国人被人认为不文明的时代已经过去了，我们将以一个具有高度文化的民族出现于世界。"

"让那些内外反动派在我们面前发抖罢，让他们去说我们这也不行那也不行罢，中国人民的不屈不挠的努力必将稳步地达到自己的目的。"

毛泽东这些话，说出了中国人民此时此刻的共同心声。他所说的"中国人从此站立起来了"，让许多人热泪盈眶。代表们不时报以热烈的掌声。

会议发表了由毛泽东起草的《中国人民政治协商会议第一届全体会议宣言》，指出："中华人民共和国现已宣告成立，中国人民业已有了自己的中央政府。这个政府将遵照共同纲领在全中国境内实施人民民主专政。它将指挥人民解放军将革命战争进行到底，消灭残余敌军，解放全国领土，完成统一中国的伟大事业。它将领导全国人民克服一切困难，进行大规模的经济建设和文化建设，扫除旧中国所留下来的贫困和愚昧，逐步地改善人民的物质生活和提高人民的文化生活。""中国的历史，从此开辟了一个新的时代。"（姜廷玉）

为人民英雄纪念碑书写的"人民英雄永垂不朽"题词

毛泽东为人民英雄纪念碑书写的"人民英雄永垂不朽"题词

这是毛泽东为天安门广场人民英雄纪念碑书写的"人民英雄永垂不朽"题词，现由中央档案馆收藏。

1949年9月30日，新中国成立前夕，当天闭幕的中国人民政治协商会议第一届全体会议通过了一个历史性的决定：为纪念在人民解放战争和人民革命中牺牲的人民英雄，决定修建"为国牺牲的人民英雄纪念碑"。

周恩来提议将纪念碑建在天安门广场，因为天安门广场承载着五四运动以来的革命传统，是全国各族人民敬仰和向往的地方。周恩

毛泽东宣读人民英雄纪念碑碑文

来的提议获得代表们的一致赞同和一致通过。会议还通过了毛泽东撰写的纪念碑碑文。

当天下午，中国人民政治协商会议第一届全体会议闭幕后，全体代表乘车来到天安门广场，举行人民英雄纪念碑奠基典礼。下午6时，奠基典礼开始，周恩来代表主席团致辞："我们中国人民政治协商会议第一届全体会议为号召人民纪念死者，鼓舞生者，特决定在中华人民共和国首都北京建立一个为国牺牲的人民英雄纪念碑。现在，一九四九年九月三十日，我们全体代表在天安门外举行这个纪念碑的奠基典礼。"

周恩来致辞后，全体代表脱帽静默致哀，气氛悲壮而肃穆。默哀毕，毛泽东宣读了他亲笔撰写的碑文：

三年以来，在人民解放战争和人民革命中牺牲的人民英雄们永垂不朽！

三十年以来，在人民解放战争和人民革命中牺牲的人民英雄们永垂不朽！

  由此上溯到一千八百四十年，从那时起，为了反对内外敌人，争取民族独立和人民自由幸福，在历次斗争中牺牲的人民英雄们永垂不朽！

  毛泽东宣读碑文后，亲手执锹挖下了第一锹土，接着全体代表挥锹铲土，至此，人民英雄纪念碑正式奠基。

  1952年8月1日，人民英雄纪念碑正式动工，历时近6年，于1958年4月22日建成。该碑高达37.94米，共用1.7万块花岗石和汉白玉建成，花岗石材采自青岛浮山，汉白玉则来自北京房山。纪念碑的正面是毛泽东题写的"人民英雄永垂不朽"8个鎏金大字，背面是毛泽东起草、周恩来题写的碑文。这些宝贵的题词手迹，被收藏在中央档案馆内。

  毛泽东对为人民英雄纪念碑题词的工作格外重视，先后写了两版"人民英雄永垂不朽"，并叮嘱工作人员：多请专家们提意见，问问哪一幅可以用，也可以从中选取单个字重新编排。如果认为写得不好，还可以重写。现在纪念碑上的8个大字，就是征求专家们的意见，从两幅当中抽取个别字重新编排的。

  "人民英雄永垂不朽"，反映了党、国家和人民对革命先烈的纪念和缅怀，以示继承革命先烈遗志，不忘初心、牢记使命，为中华民族伟大复兴而不懈奋斗的决心和意志。"人民英雄永垂不朽"，不仅镌刻在人民英雄纪念碑上，也永远铭记在人民心中。（刘珂）

# 1949—1976

社会主义革命和建设时期

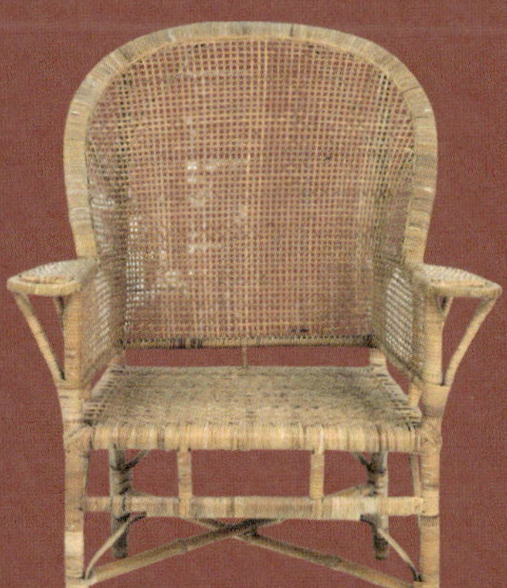

在开国大典上升起的第一面国旗

毛泽东在开国大典上升起的
第一面国旗

新中国第一面国旗升起

  这是当年毛泽东在开国大典上升起的第一面国旗，现藏于中国国家博物馆。它见证了新中国的诞生，记录着开国大典上每一个激动人心的伟大瞬间，永远为中华儿女们所景仰！

  1949年6月，新政治协商会议筹备会议决定，10月1日在北平举行开国大典。6月15日，新政治协商会议筹备会在北平正式成立，制定新中国的国旗这项重要任务由筹备会的第六小组负责，该小组成员共16人，分别是马叙伦、叶剑英、张澜、郭沫若、陈嘉庚、马寅初、蔡畅、李立三、张奚若、廖承志、田汉、郑振铎、欧阳予倩、翦伯赞、钱三强、沈雁冰。之后，第六小组决定设立国旗、国徽图案评选委员会和国歌词谱评选委员会。评选工作除由小组成员参加外，还聘请了徐悲鸿、梁思成、艾青等专家参加。

《人民日报》《解放日报》《新华日报》等报刊刊登了筹备会征求国旗图案的通知。此消息迅速向国内外传开，引发热烈反响。

9月21日，中国人民政治协商会议第一届全体会议在中南海举行，毛泽东庄严宣布："占人类总数四分之一的中国人从此站立起来了。"9月27日，大会讨论《国旗、国都、纪年、国歌决议草案》，并逐项进行表决。

会议期间，国旗、国徽图案评选委员会从收到的3012幅图案中选取38幅印发全体代表讨论。曾联松设计的"红地五星旗"方案从中脱颖而出，图案为"五星布成椭圆形，大星导引于前，小星环绕于后，恰似众星拱北斗的五星红旗"。毛泽东充分肯定了该方案，指出"这个图案表现我们革命人民大团结。现在要大团结，将来也要大团结。现在也好，将来也好，又是团结又是革命"。为避免与苏联国旗相似，经小组讨论再三斟酌后，删去大五角星里的镰刀锤子图案，形成修订后的"复字32号"方案。

9月27日，中国人民政治协商会议第一届全体会议代表一致通过：北平为中华人民共和国首都，改名为北京；采用公元纪年；以《义勇军进行曲》为代国歌；以五星红旗为中华人民共和国国旗。

9月28日，《国旗制法说明》公布，规定中华人民共和国国旗旗面为红色，长方形，其长与高为三与二之比，旗面左上方缀黄色五角星五颗。一星较大，其外接圆直径为旗高十分之三，居左；四星较小，其外接圆直径为旗高十分之一，环拱于大星之右。旗杆套为白色。此外，还规定了国旗的5种特有尺度，供各界选取使用。

10月1日，开国大典在北京隆重举行。30万军民汇聚在天安门广场，热切地盼望着，等待着庄严时刻的到来。

　　第一次登上天安门的毛泽东，左前胸佩戴着红色的锦带，上面写有"主席"两个烫金大字。他神情庄重地走到天安门的正中央，立正站好，双目炯炯地看着广场上欢乐的人群。

　　15时，林伯渠秘书长高声宣布："中华人民共和国开国典礼现在开始！"毛泽东迈着稳健的步子，走到麦克风前，环视了一下人群，在雄壮的《义勇军进行曲》演奏声中，用浓重的湖南口音，庄严地向全世界宣告：

　　"中华人民共和国中央人民政府今天成立了！"

　　刹那间，这声音响彻云霄，震动了全世界。

　　当林伯渠宣布"请毛主席升国旗"时，毛泽东用力按动电钮，伴

毛泽东按动升国旗的电钮

军乐团奏响《义勇军进行曲》

284

随着昂扬的《义勇军进行曲》，人民英雄纪念碑奠基地点前高高矗立的旗杆上新中国第一面五星红旗冉冉升起，54门礼炮齐放28响，震天撼地。这54门礼炮象征着参加中国人民政治协商会议第一届全体会议的代表中的54个民族，28响标志着中国共产党领导人民英勇奋斗的28个春秋。在场的所有人肃立致敬，注视着中华人民共和国庄严而美丽的五星红旗徐徐升起。

这时，《东方红》乐曲波澜壮阔地在广场上响起，刚刚经过战火硝烟洗礼的解放军指战员以高昂的斗志、饱满的热情向全世界展示了新中国人民军队的威武雄姿，向高高飘扬的五星红旗敬礼致意。

（方玮）

在开国大典上宣读的《中华人民共和国中央人民政府公告》

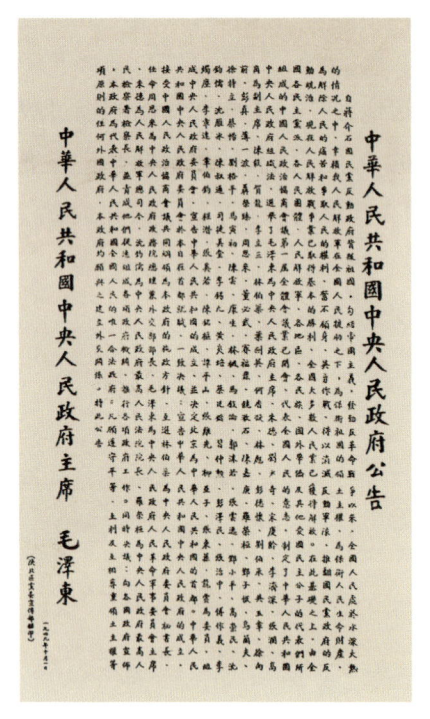

《中华人民共和国中央人民政府公告》

毛泽东在开国大典上按动电钮升国旗后，用响亮的声音宣读了《中华人民共和国中央人民政府公告》。现由中央档案馆收藏。

"自蒋介石国民党反动政府背叛祖国，勾结帝国主义，发动反革命战争以来，全国人民处于水深火热的情况之中。幸赖我人民解放军在全国人民援助之下，为保卫祖国的领土主权，为保卫人民的生命财产，为解除人民的痛苦和争取人民的权利，奋不顾身，英勇作战，得以消灭反动军队，推翻国民政府的反动统治。现在人民解放战争业已取得基本的胜利，全国大多数人民业已获得解放。在此基础之上，由全国各民主党派、各人民团体、人民解放军、各地区、各民族、国外华侨及其他爱国民主分子的代表们所组成的中国人民政治协商会议第一届全体会议业已集会，代表全国人民的意志，制定了中华人民共和国中央人民政府组织法，选举了毛泽东为中央人民政府主席，朱德、刘少奇、宋庆龄、李济深、张澜、高岗为副主席，陈毅、贺龙、李立三、林伯渠、叶剑英、何香凝、林彪、彭德怀、刘伯承、吴玉章、徐向前、彭真、薄一波、聂荣臻、周恩来、董必武、赛福鼎、饶漱石、陈嘉庚、罗荣桓、邓子恢、乌兰夫、徐特立、蔡畅、刘格平、马寅初、陈云、康生、林枫、马叙伦、郭沫若、张云逸、邓小平、高崇民、沈钧儒、沈雁冰、陈叔通、司徒美堂、李锡九、黄炎培、蔡廷锴、习仲勋、彭泽民、张治中、傅作义、李烛尘、李章达、章伯钧、程潜、张奚若、陈铭枢、谭平山、张难先、柳亚子、张东荪、龙云为委员，组成中央人民政府委员会，宣告中华人民共和国的成立，并决定北京为中华人民共和国的首都。中华人民共和国中央人民政府委员会于本日在首都就职，一致决议：宣告中华人民共和国中央人民政府的成立，接受中国人民政治协商会

毛泽东在开国大典上宣读《中华人民共和国中央人民政府公告》

议共同纲领为本政府的施政方针，互选林伯渠为中央人民政府委员会秘书长，任命周恩来为中央人民政府政务院总理兼外交部部长，毛泽东为中央人民政府人民革命军事委员会主席，朱德为人民解放军总司令，沈钧儒为中央人民政府最高人民法院院长，罗荣桓为中央人民政府最高人民检察署检察长，并责成他们从速组成各项政府机关，推行各项政府工作。同时决议：向各国政府宣布，本政府为代表中华人民共和国全国人民的唯一合法政府。凡愿遵守平等、互利及互相尊重领土主权等项原则的任何外国政府，本政府均愿与之建立外交关系。特此公告。"

这是中国人民盼望已久的宣言，这是从旧时代向新时代迈进的宣言，这是震撼世界的宣言，它宣告经历了无数次深重灾难的中华民族与中国人民从此告别了屈辱的历史，拥有了屹立于世界东方的祖国，拥有了自己的人民政府。整个广场顿时沸腾了，欢呼声、口号声震耳欲聋……激荡着江河湖海，震撼着四海五岳！

在盛大的群众游行庆祝活动中，游行的人们怀着兴奋的心情涌向主席台。当他们高呼着"毛主席万岁！"的口号时，广场上的扩音器里也不断传来毛泽东洪亮的声音："同志们万岁！""人民万岁！"

毛泽东在城楼上微笑着望向人群，一只手几乎一直高举着在空中有力地挥动，时而把半个身子探出到栏杆外面，举手向下面的群众招呼。一时间，天安门城楼上下，领袖和群众的"万岁"声，一呼一应，久久不绝。（姜廷玉）

在开国大典上穿过的中山装礼服

毛泽东在开国大典上穿过的中山装礼服

　　1949年，为筹备开国大典，当时为毛泽东专门缝制了三套礼服。20世纪50年代，毛泽东将这三套礼服送给了卫士长李银桥。李银桥保留了毛泽东穿过的两套并重新裁剪改小后自己穿，另一套则转赠给了副卫士长孙勇。李银桥保存的这两套礼服，一套被天津市历史博物馆（现天津博物馆）借用，现存该馆；另一套则由李银桥之子李卓伟于2014年捐赠给湖南红色档案馆保存。

毛泽东在开国大典上穿的礼服

　　2014年7月14日，毛泽东的卫士长李银桥的儿子李卓伟将毛主席在开国大典上穿过的一套中山装礼服捐献给湖南红色档案馆。他感慨道："主席的这套礼服终于回到了他的家乡。"

　　关于毛泽东的这套礼服，还有一些鲜为人知的故事。

　　1949年3月，毛泽东进入北平后，就住在香山双清别墅。在这里，毛泽东指挥了渡江战役；经常会见大量的民主人士，共商建国大计；酝酿开国大典中的各项大事。有一天，毛泽东准备会见张澜，他吩咐李银桥："张澜先生为中国人民的解放事业作了不少贡献，我们要尊敬老先生，你帮我找件好些的衣服换换。"李银桥在毛泽东的"存货"里竟挑不出一件不破或者没有补丁的衣服。最终，毛泽东还是穿着一件有补丁的衣服会见了张澜。

　　眼看开国大典在即，而毛泽东仍是经常穿着一身陈旧的灰布衣服，朱德提议给毛泽东等领导同志做新衣服。中央同意了朱德的提议。

一天，周恩来找来李银桥，商量给毛泽东做礼服的事，因为已决定为毛主席做中山装，李银桥的任务是找布料、找裁缝。新中国成立前后，物资匮乏，李银桥带人在北京城里找布料，但都不理想，最后找到军队的物资仓库，发现缴获的美国生产的将校呢布料不错。周恩来听取汇报后，同意选取该布料，且为了有备用，他同意用同样的布料一次性为毛泽东做三套。

布料找好后，经王府井雷蒙服装店王子清师傅精心剪裁，毛泽东终于有了合身像样的礼服。

10月1日下午，毛泽东穿着专为参加开国大典缝制的礼服先步行到中南海勤政殿召开了中央人民政府委员会第一次会议。会后，他在勤政殿门口乘车前往天安门。站在天安门城楼上，毛泽东亲手升起第一面五星红旗，向全世界庄严宣告中华人民共和国成立了。

开国大典后，毛泽东的这三套礼服有两套轮换着穿，一套从没穿过。因为毛泽东穿衣讲究穿着舒服，不喜欢穿得太正式，故只有在接见外宾或会见党外民主人士时才会把礼服找出来穿。

1954年初，毛泽东把这三套礼服送给了李银桥。李银桥收下衣服

天津市历史博物馆的"借条"

后，把毛主席没穿过的那套转赠给了副卫士长孙勇。

毛泽东比李银桥高得多，他穿上毛主席的礼服后显得肥肥大大。于是，他找裁缝按照自己的身材将两套礼服给裁剪了。改后的衣服穿上很合身，也很精神。

1962年4月，跟随毛泽东15年的李银桥带着妻子韩桂馨离开了毛主席，到天津市担任公安局副局长。1977年8月10日，天津市历史博物馆的两名工作人员找到李银桥，想借毛主席穿过的礼服展出。当时，韩桂馨不愿意，李银桥对妻子说："没关系，不是还有一套嘛。"就这样，天津市历史博物馆的工作人员当场给李银桥写下一个"借条"，借走了其中一套毛主席穿过的礼服。临走时，天津市历史博物馆的工作人员看中了毛主席用过的一把黑折扇，李银桥也很大方地借给了他们。

后来，孙勇收藏的那套捐给了毛主席纪念堂，在展厅内供人们瞻仰。李银桥收藏的两套礼服，一套被天津市历史博物馆借用至今，另一套则由李卓伟于2014年捐赠给了湖南红色档案馆。（朱习文）

第一次访苏时穿过的黑呢中山装

毛泽东第一次访苏时穿的黑呢中山装

这套黑呢中山装,是毛泽东访问苏联时曾穿过的。毛泽东穿着它会见了苏联领导人斯大林,现存于韶山毛泽东同志纪念馆。

中华人民共和国宣告成立后,苏联是世界上第一个承认新中国的国家。刚刚成立的新中国,对外需要冲破帝国主义的封锁和可能的武装干涉,对内急需恢复国内经济。解决中苏两国关系中的一些重要问题,发展巩固好中苏两国关系,对于此时的中华人民共和国来说十分重要。

开国大典之后不久,毛泽东收到了斯大林发出的访问邀请,双方很快确定于当年 12 月成行。尽管毛泽东一直都不讲究穿着,但考虑到这次出国访问事关国家形象,他还是接受了工作人员的建议,同意做几件出国服装。周恩来对这件事情把关，具体由叶子龙、汪东兴等筹办。

按照国际礼仪习惯，周恩来明确给毛泽东做黑色衣服和皮鞋。这套黑色纯毛呢材料中山服衣长77.5厘米，裤长110厘米，腰围108厘米，上衣正身衬黑色斜纹羽纱，两袖里衬黑、白、浅棕相间竖条花纹羽纱。

考虑到西伯利亚冬季的严寒，除了这套黑呢中山装，还为毛泽东做了一件呢子斗篷和一件蓝黑呢毛皮大衣，访苏时，毛泽东曾穿着这件蓝黑呢毛皮大衣会见了斯大林，这件大衣现在也保存在韶山毛泽东同志纪念馆。

1949年12月6日，毛泽东登上北上的专列，前往莫斯科。对于青年时即立志要"把时间花费在本国"，在中国的土地上研究解决中国问题的毛泽东来说，这是他生平第一次走出国门。

访苏期间，毛泽东参加了在莫斯科举行的庆祝斯大林70寿辰大会并致祝词，但最主要的目的是代表新成立的中华人民共和国中央人民政府与苏联政府协商，撤销其1945年与国民党旧政权签订的旧条约，订立新的中苏友好条约。

然而，在这个问题上，毛泽东最初与斯大林产生了根本的分歧。当毛泽东提出中苏条约问题时，斯大林直言"我们在自己的小范围内已决定对这个条约暂不做任何修改"。毛泽东是一个个性鲜明的人，在涉及国家主权和民族利益的重大问题上，他决不会让步，不愿另订新约的斯大林于是采取了拖延的办法。

转眼，毛泽东来莫斯科已经10多天了，参加庆祝斯大林70寿辰大会的各国代表团都纷纷离开莫斯科回国，唯独毛泽东留了下来，斯大林几乎每天让人打电话来关心毛泽东的生活，却始终不提签约之事，也不再会见毛泽东。

签订新约，恰恰是毛泽东此次访苏的主要目的，但来到莫斯科受到这样的冷遇，大大出乎他的意料。一天，他对来看望他的苏方联络员柯瓦廖夫一行人发了火："我到莫斯科来，不是单为斯大林祝寿的。你们还要保持跟国民党的条约，你们保持好了，过几天我就走。我现在的任务是三个：吃饭、拉屎、睡觉。"就这样僵持了近半个月，国外某些媒体甚至造谣说毛泽东被斯大林软禁了。

由于毛泽东的坚持和当时国际政治环境的新变化，最终斯大林才在这个问题上作出让步。中方也坚持原则性与灵活性相结合，如在中长铁路归还前共同经营的股额等问题上适当作出让步和调整，最后中苏双方达成共识，成功签订了《中苏友好同盟互助条约》和《关于中国长春铁路、旅顺口及大连的协定》《关于贷款给中华人民共和国的协定》。

毛泽东对此次访苏的成果最终是很满意的，后来在回顾这段历史时他曾说道："斯大林还是可以跟人家妥协的。我们跟他就有不同意见，我们要订中苏条约，他不要订。等到他答应订了，我们要中长铁路，他就不给。但是老虎口里的肉还是可以拿出来的。"

此次访苏行程，直到 1950 年 2 月 17 日才结束，意义重大，既维护了中国的民族尊严，提高了国际地位，又为新中国迅速发展创造了前所未有的良好外部条件。（谭意）

一边高、一边低的硬板床

毛泽东喜欢睡一边高、一边低的硬板床

毛泽东曾说过："人生命的三分之一是在床上度过的，我在床上的时间可能还更多些，所以一定要搞舒服。"那么，毛泽东是怎样把床铺搞舒服些的呢？其实毛泽东的床并非像我们想象的那样华贵，他所谓"舒服"的床，不过是最普通的硬板床。现由韶山毛泽东同志纪念馆收藏。

毛泽东一生喜欢睡硬板床，少年时代，帮父亲算完账后，他总喜欢在夜深人静的时候，借着微弱的桐油灯光在简陋的硬板床上看书。艰苦的战争年代，毛泽东在延安依然保持着这种生活习惯。他住的窑洞与当地农民的住所没有任何区别，窑洞内简陋的床也是用榆木钉起来的，即便是在如此简陋的环境中，他仍保持着旺盛的斗志和活跃的思想。

1949年3月，毛泽东离开西柏坡，率中央机关进驻北平，走进香山双清别墅卧室时，他对身边的工作人员发了一通脾气。原来，在他的卧室里摆放着一张弹簧床，他生气地说："为什么要给我买这样的床？这床比木板床得多花多少钱？为什么昨天能睡木板床，今天就不能睡了？我睡木板床已经习惯了，觉得木板床就是好，我不喜欢这个床。"他要卫士赶紧撤走这张床，说："没有木板床我不睡觉。"

毛泽东喜欢在床上办公和看书，硬板床宛如他的第二个办公桌。据毛泽东的保健医生王鹤滨推断，毛泽东爱睡硬板床可能是便于放书。因为睡软床时由于床面的变动，那些书是无法有秩序地叠在那里的，人在床上翻身，叠好的书便会倒塌，同时毛主席有躺在床上看书的习惯，软床是不具备这个功能的。

毛泽东的床宽大，一边高、一边低，高的一边睡觉，低的一边则摆书。床上那三排书中，紧挨睡觉那边的一排书与毛泽东是形影不离的，外出任何地方，无论路程远近，不管时间长短，不用开书单，身边工作人员就会专门用个小箱子把它们全部随身带上。每到一个地方，首先得把书摊开，再像在家一样摆在毛泽东睡觉的床铺上。就连他坐火车时，身边工作人员也要把这些书按次序在卧铺上摆好。

这排书从床头到床尾的摆放顺序大致是这样的：床头是一摞地图，接下来是诗词方面和鲁迅的书籍，最后就是马、恩、列、斯的书和他自己的书。它们三排一摞地摆放着，有的足有一两尺高。

毛泽东看这些书的时候，有的摊开，有的堆起，表面看起来显得非常凌乱，其实对书的位置毛泽东心里全都一清二楚。卫士在换床单时要特别仔细，这些书籍一定要按照毛泽东放的原样一本不差地摆放。

毛泽东外出视察时，和书总是形影不离，而硬板床也成了毛泽东的必需品。专列上的睡床本来有弹簧软垫，但他命令撤掉，就睡硬板床。

1949年12月6日，毛泽东踏上了访问苏联的旅程，这是他第一次出国访问。苏方人员为中国党政代表团准备了一套豪华别墅——姐妹河别墅（斯大林的第二别墅），该别墅是斯大林在卫国战争期间的住所，无论是生活环境、房间设备和安全设施，都是一流的。饭后，毛泽东由随行翻译师哲陪同去看他的办公室和卧室。卧室内富丽堂皇，一张软蓬蓬的高级沙发床特别引人注目，毛泽东按了按床和鸭绒枕头，有些不满道："我睡不了这种沙发床，把我用的东西和书拿来。"他又指着枕头说："这能睡觉？脑壳都看不见了。"

卫士李家骥说："那就把垫子掀开，铺上木板。"毛泽东点头，又嘱咐不能麻烦人家。

晚上，中国驻苏联大使馆的同志把木板送来了，在上面铺上毛泽东用惯了的旧褥子、白床单等。苏方工作人员对毛泽东的"新床"有些困惑，难以理解，师哲连忙解释是因为毛泽东有睡自己的被褥和硬板床的习惯。苏方工作人员还是不理解，直耸肩头，满脸疑惑，斯大林的卫队长——苏方特派的警卫别里别契将这个情况报告了他的上级。

最后，师哲向别里别契详细地介绍了毛泽东的生活习惯和朴素品格，别里别契了解后伸出大拇指说："毛泽东真伟大，毛泽东太俭朴了。"（谭征）

为《人民空军》创刊号题词

毛泽东为《人民空军》创刊号题词："创造强大的人民空军，歼灭残敌，巩固国防。"

这是毛泽东为1950年4月15日出版的《人民空军》创刊号题的词，现由中国人民解放军档案馆收藏。

在革命战争时期，中国共产党就开始为日后建立一支人民空军做人员上的准备。1946年3月，人民解放军在东北创办第一所航空学校（即东北老航校）。1949年3月，为统一领导中国人民的航空事业，中央军委成立军委航空局。

新中国成立前，毛泽东就审时度势地提出建立人民空军的任务。

1952年2月14日，毛泽东听取空军司令员刘亚楼汇报

1955年3月21日，毛泽东为空军首届英雄模范功臣代表大会题的词

他提出，1949年及1950年，我们应当争取组成一支能够使用的空军。1949年7月26日，中央军委决定，以人民解放军第四野战军第十四兵团机关与军委航空局合并组成中国人民解放军空军领导机关，毛泽东任命刘亚楼为空军司令员。

1950年2月，毛泽东与刘亚楼谈话并指示："必须迅速加强空军力量。"同年4月，毛泽东为《人民空军》创刊号题词："创造强大的人民空军，歼灭残敌，巩固国防。"这一题词，阐述了人民空军的任务。

6月28日，毛泽东在中央人民政府委员会第八次会议上的讲话中指出："我们打了几十年的仗，就是对于头上的东西，没有办法应付，只得凭不怕死，凭勇敢，凭牺牲精神。然而在今天，我们有了建立和加强海空军的条件，因此也就应该着手建立起来。"

朝鲜战争爆发后，中国人民志愿军赴朝参战，毛泽东作出组织志愿军空军迅速参加抗美援朝作战的决策。他提出，人民空军应边打边建、边打边练，反复强调实战锻炼对空军建设的重大意义，并多次指出：要争取时间锻炼部队；应设法使更多的部队参加实战锻炼；必须迅速组织新部队参战，越快越好；哪怕求得打几次空战也是好的，要多多培养有一定战斗经验的飞行员，注意保存有战斗经验部队的战斗实力和保存战斗英雄。

遵照毛泽东的指示，空军领导机关组织空军部队轮番参加抗美援朝作战，先后有10个歼击机师和2个轰炸机师经受了实战锻炼，取得了击落击伤敌机425架的辉煌战果。美国空军参谋长范登堡惊呼："共产党中国几乎一夜之间就变成了世界上主要的空军强国之一。"

1952年2月1日，毛泽东看到空军关于志愿军空军第三师86天击落美机54架、击伤9架的作战情况报告后，非常高兴，亲笔写下了"向空军第三师致祝贺"的批语。

据不完全统计，从1949年到1953年，毛泽东批阅空军请示报告124件；在国家百事待举，财政十分困难的情况下，拨出专款为空军购买飞机、修建机场。1952年2月14日，毛泽东还与萧劲光等海军领导人商量，把准备购买舰艇的外汇转买飞机。可见，毛泽东对人民空军建设的重视和关怀。（姜廷玉）

为全国战斗英雄代表会议题词

全国战斗英雄代表会议纪念章

毛泽东为全国战斗英雄代表会议题的词

  这是毛泽东为1950年全国战斗英雄代表会议题的词："战斗英雄们，你们是人民解放军的模范人物，希望你们继续努力，更加进步，为建设强大的国防军而奋斗。"现由中国人民解放军档案馆收藏。

  为了表彰在伟大的中国革命战争中涌现出来的战斗英雄和工作模范，激励全军指战员发扬革命英雄主义精神，巩固国防，加强军队现代化建设，1950年7月21日，中央人民政府政务院第42次会议通过《关于召开全国战斗英雄代表会议和全国工农兵劳动模范代表会议的决定》。

该决定指出，在毛主席英明领导下，人民解放军的英勇善战、广大群众的热烈支援、全国人民的伟大团结，使解放战争和人民革命取得了全国范围的伟大胜利，使大规模的恢复经济的建设工作业已开始。为了表扬部队中的战斗英雄，表扬工人、农民及士兵中的劳动模范；为了鼓励确保部队彻底歼灭残余匪帮和为减轻人民负担，开展生产运动；为了鼓励全国工人发扬新的劳动态度，克服困难，提高劳动生产率；为了鼓励农民实行生产互助，改进技术，深耕细作，增加农业生产，扩大耕地面积；为了鼓励全国人民共同致力于解放全部国土，发展生产，繁荣经济，建设新中国的伟大事业，特决定于1950年9月25日，在首都同时召开全国战斗英雄代表会议和全国工农兵劳动模范代表会议。

7月27日，人民革命军事委员会总政治部发出《关于召开全国战斗英雄代表会议及选举部队劳动模范出席全国工农兵劳动模范代表会议的指示》。该指示指出，为了表扬伟大革命战争中战斗英雄与各方面的模范，鼓励全军发扬新革命英雄主义精神，继续解放西藏、台湾，肃清残匪，推动部队的练兵与文化学习运动，加强现代化陆军、空军和海军的建设，以巩固国防，并鼓励全国劳动人民发扬新的劳动态度，发展生产繁荣经济，中央人民政府政务院特决定于1950年9月25日，在首都同时召开全国工农兵劳动模范代表会议与全国战斗英雄代表会议。

出席会议的正式代表共计350名，其中战斗英雄258名、工作模范44名、模范单位代表5名、民兵代表43名。参加会议的战斗英雄，都是各野战军、各军区经过有领导的民主选举方式逐级、慎重地选出来的。在部队的代表中，作战50次至100次者57人，100次至250次以上者9人；立过特等功1次至9次者78人，立过大功3次至11次者36人。43名民兵代表，他们共参加战斗1444次，荣获奖旗26面、奖状20张、奖章10枚，记功12次，通令嘉奖5次，荣获"战斗英雄"称号者33人、"爆炸英雄"称号者5人、"民兵模范"称号者5人、"剿匪英雄"称号者1人，其中有女民兵英雄2人。在部队代表中、有著名战斗英雄刘四虎、刘奎基、魏来国、郭俊卿、柴学久、刘梅村、李广正、齐进虎等。

1950年9月25日至30日，全国战斗英雄代表会议在北京隆重召开。政务院副总理陈云致开幕词。毛泽东出席了大会并代表中共中央致辞，高度评价英雄模范"是全中华民族的模范人物，是推动各方面人民事业胜利前进的骨干，是人民政府的可靠支柱和人民政府联系广大群众的桥梁""你们在消灭敌人的斗争中，在恢复和发展工农业生产的斗争中，克服了很多的艰难困苦，表现了极大的勇敢、智慧和积极性"。他号召全党党员和全国人民向模范学习，"同时号召你们，亲爱的全体代表同志和全国所有的战斗英雄、劳动模范同志们，继续在战斗中学习，向广大人民群众学习。只有决不骄傲自满并且继续不疲倦地学习，才能够对于伟大的中华人民共和国继续作出优异的贡献，并从而继续保持你们的光荣称号"。

会议表扬了刘四虎、吕顺保、刘子林、张英才、赵兴元、魏来国、邢全礼、张明、张英旺、李广正、刘奎基、李来龙、齐进虎、柴学久等33位突出的英雄模范人物，宣传了战斗英雄的模范事迹。

会上还向与会代表颁发了"全国战斗英雄代表会议纪念章"和有毛泽东主席、朱德总司令题词的会议纪念册。

9月25日，《人民日报》发表了《人民的英雄万岁》的社论。社论指出，全体英雄模范们的任务，就在于回到自己的单位后，发挥带头作用、骨干作用、桥梁作用。人民功臣——英雄模范，是光荣的，是受人尊敬的。"人民的英雄模范们，请注意戒骄戒躁，忠诚地为人民服务，共同保卫和平，建设国家！"

全国战斗英雄代表会议，是人民解放军历史上的一次重要会议，它不仅总结了人民解放军开展革命英雄主义运动特别是解放战争时期立功运动的经验，而且促进了全军立功创模活动的深入开展，对于建设强大的国防军和即将开始的抗美援朝战争起到了重要的作用。（姜廷玉）

发布的《组成中国人民志愿军的命令》手稿

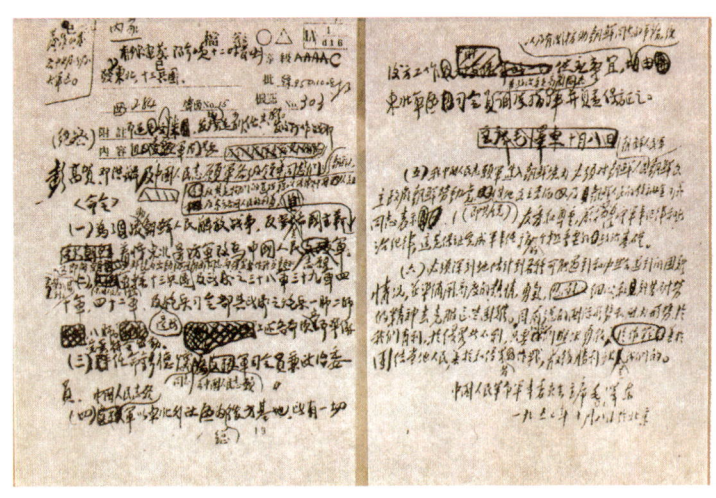

毛泽东以中国人民革命军事委员会主席名义发布的《组成中国人民志愿军的命令》手稿

1950年10月8日，毛泽东以中国人民革命军事委员会主席名义发布了《组成中国人民志愿军的命令》。现由中国人民解放军档案馆收藏。

1950年6月下旬，朝鲜内战爆发后，美国立即派兵进行武装干涉，并令其海军第七舰队悍然侵入台湾海峡，阻挠中国人民解放台湾。

毛泽东高度关注朝鲜战争的形势，坚决抨击美国对朝鲜和中国的侵略。6月28日，毛泽东在中央人民政府委员会第八次会议上指出，美帝国主义既然向我们侵略挑衅，我们就不能不加强军事准备。他号召全国和全世界的人民团结起来，进行充分的准备，打败美帝国主义的任何挑衅。

对于中国出兵援助朝鲜，毛泽东给出了一个"底"——美军是不是越过三八线。他说，美帝国主义如果干涉，不过三八线，我们不管，如果过三八线，我们一定过去打。

10月1日，南朝鲜军沿东海岸地区越过三八线北进，美国发出了要求朝鲜投降的通牒。当天夜里，朝鲜领导人金日成紧急召见中国驻朝鲜大使倪志亮，向中国政府提出出兵援助的请求。同时，金日成与朴宪永联名写信给毛泽东，请求中国出兵给予军事援助。在这一天，毛泽东还接到了斯大林要求中国立即派出至少五六个师援助朝鲜的电报。

派志愿军出国援助朝鲜，与美军作战，这是一个重大的战略抉择，需要进行充分讨论。10月2日、4日、5日，毛泽东先后主持召开中共中央书记处会议和中央政治局扩大会议，讨论朝鲜半岛局势和中国出兵问题，但多数人不赞成出兵，对出兵有种种顾虑。

毛泽东认为，出兵朝鲜已是万分火急，他听了大家的发言后说："你们说的都有理由，但是别人处于国家危急时刻，我们站在旁边看，不论怎样说，心里也难过。"会议经过讨论研究，最后达成一致，作出了组成中国人民志愿军"抗美援朝、保家卫国"的重大战略决策。

毛泽东致电斯大林，告诉他中共中央已经作出了出兵朝鲜的决策，还告诉他立即派周恩来和林彪前去苏联，通报中共中央决策情况和与其详细讨论的有关问题。

在10月7日以美国为首的"联合国军"越过三八线后，10月8日毛泽东以中国人民革命军事委员会主席名义发布了《组成中国人民志愿军的命令》，指出：

（一）为了援助朝鲜人民解放战争，反对美帝国主义及其走狗们的进攻，借以保卫朝鲜人民、中国人民及东方各国人民的利益，着将东北边防军改为中国人民志愿军，迅即向朝鲜境内出动，协同朝鲜同志向侵略者作战并争取光荣的胜利。

（二）中国人民志愿军辖十三兵团及所属之三十八军、三十九军、四十军、四十二军，及边防炮兵司令部与所属之炮兵一师、二师、八师。

上述各部须立即准备完毕，待令出动。

（三）任命彭德怀同志为中国人民志愿军司令员兼政治委员。

（四）中国人民志愿军以东北行政区为总后方基地，所有一切后方工作供应事宜，以及有关援助朝鲜同志的事务，统由东北军区司令员兼政治委员高岗同志调度指挥并负责保证之。

（五）我中国人民志愿军进入朝鲜境内，必须对朝鲜人民、朝鲜人民军、朝鲜民主政府、朝鲜劳动党（即共产党）、其他民主党派及朝鲜人民的领袖金日成同志表示友爱和尊重，严格地遵守军事纪律和政治纪律，这是保证完成军事任务的一个极重要的政治基础。

（六）必须深刻地估计到各种可能遇到和必然会遇到的困难情况，并准备用高度的热情、勇气、细心和刻苦耐劳的精神去克服这些困难。目前总的国际形势和国内形势于我们有利，于侵略者不利，只要同志们坚决勇敢，善于团结当地人民，善于和侵略者作战，最后胜利就是我们的。

周恩来和林彪到达苏联后，向斯大林提出中国出兵援朝需要苏联提供空中掩护，但斯大林推说苏联空军没有准备好，需要两个月或两个半月才可出动空军支援志愿军在朝鲜作战。

彭德怀

中国人民志愿军跨过鸭绿江，开赴朝鲜战场

　　这一答复，显然出乎毛泽东等中国领导人的预料。鉴于此，毛泽东认为有必要和政治局的同志就此事再次进行讨论。10月12日，毛泽东致电彭德怀、高岗，下达志愿军暂停执行出动的命令。10月13日，毛泽东就出兵朝鲜问题与彭德怀、高岗和其他政治局委员再一次商量。"一致认为我军还是出动到朝鲜为有利。""总之，我们认为应当参战，必须参战。参战利益极大，不参战损害极大。"

　　这一天，毛泽东还通过苏联驻中国大使罗申将中共中央政治局讨论的上述精神通报给斯大林，同时希望苏联空军能尽快出动，无论如何不迟于两个月。

　　10月18日，周恩来回到北京。毛泽东主持召开中共中央政治局会议，在听取了周恩来和彭德怀的汇报后，毛泽东最终决断："现在敌人已围攻平壤，再过几天敌人就进到鸭绿江了。我们不论有天大的困难，志愿军渡江援朝不能再变，时间也不能再推迟，仍按原计划渡江。"

　　10月18日21时，毛泽东电令邓华等志愿军领导：按预定计划进入朝北作战，自明19日晚从安东和辑安线开始渡鸭绿江。10月19日，中国人民志愿军响应党中央"抗美援朝、保家卫国"的号召，雄赳赳、气昂昂地跨过了鸭绿江，开赴朝鲜战场。（姜廷玉）

关于志愿军出国第一次战役的指导文电手稿

1950年10月21日，毛泽东给彭德怀等的《志愿军打好出国第一仗》的电报手稿

1950年10月23日，毛泽东给彭德怀等的《在稳当可靠的基础上争取一切可能的胜利》的电报手稿

　　这是1950年10月21日毛泽东给彭德怀等的《志愿军打好出国第一仗》的电报手稿，以及10月23日毛泽东给彭德怀等的《在稳当可靠的基础上争取一切可能的胜利》的电报手稿。现由中国人民解放军档案馆收藏。

　　以美国为首的"联合国军"和南朝鲜军队越过三八线后，分三路继续北进，至1950年10月19日，已先后占领元山、咸兴、阳德、平壤。朝鲜人民军主力被割断在朝鲜南部，朝鲜战局十分严峻。

　　毛泽东对中国人民志愿军入朝后仗怎么打，早在志愿军出动前就进行了反复思考和认真研究。毛泽东原来确定：志愿军入朝后，在平壤、元山铁路线以北，德川、宁远公路线以南地区构筑两至三道防御阵线，如敌来攻则在阵地前面分别歼灭之，如果平壤"联合国军"、元山南朝鲜军两路来攻则打孤立较薄弱之一路。

　　志愿军入朝后，朝鲜战场的情况发生了很大变化，"联合国军"

和南朝鲜军改变原"东西对进"的计划，分为东西两路大举北进，快速向中朝边境逼近。毛泽东原定在平壤、元山铁路线以北阻敌的方案已不适用了。

根据朝鲜战场情况的变化，毛泽东迅速改变原来的作战部署，决定发起第一次战役。10月21日凌晨两点半，毛泽东致电彭德怀，指出："美伪均未料到我志愿军会参战，故敢于分散为东西两路，放胆前进。""此次是歼灭伪军三几个师争取出国第一个胜仗，开始转变朝鲜战局的极好机会。"

10月21日凌晨三点半，毛泽东又致电邓华并告彭德怀及高岗："现在是争取战机问题，是在几天之内完成战役部署以便几天之后开始作战的问题，而不是先有一个时期部署防御然后再谈攻击的问题。"当天，毛泽东还两次致电彭德怀、邓华，要求他们注意控制平安南、平安北、咸镜三道交界之妙香山、小白山等制高点，隔断东西两敌，勿让敌人占去为要。并要他们令志愿军第四十军先敌赶到德川，如果时间来不及则在熙川附近地区部署伏击南朝鲜军。10月22日，毛泽东再次致电彭德怀、邓华，就志愿军第一仗的作战地点和作战对象作出具体部署，毛泽东指出南朝鲜军第六、第八师正在分路北进，"而此次作战，则以在博川、军隅里及其以北地区围歼该敌为最有利。请按此意图，速定部署，迟则恐来不及""如果我军能同时包围伪六、八两师，则于战局最为有利，我四十军应担任包围一个师，三十九军应担任包围一个师"。

10月23日，毛泽东给彭德怀的复电中指出："我认为我们应当力争此次战役的完满胜利，力争在敌机炸扰下仍能保持旺盛的士气进行有力的作战，力争在敌人从美国或他处增调兵力到朝鲜以前多歼灭几部分敌人的兵力，使其增补赶不上损失。总之我们应在稳当可靠的基础上争取一切可能的胜利。"

10月25日，南朝鲜军以师或团为单位，先后北进至博川、龙山洞、云山、温井、桧木洞、熙川一线。当天上午，志愿军第四十军第一一八师一部在开进中于温井西北两水洞地区同南朝鲜军第六师第二团之先头第三营及一个炮兵中队遭遇，志愿军采取拦头、截尾、斩腰的战法，将所遇南朝鲜军全部歼灭。第一一八师、第一二〇师乘胜进攻温井之敌，10月26日凌晨占领温井。从此，揭开了抗美援朝战争的序幕。于是，1950年10月25日便成了中国人民志愿军抗美援朝纪念日。

10月26日，毛泽东复电彭德怀，赞同分途歼敌的方针，指出："先歼灭敌人几个团，逐步扩大，歼灭更多敌人，稳定人心，使我军站稳脚跟，这个方针是正确的。"并指出我军第一个战役须确定以歼灭南朝鲜军第一、第六、第八师3个师为目标，"分为几个大小战斗完成之，然后再打美英军"。

10月26日，西线敌军仍继续分兵冒进。南朝鲜军第六师第七团先头营进至鸭绿江边之楚山，并炮击中国边境地区。

10月26日，志愿军第四十二军第一二四师、第一二六师一部在东线黄草岭以南之芳草岭、烟台峰地区阻击了美军陆战第一师、南朝鲜军第三师及首都师一部的进攻，战至11月6日，共歼敌2700余人，阻止了东线敌人进攻，有力地配合了西线作战。

10月28日，志愿军第四十军第一一九师、第一二〇师向温井东南之龟头洞、立石洞地区之敌发动进攻，激战至29日，将南朝鲜军第六、第八师各两个营大部歼灭。10月29日，志愿军第四十军第一一八师在鸭绿江以南古场、龙古洞地区向南朝鲜军第六师第七团发起进攻，将其大部歼灭。11月1日，志愿军第三十九军在炮兵的支援下，向云山地区的美军骑兵第一师第八团、南朝鲜军第一师第十二团发起进攻，战至3日，攻占云山，歼灭美国骑兵第一师第八团大部、南朝鲜军第一师第十二团一部共2000余人。

美军"王牌"骑兵第一师在云山遭重创后，美军第八集团军在西线进攻的部队于11月3日晨在飞机、大炮和坦克的掩护下全部撤至清川江一线及以南地区。

11月5日，毛泽东批准结束第一次战役。志愿军第一次战役，歼敌1.5万余人，将敌人从鸭绿江边驱逐至清川江一线以南，初步稳定了朝鲜的战局。（姜廷玉）

《我志愿军必须越过三八线作战》
电报手稿

1950年12月13日，毛泽东给彭德怀等的《我志愿军必须越过三八线作战》电报手稿

这是1950年12月13日毛泽东给彭德怀等的《我志愿军必须越过三八线作战》电报手稿，现由中国人民解放军档案馆收藏。

中国人民志愿军原计划第二次战役胜利后转入休整，准备第二年春天发起新的反击。1950年12月8日，彭德怀在给毛泽东的电报中说：下一战役18日、19日可开始向三八线攻击，如能歼灭美军和南朝鲜军几个师，或给以歼灭性打击时，则越过三八线，相机夺取汉城。如对敌不能歼灭或以歼灭性打击时，则不宜越过三八线或夺取汉城，因南进过远会造成以后作战困难，况且部队已连打两仗，需要休整和补充，故拟停止于三八线以北数十里的地区，进行休整，而让敌占三八线，待我军充分准备，明年春天再发起下次战役，歼灭敌军主力。

毛泽东接到彭德怀的电报后，考虑到美国政府正在提出先停火后谈判，企图以争取时间准备再战，为了不给敌人以喘息的时间，毛泽东认为必须越过三八线再打一仗，然后才能休整。12月13日，他复电彭德怀，并告高岗，指出："十二月八日十八时电悉。（一）目前美英各国正要求我军停止于三八线以北，以利其整军再战。因此，我军必须越过三八线。如到三八线以北即停止，将给政治上以很大的不利。（二）此次南进，希望在开城南北地区，即离汉城不远的一带地区，寻歼几部分敌人。然后看情形，如果敌人以很大力量固守汉城，则我军主力可退至开城一线及其以北地区休整，准备攻击汉城条件，而以几个师迫近汉江中流北岸活动，支援人民军越过汉江歼击伪军。如果敌人放弃汉城，则我西线六个军在平壤、汉城间休整一时期。（三）明年一月中旬补充一大批新兵极为重要，请高加紧准备。请高、彭考虑是否有必要和可能，从前线各军（东西两线共九个军）抽派干部至沈阳加强管训新兵的工作。宋时轮部目前即须补兵一部，恢复元气，是否可能，请高筹划见告。（四）空军掩护铁道运输线正在筹备，有实现可能，但最后确定尚待商办。"

在毛泽东的坚决主张下，彭德怀接到毛泽东12月13日的电报后，立即对越过三八线作战作出部署，并于12月19日致电中央军委：由于"种种原因，我八日给你的报告中提出暂不越三八线作战，充分准备，来年开春再战。得你十三日复电后，现已遵示越三八线作战"。

毛泽东在12月21日给彭德怀等的复电中，再次指出："美英正在利用三八线在人们中存在的旧印象，进行其政治宣传，并企图诱我停战，故我军此时越过三八线再打一仗，然后进行休整是必要的。"

关于此次战役的作战部署，毛泽东指出："打法完全同意你的意见，即目前美英军集中于汉城地区，不利攻击，我应专找伪军打。就总的方面说，只要能歼灭伪军全部或大部，美军即陷于孤立，不可能长期留在朝鲜。如能再歼灭美军几个师，朝鲜问题更好解决。"

12月29日，毛泽东在给彭德怀等的电报中对越过三八线再打一

志愿军和朝鲜人民军突破三八线向南挺进

仗然后休整的重要意义进一步作了阐述,他指出:"所谓三八线在人们脑子中存在的旧印象,经过这一仗,也就不存在了。我军在三八线以南或以北休整,均无关系。但如不打这一仗,从十二月初起整个冬季我军都在休整,没有动作,则必引起资本主义各国甚多揣测,民主阵线各国亦必有些人不以为然,发生许多议论。如我军能照你们目前部署,于一月上半月打一个胜仗,争取歼灭伪军几个师及美军一部,然后休整两个月,准备春季攻势,则对民主阵线及资本主义各国人民大众影响甚好,对帝国主义则给以新的一击,加重其悲观失败情绪。"

按照毛泽东继续南进的指示和批准的作战部署,彭德怀将志愿军6个军组成左、右两路突击集团,在朝鲜人民军3个军团的协同下突击进攻,发起第三次战役。

12月31日,中朝军队利用新年敌军度假疏忽之际,经过短促炮火准备后,全线发起进攻,迅速突破了"联合国军"和南朝鲜军的防线。志愿军右集团4个军和其右翼的人民军1个军团在突破敌人防御后,即向汉城方向实施主要突击,至1951年1月2日拂晓突入敌防御纵深达15~20公里,南朝鲜军第一、第六师仓皇南逃。志愿军左集团2个军突破敌人防御后,在加平以北歼灭南朝鲜军第二师2个团和第五师1个团大部，并先后占领加平、春川。在东部实施进攻的朝鲜人民军2个军团各一部于战役发起前先行越过三八线，战役发起后主力乘势继续向洪川、横城、原州方向发展进攻。

"联合国军"和南朝鲜军遭到中朝军队沉重打击后，于1月2日开始放弃第二道防线，节节后撤。中朝军队乘胜扩大战果，于1月4日进占汉城，1月5日渡过汉江，至1月8日占领了水原、利川、骊州、原州一线。此时，彭德怀察觉敌人节节撤退是企图诱我军深入，待机反扑，为避免陷入不利地位，遂于1月8日下令停止追击，第三次战役结束。

第三次战役，中朝军队连续作战8昼夜，前进80～110公里，歼敌1.9万余人，将以美国为首的"联合国军"打退到三七线附近地区，打破了美国在三八线一带玩弄"停火"的企图，加重了美国当局和"联合国军"的失败情绪，进一步扩大了中国人民志愿军和朝鲜人民军在国际上的影响。（姜廷玉）

精心保管的毛岸英遗物

毛泽东精心保管的毛岸英遗物

1990年，中央警卫局在中南海毛泽东故居清理主席遗物时，意外发现了一批主席珍藏着的儿子毛岸英的遗物。时间已经过去了70多年，透过这批遗物，我们似乎还能从中感受到主席那份对家庭、对子女的关爱之心，凸显其父子情怀。现由韶山毛泽东同志纪念馆收藏。

毛岸英，1922年10月24日出生于湖南长沙。8岁时，随母亲杨开慧入狱。母亲牺牲后，他与两个弟弟到上海地下党办的大同幼稚园上学。1936年11月，与弟弟毛岸青到苏联。1946年1月回到延安，同年加入中国共产党。回国后，他曾下乡劳动锻炼，后从事土改和宣传工作。新中国成立后，自愿离开机关到北京机器总厂从事基层工作。

1950年朝鲜战争爆发，青春热血的毛岸英按捺不住心中的渴望，主动请缨，要求参加抗美援朝战争。作为父亲的毛泽东何尝舍得让自己疼爱的儿子上前线？但作为中共中央和新中国的领导人，为了抗美援朝、保家卫国，他答应了儿子的请求。于是，毛岸英来到中国人民志愿军总司令彭德怀身边，担任俄语翻译兼机要秘书。

然而，仅仅来到朝鲜战场40天，1950年11月25日上午11时左右，4架美军轰炸机掠过志愿军司令部所在的大榆洞上空，随即向北飞去。其实此前的一大早，大家都已有防范，吃过早饭后便都躲进了半山中的防空洞。敌机走后，警报还没有解除，大家仍在山上等待。

这时，毛岸英想起前晚因为彭德怀总司令与司令部其他首长研究作战计划到后半夜，山下的作战室内还有很多重要的军事资料没有收拾，于是他不顾生命危险，和司令部的警卫参谋高瑞欣赶下山来进行处理。就在此时，原本向北飞去的敌机突然间折返回来，再一次掠过作战室上方，并投下几十颗凝固汽油弹。随着震耳欲聋的爆炸声，只有50平方米的作战室木屋瞬间烈焰冲天，成了一片火海，来不及撤离的毛岸英和高瑞欣壮烈牺牲。

毛岸英牺牲的消息当天就由彭德怀起草了电报并报告党中央，接到电报的叶子龙一时惊呆了，能直接告诉毛主席吗？思前想后，他决定先报告周恩来总理。一向办事缜密的周总理接到电报后半晌说不出话来，一脸的严峻和悲伤。思量再三，他决定暂时先不将此事报告毛主席，于是颤抖着双手在电报上写下一行字："刘（少奇）朱（德）：因主席这两天身体不好，故未给他看。"直到1951年1月2日，周恩来觉得再也不能隐瞒毛主席了，才又写下一封信，连同电报稿一起呈送到毛主席处。

主席、江青同志：

毛岸英同志的牺牲是光荣的，当时我因你们都在感冒中，未将此电送阅，但已送少奇同志阅过。在此事发生前后，我曾连电志司党委及彭，请他们严重注意指挥机关安全问题，前方回来的人亦常提及此事。高瑞欣亦是一个很好的机要参谋。胜利之后，当在大榆洞及其他许多战场立些纪念中国人民志愿军的烈士墓碑。

周恩来

接到报告的毛泽东一句话也没说。中年丧子，白发人送黑发人，这对 58 岁的毛泽东来说太残忍了！时为毛泽东卫士的李家骥曾回忆说：主席听到后很突然，又拿烟，又把烟丢那儿。回过头，他又点烟。本来那个火柴盒就在他前面，他不知道，还在口袋里找。泪汪汪的，又不明显地让你看出来他在哭，但是我们心里和明镜一样，他的泪水比我们还要多，心还要疼，那是他最亲爱的儿子。

后来，毛泽东在与湖南一师的同学周世钊交谈中谈及毛岸英的牺牲，他说了一段感人肺腑的话：当时我得到岸英在朝鲜战场上不幸牺牲的消息后，我的内心是很难过的。因为我很喜欢岸英这个孩子。岸英牺牲以后，当时有人提议要把他的尸体运回国来安葬，我没有同意。我说岸英是响应党中央的号召，为抗美援朝、为保家卫国而牺牲的，就把他的尸体安葬在朝鲜的国土上，让他显示中朝人民的友谊，让中朝人民的友谊万古长青。不必把他的尸体运回国来安葬。当然你说如果我不派他到朝鲜战场上，他就不会牺牲，这是可能的，也是不错的。但是，我是党中央的主席，在那种比较困难的情况下，我是极力主张发动抗美援朝、保家卫国运动的，后来居然得到党中央的赞成，作出了抗美援朝、保家卫国的决定。这个决定得到了中国人民、朝鲜人民、全世界一切爱好和平人民的支持和拥护，很快就在全国范围内掀起了一个抗美援朝、保家卫国的伟大运动。我作为党中央的主席，作为一个领导人，自己有儿子不派他去抗美援朝、保家卫国，又派谁的儿子去呢？人人都像我一样，自己有儿子不派他去上战场，光派别人的儿子去上前线打仗，这还算个什么领导人呢？这是一方面；另一方面岸英是个青年人，他从苏联留学回国后，到农村进行过劳动锻炼，但他没有正式上过战场。青年人就是要到艰苦的环境中去锻炼，要在战斗中成长。基于这些原因，我才派他到朝鲜去的。

毛岸英牺牲后，志愿军司令部将其遗骨安葬在大榆洞志司所在地的后山。1954 年底，中国人民志愿军烈士陵园在朝鲜平安南道桧仓郡兴建，当时有关部门曾建议将毛岸英的遗骨运回国内安葬，但时任国务院副总理兼国防部部长的彭德怀从抗美援朝所体现的国际主义精神

中国人民志愿军烈士陵园中毛岸英同志之墓

和中朝友谊的政治意义出发，建议将毛岸英的遗骨埋在朝鲜，以志司或志愿军司令员名义刻碑，说明其自愿参军和牺牲经过，不愧为毛泽东的儿子。与其同时牺牲的高瑞欣合埋一处，以此教育意义为较好。

毛泽东接到报告后，以无产阶级革命家的伟大胸怀在报告上批示：同意彭德怀同志的意见，把岸英的遗骨和成千上万的志愿军烈士一样，掩埋在朝鲜的土地上，也不要为他举行特殊的葬礼。从此，毛岸英的遗骨便安葬在平安南道桧仓郡中国人民志愿军烈士陵园，长眠在了异国他乡。

毛泽东珍藏的这批毛岸英遗物包括：

毛岸英在朝鲜穿过的长袖衬衣，白棉布底，印赭色细方格，商标上标有"荣新内衣厂出品"字样，领口有"130114领衬"字样，领口严重发黄。

毛岸英参加志愿军后戴的蓝色棉帽，帽顶径20厘米，面料为蓝色，帽舌有较密的机缝线，两边有护耳和后帽檐，帽里为灰色，有螺旋形机缝线。

毛岸英在朝鲜穿过的灰色纱袜，长57厘米，底长24厘米，为长筒袜，纱织，袜底前部、后跟各有一个黑布补丁。磨损严重，已褪色。

毛岸英在朝鲜穿过的浅蓝色长袖改短袖衬衣，长62厘米，肩宽39厘米，袖长53厘米，胸围92厘米。这本是一件长袖上衣，袖子上有小白胶扣两粒，剪下的袖子中一只已被剪去长约24厘米、宽约7厘米补在衣领上，为浅蓝色竖条格；左胸有1个口袋。

另一件鹅黄色短袖衬衣，棉质，长64厘米，肩宽38厘米，袖长17厘米，胸围110厘米，有1只口袋、5粒白色胶扣。领口已磨损，衣正身有黄斑。

毛岸英在朝鲜用过的一条白毛巾，棉质，长71厘米，宽27厘米，呈长方形，两头有穗，在毛巾一头的右下角盖了一个浅黑色菱形章，字迹已模糊。这条毛巾已严重磨损，多处有大、小破洞，并有大面积黄斑。

从1950年毛岸英牺牲到1976年毛泽东逝世，26年的时间，毛泽东始终把毛岸英的这批遗物珍藏在身边。睹物思人，毛泽东以无产阶级政治家的博大胸怀将失去爱子的悲痛深埋在心底，用他那独有的方式来默默承担这份痛苦。（王健）

"甲字第 001 号"持枪证

毛泽东的"甲字第 001 号"持枪证

1950 年 12 月，中共中央办公厅主任杨尚昆按规定给毛泽东签发了一个持枪证。持枪证上标注"甲字第 001 号"，在"注意"一栏中注明："本区门卫，查验放行。机密证件，随身携带。如有遗失，绝不补发。"虽然签发了持枪证，但实际上并未给毛泽东配枪，所以持枪证中的枪证、枪号和子弹等栏都是空白。现由韶山毛泽东同志纪念馆收藏。

毛泽东是不常拿枪的军事家。在长期的革命斗争中，他运筹帷幄，决胜千里，创造了战争史上的奇迹。他还针对中国革命的特点，提出了"枪杆子里面出政权"的著名论断。但他一生除了井冈山时期外，几乎不摸枪，而专注于用理论武装全党，让党来管好枪、指挥枪。

毛泽东第一次摸枪是在湖南新军当普通列兵时。1911年10月10日辛亥革命爆发，湖南是第一个响应的省份，当时毛泽东在湘乡驻省中学就读，受革命党人来校演讲的鼓舞，决定同其他几位朋友去参加革命军。

那时新成立了一支学生军，但毛泽东认为"它的基础太复杂"，于是决心参加正规军。他参军后被编入新军二十五混成协五十标第一营左队，每月军饷7元。正规军配发有枪支，毛泽东每天操着枪支与新军战友作列队和射击训练，平生第一次学会了打枪。

毛泽东一生经历了无数次的枪林弹雨，但令人惊奇的是他从未受过一处枪伤。毛泽东曾对卫士李银桥回忆，有次他和朱德在井冈山遭敌人伏击，幸好贺子珍是神枪手，在情势危急之时击退敌人，安全转移。他赞叹道："贺子珍的枪法真准啊！"

长征路上，张国焘闹分裂坚持南下，反对党中央北上方针，企图危害党中央。当毛泽东对参加右路军的四方面军干部讲南下是没有出路之时，四方面军参谋长李特跳了起来，大声指责毛泽东犯了"逃跑主义"的罪行，右手下意识地去抽腰带上的左轮手枪。这时，共产国际代表李德把李特紧紧抱住，避免了灾难性的后果。

1964年毛泽东参观部队大比武时，他在观看实弹射击后，检视了国产的半自动步枪，并做了瞄准射击的动作，这体现了毛泽东对部队大比武的肯定和对国产半自动步枪的兴趣。（张喻）

批准颁发的"三大条令"

1953年5月1日，毛泽东以中国人民革命军事委员会主席名义颁发试行的"三大条令"之一的《中国人民解放军内务条令（草案）》

1951年2月1日，经毛泽东批准，总参谋部将《中国人民解放军内务条令（草案）》《中国人民解放军纪律条令（草案）》和《中国人民解放军队列条令（草案）》颁布全军试行。经过两年多的试行和征求意见，编修委员会对"三大条令"草案进行了修正，1953年5月1日毛泽东以中国人民革命军事委员会主席名义颁发试行。1958年，毛泽东将"三大条令"正式颁发全军执行。"三大条令"的颁布和执行，有力地促进了部队的正规化建设。现由中国人民解放军档案馆收藏。

建立正规化的军事制度，是建设正规化现代化革命军队的一个重要方面。革命战争年代，由于长期处于分割状态，部队的规章制度都由各战区自己制定，新中国成立后亟须取得统一。对此，毛泽东指出：

全国胜利后，为了实现国防军正规化近代化的新任务，统一编制、统一装备、统一动作、统一制度就成为全军的一致要求。

以毛泽东为主席的中央军委首先抓了共同条令（即《中国人民解放军内务条令》《中国人民解放军纪律条令》《中国人民解放军队列条令》的统称，也称为"三大条令"）的制定工作，指示军委训练部成立编修委员会，编写了共同条令。1951年2月1日，经毛泽东批准，总参谋部将"三大条令"草案颁布全军试行。

毛泽东以中国人民革命军事委员会主席名义在批准颁发"三大条令"草案给各大军区、各特种兵首长指示中指出："兹制定队列条令草案、内务条令草案及纪律条令草案，着由总参谋部颁布全军试行。""俟我各部队在实际体验中提出意见，经军事训练部加以收集并予以修改后，再送军委主席核准，然后正式下令颁布。"

经过两年多的试行和征求意见，编修委员会对"三大条令"草案进行了修正，1953年5月1日毛泽东以中国人民革命军事委员会主席名义颁发试行。1958年，毛泽东将"三大条令"正式颁发全军执行。"三大条令"的颁布和执行，有力地促进了部队的正规化建设。

建立正规化的军事制度，使部队有高度的组织性、计划性、准确性、纪律性，毛泽东强调："与现代化装备相适应的，就是要求部队建设的正规化，就是要求实行统一的指挥、统一的制度、统一的编制、统一的纪律、统一的训练，就是要求实现诸兵种密切的协同动作。""必须加强整个工作上、指挥上，而首先又应该是从教育训练上来培养的那种组织性、计划性、准确性和纪律性。这是建设正规化、现代化的国防部队所不可缺少的重要的条件之一。"（姜廷玉）

《对美英军在几个月内只打小歼灭战》电报手稿

1951年5月26日，毛泽东给彭德怀的《对美英军在几个月内只打小歼灭战》电报手稿

1951年5月26日，毛泽东致电彭德怀，发出《对美英军在几个月内只打小歼灭战》的指示。现由中国人民解放军档案馆收藏。

抗美援朝战争的第五次战役中，敌我双方总兵力达100万人，是朝鲜战争中规模最大的一次战役。中国人民志愿军和朝鲜人民军有68万余人，但以美国为首的"联合国军"在武器装备方面占有优势，机动性强。志愿军对美英军一个师甚至一个团的兵力曾经进行多次合围，但被围部队大部在飞机、坦克的掩护下跑掉，中朝军队歼敌不多，至多消灭一个营。

上述情况，引起毛泽东的注意，他根据这一情况提出了对美英军在几个月内只打小歼灭战的思想。1951年5月26日，毛泽东致电彭德怀，指出："历次战役证明我军实行战略或战役性的大迂回，一次包围美军几个师，或一个整师，甚至一个整团，都难达到歼灭任务。这是因为美军在现时还有颇强的战斗意志和自信心。为了打落敌人的这种自信心以达最后大围歼的目的，似宜每次作战野心不要太大，只要求我军每一个军在一次作战中，歼灭美、英、土军一个整营，至多两个整营，也就够了。""这就是说，打美英军和打伪军不同，打伪军可以实行战略或战役的大包围，打美英军则在几个月内还不要实行这种大包围，只实行战术的小包围，即每军每次只精心选择敌军一个营或略多一点为对象而全部地包围歼灭之"。

5月27日，毛泽东在听取志愿军参谋长解方和第三兵团司令员陈赓汇报后，又重申了这个作战方针，指出：志愿军总的打法应采取"不断轮番各个歼灭敌人的方针，即'零敲牛皮糖'的办法。每军一次以彻底干脆歼灭敌一个营为目标。一次使用三四个军（也可多一点），其他部队整补待机，有机会就打。如此轮番作战，在夏秋冬三季内将敌人削弱，明春则可进行大规模的攻势"。并强调：应加强政治工作，使全体干部和战士对朝鲜战局的长期性、艰苦性有充分认识与思想准备。但同时应指出胜利条件，强调克服困难、战胜困难。

同一天，毛泽东把5月26日电报的内容通报给了斯大林。5月29日，斯大林在给毛泽东的复电中认为，毛泽东关于打小歼灭战的方针是"冒险的"，很容易被美英军识破，一旦美英军向北推进并建立一道道防线，你们突破防线就会付出巨大损失。斯大林建议：看来你们将要准备一次重大的战役，其目的当然不是为了局部机动，而是为了给美英军以沉重打击。

毛泽东和中国人民志愿军总部并未接受斯大林的建议，而是根据战争的实际情况，按打小歼灭战的方针对部队进行了部署和动员。

6月3日，毛泽东又给斯大林发了一份电报，对中国人民志愿军为什么要实行打小歼灭战的方针进一步作了说明和阐述。他说："因为我军技术条件比敌人差得很远，无法迅速解决朝鲜问题，而决定用长期战争的方针去解决它，则需要有一个逐步削弱敌人的阶段，然后转到最后解决问题的阶段。""敌人现在不但火力很强，战斗意志也还未衰落。我军过去总想用大包围的方法，企图一次解决敌人一个至几个整师，结果没有达到目的，而包围和歼灭敌军的几个连至一二个营的机会则较多。因此，不要做现在我军还不能做到的事，不要企图打大规模的歼灭战，而应精心设计，寻找机会，多打小规模的歼灭战。"

毛泽东于6月3日再次致电斯大林的时候，第五次战役已临近尾声。6月10日，第五次战役结束。这次战役，志愿军和朝鲜人民军共歼敌8.2万余人（其中志愿军歼敌6.7万余人），粉碎了敌人企图将战线推进至平壤、元山一线的计划，将战线稳定在三八线附近地区。自此，朝鲜战争进入了相持阶段，朝鲜战争的局势也稳定下来了。（姜廷玉）

出席全国政协一届三次会议的代表证

毛泽东出席全国政协一届三次会议的代表证

在毛泽东的遗物中，有一张出席全国政协一届三次会议的代表证，席次为"第001号"。1949年9月21日，中国人民政治协商会议第一届全体会议在北平隆重开幕，会议选举毛泽东为中国人民政治协商会议第一届全国委员会主席、中华人民共和国中央人民政府主席。这个已泛黄的证件，是毛泽东1951年10月出席全国政协一届三次会议的历史见证。现由韶山毛泽东同志纪念馆收藏。

随着全国解放战争的胜利，1948年4月30日，毛泽东主持召开的中共中央书记处扩大会议通过的《纪念"五一"劳动节口号》提出：迅速召开政治协商会议，成立民主联合政府。1949年初进入北平后，毛泽东所做的第一件也是被他视为最重要的事，就是筹备新政协。各界人士纷纷应毛泽东之邀，为筹组新政协从全国各地辗转前往北平。

在新政协第一届全体会议前，毛泽东设宴欢迎新政协筹备会的代表，他高兴地说："我们第一桌什么人都齐了，有无产阶级李立三，有文学家郭沫若，有民主教授许德珩，有前清翰林陈叔通，还有妇女界廖夫人何香凝和华侨老人司徒美堂，这是大联合嘛！"的确，毛泽东是花了很大力气建立革命统一战线的。

1949年9月19日,在新政协筹备期间,毛泽东偕部分民主人士程潜、张元济、陈明仁等同游天坛,刘伯承、陈毅、粟裕作陪。选择在新政协第一届全体会议前的这个日子,显然是大有深意的。毛泽东知道,天坛乃是古代中国帝王敬天的祭坛,而现在,他与他的战友、朋友们又要联合起来建立一个崭新的国家了,这可谓"替天行道"。在祈年殿,毛泽东说了一句颇有意味的话:在这里,说句真话,我们应该脱帽向庶民三鞠躬……

在祈年殿前,毛泽东与大家合影留念。过后,毛泽东从人群中把陈明仁请到身边,两人拍了张合照,接着对陈明仁说:"最近外面谣言不少,说共产党惨无人道,把被俘的杜聿明、王耀武等都杀掉了,还说你也被我们杀了。"陈毅插了一句:"蒋介石才是个十足的刽子手呢。"毛泽东继续说:"你可以把这张照片寄给你的黄埔故旧看看,请他们不要轻信谣言,不要受骗上当,不要继续站在人民的对立面,害人害己,劝劝他们及早归来。当然,爱国不分先后,什么时候想来就来,我们欢迎,什么时候想走就走,我们欢送。这叫来去自由。"陈明仁表示照片一定要寄去,还要好好写几封信。

9月21日至30日,中国人民政治协商会议第一届全体会议在北平举行,毛泽东在开幕词中庄严宣告:"占人类总数四分之一的中国人从此站立起来了!"毛泽东当选为中华人民共和国中央人民政府主席。

这张代表证,是1951年10月毛泽东出席全国政协一届三次会议的历史见证。毛泽东在会上致开幕词,他指出:"在过去的一年中,在我们国家内展开了抗美援朝、土地改革和镇压反革命三个大规模的运动,取得了伟大的胜利。"他庄严宣告:由外国帝国主义欺负中国人民的时代,已由中华人民共和国的成立而永远宣告结束了!(张喻)

起草的《中共中央批转华北局关于刘青山、张子善大贪污案调查处理情况的报告》

毛泽东起草的《中共中央批转华北局关于刘青山、张子善大贪污案调查处理情况的报告》

刘青山、张子善案件，是新中国成立之初全国开展的"反对贪污、反对浪费、反对官僚主义"的"三反"运动中暴露出来的第一贪腐大案，引起了党中央和毛泽东的极大震惊。为此，毛泽东对该案件作出批示，并直接督导案件的处理，在党内外产生巨大反响。现由中央档案馆收藏。

1951年10月，正当抗美援朝战争如火如荼地进行的时候，为了确保战争的胜利，同时又要克服和解决国家财政困难，毛泽东向全国发出了"增加生产，厉行节约，以支持中国人民志愿军"的号召。一场轰轰烈烈的爱国增产节约运动由此展开。

11月深秋的一个深夜，中南海毛泽东的书房菊香书屋内灯火通明，习惯于夜间工作的毛泽东此时正在批阅一份中共东北局关于开展增产节约运动，进一步反贪污、反浪费、反官僚主义斗争的报告。报告列举了在运动中产生的极其严重的贪污、浪费和官僚主义现象，使毛泽东大为吃惊，并立即批示："在此次全国规模的增产节约运动中进行坚决的反贪污、反浪费、反官僚主义的斗争。"毛泽东将报告连同东北局的报告一并转发全国，要求党政军各级领导重视东北的经验。

紧接着，11月30日，毛泽东又接连批转了中共华北局和西南局的两份报告。其中，华北局报告列举了天津地委时任书记张子善和前任书记刘青山严重贪污浪费的事实，毛泽东极为震惊和愤慨，当即作出批示："华北天津地委前书记刘青山及现书记张子善均是大贪污犯，已经华北局发现，并着手处理，我们认为华北局的方针是正确的。这件事给中央、中央局、分局、省区市党委提出了警告，必须严重地注意干部被资产阶级腐蚀发生严重贪污行为这一事实，注意发现、揭露和惩处，并须当作一场大斗争来处理。"

12月1日，中共中央根据毛泽东的指示，经毛泽东修改审定，作出《关于实行精兵简政、增产节约、反对贪污、反对浪费和反对官僚主义的决定》，全国范围内的"三反"运动正式开始。

刘青山、张子善分别是1931年和1933年入党的老党员，经历过长期的革命斗争和生死考验。他们曾在敌人的狱中面对敌人的严刑拷打宁死不屈，表现了共产党员的英雄气概，但在和平年代，他们却居功自傲、贪图享乐，甘愿腐化堕落，成为资产阶级腐朽生活方式的俘虏。他们利用职权，先后动用全专区地方粮折款25亿元（旧币，下同）、宝坻县救济粮4亿元、干部家属补助粮1.4亿元，从修潮白河民工供应站中苛剥获利22亿元，贪污修机场节余款和发给群众房地补价款45亿元，以及以修建名义向银行骗贷40亿元，等等，总共贪污挪用公款达200亿元左右。同时，他们还与私商勾结，用公款倒卖大批木材、钢铁，中饱私囊，使国家蒙受巨大经济损失。

1952年2月10日，在河北保定举行刘青山、张子善公审大会的现场

  毛泽东对此案极为重视，多次作出批示，并督导案件的处理。12月14日，河北省委向华北局提出对刘青山、张子善的处理意见："我们一致意见处以死刑。"12月20日，华北局经研究后，向中央提出对刘青山、张子善的处理意见："为了维护国家法纪，教育党和人民，我们原则上同意将刘青山、张子善二贪污犯处以死刑（或缓期两年执行），由省人民政府请示政务院批准后执行。"面对华北局呈送的报告，毛泽东思虑良久，艰难地作出了"死刑"的决定。

  为慎重起见，12月29日，根据毛泽东的指示，中央书记处召开扩大会议，专门研究对刘青山、张子善的处理意见，并征求党外人士意见。最终，中共中央决定同意河北省委的意见，由河北省人民法院宣判，经最高人民法院核准，对刘青山、张子善判处死刑，立即执行。12月30日，又根据毛泽东的意见，《人民日报》头版将刘、张贪污犯罪事实公布于众。

  公审大会召开前，有人曾向毛泽东说情，提出刘青山、张子善对革命有功，能不能将功折罪，不要枪毙他们，给他们一个改过自新的机会。毛泽东意味深长地说："正因为他们两人的地位高、功劳大、影响大，所以才要下决心处决他们。只有处决他们，才可能挽救20个、200个、2000个、20000个犯有各种不同程度错误的干部。"这是一个严肃且意义深远的决定，是中国共产党人法纪严明、公正无私的鲜明体现。

1952年2月10日，刘青山、张子善贪污案公审大会在河北保定召开，现场两万余名干部群众目睹了这一审判过程。

判处刘青山、张子善死刑，给全体党员干部带来的震慑是巨大的。公开处决刘青山、张子善，就是向天下昭示共产党是容不得为了私利而肆意妄为的，同时也告诫那些自以为有功于革命的人，无论功劳再大，也绝不能利用手中的权力营私，谁那样做就必然会受到法律的严惩。全体党员干部从刘青山、张子善的下场看到贪污的严重后果，特别是那些产生了贪污念头的意志薄弱者因此而悬崖勒马，打消念头。

刘青山、张子善被执行枪决两个多月后，1952年4月18日，中央人民政府委员会第十四次会议批准了《中华人民共和国惩治贪污条例》，4月21日由毛泽东正式签发公布。这是共和国第一部专门惩治贪污腐败的法律条例，规定对贪污情节特别严重者可判处死刑。

如今，刘青山、张子善这一新中国第一贪腐大案虽然过去70多年了，但党中央、毛主席坚决惩治贪污腐败的决心意义重大、影响深远，它像一把高悬的利剑护佑着共和国的健康发展。（缪炳法）

在关于召开全军文化教育座谈会情况报告上的批示

毛泽东在关于总政治部召开全军文化教育座谈会情况报告上的批示

1952年8月24日，毛泽东在罗荣桓、傅钟、萧华关于总政治部召开全军文化教育座谈会情况报告上作出批示："同意这个报告，可用指令发给全军照办。"现由中国人民解放军档案馆收藏。

毛泽东历来十分重视军队的文化教育，早在1944年他就说过："没有文化的军队是愚蠢的军队，而愚蠢的军队是不能战胜敌人的。"但在长期的革命战争中，部队的主要任务是打仗，不可能对广大官兵进行系统文化教育。因此，全国大规模作战任务基本结束后，毛泽东和中央军委即把提高广大官兵的文化水平提到了重要议事日程。

1950年8月1日，毛泽东以中央人民政府人民革命军事委员会主席的名义颁布《军委关于在军队中实施文化教育的指示》，指出："鉴于人民解放军的指挥员、战斗员一般的文化水平太低的情况，为了要完成伟大的新任务，就必须提高全体指挥员、战斗员的文化科学与技术水平，并从军队中培养大批的从工农出身的知识分子。因此，中央决定，全军除执行规定的作战任务和生产任务外，必须在今后一个相当时期内着重学习文化，以提高文化为首要任务，使军队形成为一个巨大的学校，组织广大指挥员和战斗员，尤其是文化水平低的干部，参加文化学习。"

原定从1951年1月开始的有计划的系统文化教育，因抗美援朝战争被迫推迟。1951年7月，朝鲜停战谈判开始后，其战场形势趋于稳定，使人民解放军系统地、大规模地开展文化教育有了可能。

为贯彻中央军委关于1952年全军训练以文化教育为主的方针，1951年11月20日至12月1日，总政治部召开全军第二次宣传文化教育工作会议，重点研究部署1952年全军文化教育工作。经过充分动员准备，自1952年6月1日开始，全军即展开大规模的文化教育运动。

1952年7月21日至7月31日，总政治部召开全军文化教育座谈会。会议主要由各大单位汇报文化教育实施情况与经验，解决文化教育中的一些具体组织领导问题，并制定了全军统一的部队小学语文和数学速成教学方案。会后，总政治部给毛泽东等中央和军委领导写了报告。

毛泽东给警卫战士讲文化课

毛泽东在报告上批示：同意这个报告，可用指令发给全军照办。

在毛泽东和中央军委的正确指导下，广大干部战士发扬人民解放军的优良传统，在"向文化大进军""攻克文化堡垒"等口号的鼓舞下，刻苦学习，表现出高度的学习积极性。

经过一年的文化学习，部队文化水平发生明显的变化，一大批文盲、半文盲干部战士的语文水平达到高小或高小毕业程度。文化程度的提高，改善了部队的精神面貌，提高了干部战士的工作能力，增进了知识分子与工农出身干部、战士的团结。

全军大规模文化教育运动，是人民解放军建设发展历史上的一件大事，是新中国成立后人民解放军正规化、现代化建设的一个重要步骤。这一运动的开展，使人民解放军在长期革命战争中锻炼出来的大批工农出身的干部战士普遍提高了文化水平，对促进20世纪50年代人民解放军的正规化、现代化建设，以及对人民解放军后来的长远建设都具有极为重要的意义。（姜廷玉）

为重点军事院校写的题词和训词

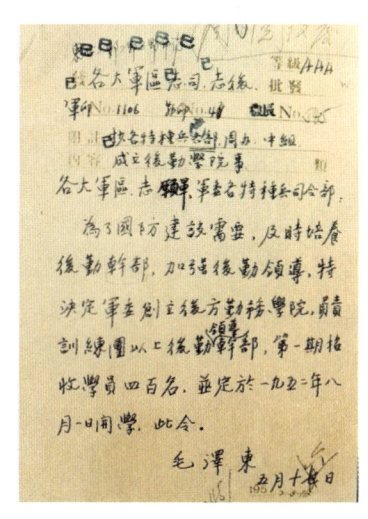

毛泽东发布的创建中国人民解放军后勤学院的命令

毛泽东为中国人民解放军军事学院成立题词:"努力学习,保卫国防。"

建设正规化、现代化革命军队,需要有一大批具有高度政治觉悟和现代军事素质的人才。20世纪50年代初起,随着建设正规化、现代化国防军任务的提出,毛泽东对建设现代化军事院校十分重视,过问军事院校筹建事宜,抽调高级将领筹办军事院校,并为几所重点军事院校写了题词和训词、规定了办校的指导思想和方针。现由中国人民解放军档案馆收藏。

1950年7月,中央军委会议研究了军事院校建设问题。会后,毛泽东批准的军事院校建设方案确定:以战争年代创办的学校为基础,改建、新建一批适应培养现代作战人才的各类院校,包括创办一所全军性综合陆军大学，将各战略区原有的军政大学、军政干部学校和各部队的随营学校改建为高级步兵学校、初级步兵学校和专业技术学校，各军兵种新建一批专业学校等。

毛泽东亲自选帅点将担任军事院校领导，筹划军队高级院校的建设。1950年7月，毛泽东批准西南军政委员会主席刘伯承提出办军事院校的请求。10月，急电刘伯承："希望你速来京主持筹建陆大。"11月13日，刘伯承向毛泽东和中共中央提出《关于创办军事学院的意见书》，建议将拟议中的陆军大学改名为军事学院。毛泽东批准了这个报告。

11月30日，中央军委正式任命刘伯承为中国人民解放军军事学院院长。1951年1月，中国人民解放军军事学院正式成立，毛泽东为其题词："努力学习，保卫国防。"

1952年7月10日，毛泽东以中央人民政府人民革命军事委员会主席名义对军事学院发表训词，充分肯定军事学院的教育成绩，并祝贺第一期学员毕业。训词指出："军委希望你们在建设正规化、现代化的国防部队的光荣事业上，继续努力；并希望通过你们的努力，把建设正规化、现代化的国防部队的精神，贯彻到所有部队中去。"

为了加强人民解放军的后勤工作，训练全军团以上后勤领导干部，

1956年1月，毛泽东（前排左七）同中国人民解放军军事学院的院、部、系领导及苏联顾问等人合影

1952年5月16日，毛泽东发布命令创建中国人民解放军后勤学院。命令指出："为了国防建设需要，及时培养后勤干部，加强后勤领导，特决定军委创立后方勤务学院。"毛泽东抽调东北军区后勤部部长李聚奎任后勤学院院长，筹建后勤学院。

1953年1月31日，毛泽东在给后勤学院的训词中进一步强调了后勤工作的重大意义，指出："对于现代的军队，组织良好的后方勤务工作有极其重大的意义。"2月1日，后勤学院举行开学典礼暨成立大会。后勤学院成立后，为中国人民解放军培养出了一大批中高级后勤指挥人才，适应了部队后勤现代化建设的需要。

1952年6月23日，中央军委发布关于调整全国军事学校的命令，对全国陆军军事院校进行统一调整，并决定建立中国人民解放军总高级步兵学校。毛泽东抽调志愿军副司令员宋时轮任总高级步兵学校校长兼政治委员。

1953年1月7日，毛泽东为总高级步兵学校写了训词。训词指出："你们的学习和教学工作负有伟大的责任，因为你们应当成为全军在步兵方面掌握现代军事技术的模范和领导者。希望你们团结一致，努力学习和教学。"10日，总高级步兵学校在南京成立。

1952年3月，毛泽东批准同意总参谋部《关于成立军事工程学院的报告》。6月，毛泽东和中央军委调志愿军代理司令员陈赓从朝鲜前线回国担任中国人民解放军军事工程学院院长。1953年8月26日，毛泽东为军事工程学院写了训词。训词指出："为了建设现代化的国防，我们的陆军、空军和海军都必须有充分的机械化的装备和设备，这一切都不能离开复杂的专门的技术。今天我们迫切需要的，就是要有大批能够掌握和驾驭技术的人，并使我们的技术能够得到不断的改善和进步。军事工程学院的创办，其目的就是为了解决这个迫切而光荣的任务。"军事工程学院的创办，为人民解放军培养了一大批现代军事工程技术人员，这些技术人员中有的参加了"两弹一星"的攻关，有的成为人民解放军现代化建设的骨干。

为了培训人民解放军中、高级政治工作干部，1951年12月，毛

毛泽东与刘少奇、朱德视察中国人民解放军政治学院

泽东批准创建中国人民解放军政治学院。1954年11月11日，毛泽东任命总政治部主任罗荣桓兼任政治学院院长。1956年3月16日，政治学院举行授旗、开学典礼。政治学院建成后，为全军有效地加强政治工作建设，适应现代化建军和作战的需要造就了一大批政治工作人才。

毛泽东的题词和训词，成为全军高等军事院校创办和建设的指导思想。在毛泽东和中央军委的领导下，人民解放军逐步形成了比较完整的高等军事院校教育体系，培养了一大批具有现代战争知识的军事、政治、后勤干部和专业技术干部。至1953年，全军共建成各级各类军事院校100余所，为培养军队正规化、现代化所需人才创造了条件。（姜廷玉）

关于建设强大海军的题词

1949年,毛泽东为华东军区海军题的词

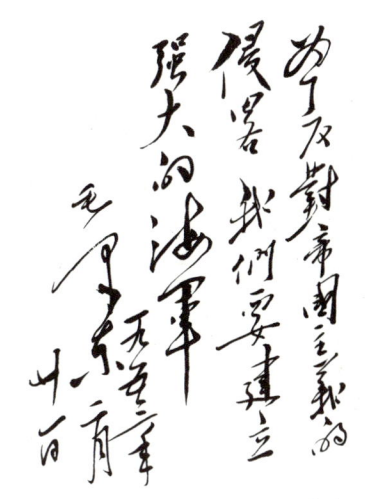

1953年2月21日,毛泽东视察海军部队时题的词

  1949年4月23日,华东军区和第三野战军根据毛泽东和中央军委的指示,在江苏泰州白马庙组建华东军区海军领导机关,张爱萍任司令员兼政治委员。毛泽东为华东军区海军题词:"我们一定要建设一支海军,这支海军要能保卫我们的海防,有效地防御帝国主义的可能的侵略。"

  1953年2月19日至24日,毛泽东先后乘坐海军"长江"舰、"洛阳"舰沿长江而下从武汉到南京视察海军部队。在视察期间,毛泽东接连五次为海军题词:"为了反对帝国主义的侵略,我们要建立强大的海军。"均由中国人民解放军档案馆收藏。

  新中国成立后不久,毛泽东和中央军委即领导组建了海军领导机

1959年，毛泽东与海军司令员萧劲光交谈

1953年2月，毛泽东在陈毅、罗瑞卿、张爱萍陪同下视察海军"南昌舰"

构，并任命萧劲光为海军司令员。毛泽东对萧劲光说："有海就要有海军。过去我国有海无防，受人欺负，我们把海军搞起来，就不怕帝国主义欺负了。再说，我们要解放台湾，也要有海军。"自此，人民海军就成为中国人民解放军的一个新的军种。

刚成立的海军十分弱小，毛泽东十分关心海军的建设，他一再强调要建设一支强大的海军。1952年11月，毛泽东指出："为了肃清海匪的骚扰，保障海道运输的安全；为了准备力量于适当时机收复台湾，最后统一全部国土；为了准备力量，反对帝国主义从海上来的侵略，我们必须在一个较长时期内，根据工业发展的情况和财政的情况，有计划地逐步地建设一支强大的海军。"

1953年2月19日至24日，毛泽东先后乘坐海军"长江"舰、"洛阳"舰沿长江而下从武汉到南京视察海军部队。在视察期间，毛泽东接连五次为海军题词："为了反对帝国主义的侵略，我们要建立强大的海军。"视察期间，他一再对海军指战员说，我们的海岸线这么长，一定要建设强大的海军。现在太平洋还不太平，我们应该有一支强大

的海军。过去帝国主义侵略中国大都是从海上来的。

1953年12月,在中共中央政治局扩大会议上,毛泽东再次提出要建设强大的海军。毛泽东十分重视海军的潜艇建设,他向世人庄严宣告:核潜艇,一万年也要搞出来!在他的倡导下,我国第一艘核潜艇于1970年下水,实现了他的夙愿。

毛泽东在他人生最后的岁月里,仍关心海军的建设事业。1975年5月,他对海军负责人说:海军要搞好,使敌人怕。海军党委专门给毛泽东写了报告,提出海军的发展规划:"力争在十年内建设一支强大的海军。"毛泽东看了以后非常高兴,在海军的发展规划上作了批示:努力奋斗,十年达到目标。一年后,毛泽东离开了人间,上述批示成了他对海军建设的最后嘱托。(姜廷玉)

视察三峡时用过的望远镜

毛泽东视察三峡时用过的望远镜

这是一个双筒黑色铁壳质地的望远镜，长 12.5 厘米、宽 10 厘米、高 12.5 厘米，由于经常使用，它的边缘金属处有多处油漆脱落，皮套带也已多处磨损。这个望远镜真实地见证了毛泽东为治理三峡、规划长江重大决策两次进行实地考察的点点滴滴，现由韶山毛泽东同志纪念馆收藏。

新中国成立后，为了解决长江连年不断的水患，谋划三峡水利工程的建设，毛泽东曾两次实地考察长江。1952 年，新中国经过三年努力，胜利完成了恢复国民经济的任务。从 1953 年起，我国进入了大规模的经济建设时期，"一五"计划着手准备实施。

为了实地掌握长江的基本情况，1953 年 2 月 19 日，毛泽东从武汉登上了海军"长江"舰，开始了为期 3 天的长江行。顺江东下，毛泽东的心情是兴奋的，他时而拿着望远镜向两岸眺望，时而陷入沉思。

在这 3 天的旅程中，他花了两个半天的时间专门向随行的长江水利委员会主任林一山详尽了解有关长江的种种情况。毛泽东问林一山："长江水灾的成因究竟是什么？"林一山回答："是暴雨。据资料记载，1935 年 7 月 1 日开始的一场暴雨，其中心点在宜昌地区五峰县，降雨量达 1000 余毫米，一夜之间，淹死了汉水中下游 8 万人、澧水下游 4 万人。"

听到五峰县曾出现过这么大的洪峰，毛泽东惊诧了，对身旁的公安部部长说："瑞卿，你这个高个子有多高啊？"罗瑞卿笑答："有一米八几！"毛泽东笑着说道："哦，长江真能下雨，有的地方暴雨积起来，比你罗瑞卿这个高个子还要高啊！"

随后，毛泽东仔细听取了林一山关于治理长江防洪防灾 3 个阶段的汇报，并让林一山展开《长江流域水利资源综合利用规划草图》。林一山指着图上大大小小的水库标记说："第三阶段，我们计划在长江干流及其主要支流上逐步兴建一系列梯级水库，拦洪蓄水，综合利用，从根本上解除洪水的威胁。"

毛泽东听到这里，兴奋极了，用红铅笔在宜昌西陵峡标记上重重地划了个大圆圈，说："太好了，太好了，修这许多水库都加起来，你看能不能抵上三峡一个水库呢？""这些水库都加起来，还抵不上三峡一个水库。"林一山答。毛泽东用手掌连连击向宜昌西陵峡的三峡出口处，说："那为什么不在这个总口子卡起来，毕其功于一役？就先修那个三峡水库怎么样？"林一山听了这话，兴奋地说："我们很希望能修三峡大坝，但现在还不敢这样想。"

由此可以看到，通过对长江的实地考察，毛泽东已经萌生起在三峡修建大坝的初步设想。但这还只是初步设想，所以他告诉林一山："三峡问题暂时还不考虑开工，我只是摸个底，你也不需要向中央分管这项工作的同志讲，但南水北调的工作要抓紧。"在考察结束之际，毛泽东又握着林一山的手说："我算是了解了长江，了解了长江的许多问题和知识，学习了水利，谢谢你！"

尽管这一次对长江进行了实地考察，但重点看的还只是中下游地区，而三峡处在长江的上游，到底三峡的真实情况怎么样，毛泽东一直心心念念。1956年6月，他怀着激情澎湃的心情写下了《水调歌头·游泳》，描绘了建设三峡大坝的宏伟蓝图："更立西江石壁，截断巫山云雨，高峡出平湖。神女应无恙，当惊世界殊。"梦想固然美好，而建设三峡大坝这样的大事关乎国计民生，还需要实地考察。

这样的机会在几年后终于来临。

1958年3月25日，在成都召开的中央工作会议讨论通过了《中共中央关于三峡水利枢纽和长江流域规划的意见》，肯定了三峡工程对长江防洪的决定性意义。毛泽东在这份文件上批了8个字："积极准备，充分可靠。"成都会议结束后，毛泽东在四川稍作停留，于3月29日从重庆朝天门码头乘坐"江峡"号客轮顺水东下，在中共上海市委第一书记柯庆施、中共四川省委第一书记李井泉、中共湖北省委第一书记王任重等的陪同下视察三峡。

3月30日，"江峡"号客轮驶过雄奇险峻的瞿塘峡，到达幽深秀丽的巫峡。毛泽东来到船头，拿起望远镜，举目远眺。一路上，左岸的陆游洞、孔明碑、神女峰渐次映入眼帘，令毛泽东无比兴奋和激动，兴之所至，他向身边的船员谈论起有关它们的传说。

特别是行至神女峰附近时，毛泽东用望远镜从几个侧面观看神女峰。他说，宋玉在《神女赋》中说："夫何神女之姣丽兮，含阴阳之渥饰。披华藻之可好兮，若翡翠之奋翼。其象无双，其美无极。毛嫱鄣袂，不足程式。西施掩面，比之无色。"其实谁也没有见过神女，但宋玉的浪漫主义描绘竟为后世骚人墨客提供了无限的题材。

进入滩多水急的西陵峡，毛泽东兴致勃勃地在驾驶室里观察这一带的地形和水势，他对身旁的船员们说："有些地方航道仍然很不好，在三峡修一个大水闸，又发电又便利航运，还可以防洪、灌溉，你们赞成吗？"船员们高兴地说："太赞成了！在三峡修了大水闸，航行就方便了。"

傍晚，"江峡"号客轮在驶过西陵峡新滩、泄滩和腔岭滩后，江面豁然开阔，一个翠竹丛生、绿影婆娑的船形小岛赫然出现在前方，这就是后来名扬中外的三峡大坝坝址所在地——中堡岛。

轮船掉头减速，稳稳地停在江中。毛泽东站在船尾甲板上，举起望远镜，仔细地察看这座神奇的面积约 15 万平方米的小岛：岛呈船形，将汹涌澎湃的长江一分为二；小江在南，宽约 200 米，大江在北，宽约 1000 米。离南岸约 1 公里远有茅坪、三斗坪两个小镇，位于中堡岛的上下两方。观察良久，毛泽东终于慢慢放下望远镜。此时正是傍晚时分，终年忙碌、日理万机的他心旷神怡，满面笑容地听着身边专家的介绍：中堡岛处可以利用大江、小江的有利地理条件分两期施工，大江截流也不必另辟泄洪道。

随后，"江峡"号客轮继续东下，从开阔的三斗坪宽谷驶入水急江窄的西陵峡东段，不久又驶出三峡出口南津关，在三峡出口处的宜昌作短暂停留后，毛泽东结束了这次三峡之行。

经过两次实地考察调研，毛泽东对建设、利用长江，特别是实施三峡工程有了直观的认识。对三峡工程这种世所罕见的大项目，他不得不慎之又慎。尽管毛泽东内心深处是积极赞成修建三峡大坝的，但工程的资金投入、泥沙淤积能否解决、大坝安全等一系列问题都让毛泽东深深思考。再加上此时中国进入多事之秋，三年困难时期造成国内经济形势紧张，苏联撤走专家，国际关系出现重大转变，在这种情况下，毛泽东最终作出了暂缓建设三峡工程的决定。（王健）

修改的《中国人民解放军政治工作条例（草案）》

毛泽东修改的《中国人民解放军政治工作条例（草案）》

罗荣桓、傅钟、萧华、甘泗淇给毛泽东的报告

1954年4月15日，毛泽东就《中国人民解放军政治工作条例（草案）》的前4个条例作出批示："略有修改，可即印发。"同一天，由中共中央、中央军委正式颁行。命令指出："兹颁布《中国人民解放军政治工作条例（草案）》，望全军遵照执行。"现由中国人民解放军档案馆收藏。

毛泽东十分重视军队的政治工作，他认为，革命单靠军事不行，"单有军队，单会打仗是不行的""重要的是政治、根据地、人民群众、党、统战工作，只有会做政治工作的人才会打仗，不懂政治的人就不会打仗。无产阶级革命军队跟资产阶级军队不同，它是人民的军队"。

在土地革命时期和抗日战争初期，人民军队曾颁发过政治工作条例。新中国成立后，原有的政治工作条例已与新的形势不相适应。为了适应建设正规化、现代化革命军队的需要，中央军委在起草共同条令的同时，政治工作条例的起草也在进行。1953年底召开的全国军事系统党的高级干部会议对《中国人民解放军政治工作条例（草案）》进行了审查，给予充分肯定，同时决定组织力量进一步修改、完善。

1954年3月10日，总政治部主任罗荣桓和副主任傅钟、萧华、甘泗淇报告毛泽东，由于工作条例数量太多，有20种，因此请毛泽东审阅4个主要条例，并建议其余16个条例由军委例会审查。

4月9日，彭德怀主持第五十八次中央军委例会，最后讨论通过了《中国人民解放军政治工作条例（草案）》。军委议定"待主席将前四个条例（即《中国人民解放军政治工作条例总则（草案）》《中国共产党军队委员会条例（草案）》《中国人民解放军政治委员工作条例（草案）》《中华人民政府人民革命军事委员会总政治部工作条例（草案）》）审阅同意后，即以军委名义作为草案颁发执行"。毛泽东在审阅《中国人民解放军政治工作条例（草案）》时，将"中国共产党在中国人民解放军中的政治工作是我军战斗力量的保证"改写为"中国共产党在中国人民解放军中的政治工作是我军的生命线"，重申政治工作是我军的生命线，把政治工作的重要地位鲜明地提出来了。4月15日，毛泽东就前4个条例作出批示："略有修改，可即印发。"同一天，由中共中央、中央军委正式颁行。命令指出："兹颁布《中国人民解放军政治工作条例（草案）》，望全军遵照执行。"

《中国人民解放军政治工作条例（草案）》的颁布实施，是人民解放军建军史和政治工作史上的一件大事，是新中国成立后人民解放军的第一部政工条例。它系统地总结了人民解放军政治工作的历史经验，联系了军队现代化建设的实际，对人民解放军政治工作的性质、任务、职责、组织形式、工作作风与各方面的关系，以及军队现代化建设中的一些根本性问题都作了明确的规定。

《中国人民解放军政治工作条例（草案）》，是军队正规化、现代化建设中政治工作的指针，回答了在进行正规化、现代化建设的新形势下军队政治工作的地位和作用问题，对于加强人民解放军的建设特别是加强政治工作起了重要作用，从政治方向上保证了军队正规化、现代化建设的全面开展。（姜廷玉）

给国营三二〇厂全体职工的嘉勉信

毛泽东给国营三二〇厂亲笔签署的嘉勉信

1954年8月1日，毛泽东给国营三二〇厂亲笔签署嘉勉信，现由江西洪都航空工业集团档案馆收藏。

第二机械工业部转国营三二〇厂全体职工同志们：

七月二十六日报告阅悉。祝贺你们试制第一架雅克十八型飞机成功的胜利。这在建立我国的飞机制造业和增强国防力量上都是一个良好的开端。希望你们继续努力，在苏联专家的指导下，进一步地掌握技术和提高质量，保证完成正式生产的任务。

毛泽东

1954年8月1日

1949年10月1日的开国大典上，人民空军的飞机第一次飞过天安门，向刚刚诞生的新中国致敬。然而，在这个编队中，还没有一架飞机是中国人自己制造的。1950年,朝鲜战争爆发,中国人民志愿军赴朝后,因未掌握制空权,地面部队和交通线处在美军空中威胁之下。在这种情况下,毛泽东指出:我们打了几十年的仗,建立了很强大的陆军。但是,我们没有空军对付头上的敌机。今天,我们有了建立海、空军的条件,应当着手建立一支强大的海军和一支强大的空军。尤其是空军,对于国防极其重要,应当赶快建立。

为了迅速适应抗美援朝战争的需要,全力保证空军飞机的修理,中国先后建立了几家飞机修理厂。南昌具有一定的航空工业基础,国民党空军第二飞机制造厂曾设在南昌青云谱。南昌解放后,中南军管会接收了这个工厂,并将它同原国民党航空研究院合并,组成南昌航空站。1951年4月,华东军区空军第22厂与南昌航空站合并,在原国民党空军第二飞机制造厂旧址建立洪都机械厂,代号为国营321厂(1953年2月改为国营320厂)。

洪都机械厂成立之初,工厂只是修理苏联雅克-18教练机。当时,技术力量极其缺乏,工厂就从社会上调集了各种技术人员,他们当中有汽车修理工、有钣金行当的手工艺者,也有刚刚从技术学校毕业的学生。在重重困难面前,洪都机械厂不仅扩大了修理范围,而且开始对飞机零部件进行试制。随着零部件试制工作的不断推进,人们也在设想着:我们自己是否可以制造一架飞机呢?

5月12日,重工业部代部长何长工就南昌飞机厂的修建问题点了江西省政府主席邵式平的"将"。邵式平欣然受命,并充满豪情地说:"武装夺取政权的第一枪是在南昌打响,新中国自己制造的第一架飞机也要出在南昌。"5月17日,江西省委、省政府、省军区研究决定,成立以邵式平为主任的建厂委员会,主持建厂工作。

1953年,"一五"计划开始执行,毛泽东和党中央根据抗美援朝中我军的不足和国防战略布局把航空工业放在极为重要的发展战略位置。苏联雅克-18教练机的试制工作作为苏联援助我国建设的156个重点工程项目之一在全国人民的大力支援下启动,人们给雅克-18起了个中文名字——初教-5。

1954年，工厂建设任务书经国家计划委员会批准，确定于1955年第三季度试制成功第一架飞机。在党中央与毛主席的关怀下，军委空军、二机部给予了大力支持。国营320厂一边建设，一边生产，全厂职工在"为制造祖国第一架品质优良的飞机而奋斗"的号令下，克服种种困难，工厂仅有的十几个大学生都参与了图纸的测绘、设计工作。

1954年7月26日清晨的江西南昌附近，3架飞机振翼腾空，在试飞站上空变换编队，做着种种特技表演。我国自己制造的第一架初教-5型飞机提前一年零两个月从南昌这座英雄城飞上了祖国的蓝天。两天后，《人民日报》在第一版上发表了新华社的报道《我国自制飞机成功》，这标志着我国航空制造工业的光辉开端。周恩来在北京获知南昌自制首架飞机胜利成功，并通过国家鉴定，非常高兴，立即发来贺电，表示热烈祝贺。

8月1日，毛泽东发来嘉勉信："祝贺你们试制第一架雅克十八型飞机成功的胜利。这在建立我国的飞机制造业和增强国防力量上都是一个良好的开端。"

初教-5的试飞成功，使中国不能制造飞机的历史从此结束，同时开启了中国航空工业由修理到仿制再到自主研发的历史进程，翻开了中国航空发展史上崭新的一页。这封嘉勉信，也成了中国航空人砥砺前行、高歌奋进的不竭动力。

两年后的7月，米格-17喷气式战斗机也制造出来了，并试飞成功，比预定计划又提前了一年。9月8日，庆功大会在新中国航空工业局诞生地——沈阳召开，聂荣臻元帅、司法部部长史良、轻工业部部长沙千里、建材部部长赖际发、军委装备部部长万毅等都到会观看了飞行表演。周恩来亲自批准，奖金两万元，鼓励试制单位。毛泽东也分外高兴，说："自从盘古开天辟地以来，我们不晓得造飞机，造汽车，现在开始能造了！"这些成就都诞生在第一个五年计划期间，中国的航空工业由此崛起，因此航空工业战线的老人都称那个时期为我国航空工业的"黄金时代"。（彭志才）

1955 年授衔时为毛泽东准备的大元帅服

为毛泽东准备的大元帅服

大元帅服上的肩章

1955 年中共中央和全国人大常委会在研究授衔时，拟授予毛泽东中华人民共和国大元帅军衔，有关部门还为毛泽东做了大元帅服。这套大元帅服现收藏在中国人民革命军事博物馆。

为了适应现代战争多军兵种协同作战的要求，加强人民解放军的正规化、现代化建设，1953 年 1 月 9 日，中央军委发出《关于实施军衔制度准备工作的指示》。同年 9 月，彭德怀在给毛泽东的报告中说：军衔主要是确定每一个军人在队列中的地位和职权，以便按职责条令的规定行使职权，同时又是国家给予军人的一种荣誉，以鼓励其在军队中的工作和上进心。1953 年 12 月至 1954 年 1 月，中央军委在北京召开的全国军事系统党的高级干部会议明确提出我军实行军衔制。

1955 年 1 月，中央军委发布《关于评定军衔工作的指示》。2 月 8 日，

《中国人民解放军军官服役条例》经全国人民代表大会常务委员会第六次会议通过，毛泽东以中华人民共和国主席名义签署命令，公布执行。该条例对军官的来源和条件、军官职务任免原则、军官的权利和义务、军衔的评定（军衔定为尉官、校官、将官和元帅4等14级）都作出了明确规定，并规定人民解放军于同年10月1日开始正式实行军衔制度。

　　元帅和大将的授衔名单，是由中共中央书记处提名，经过政治局审议确定，最后由人大常委会讨论通过。在初步方案中，毛泽东被提名授予大元帅军衔，周恩来、刘少奇、邓小平为元帅，李先念、谭震林、邓子恢、张鼎丞等为大将，并为他们授勋。但在讨论大元帅军衔时，毛泽东坚持不要大元帅军衔，不要勋章。这事在一次人大常委会上还引起了热烈讨论，许多人大常委会委员纷纷发言，认为毛泽东等领导同志是人民解放军的缔造者和领导者，指挥过许多重大战役，为军队的建设和发展作出了重大贡献，在全党全军和全国人民中都享有崇高的声誉，应该给他们授衔授勋。毛泽东在革命战争中功劳最大，应该授予大元帅军衔，并授予3个一级勋章。大家一致要求给毛泽东授予大元帅军衔。

　　当国防部部长彭德怀、总政治部主任罗荣桓等向毛泽东等中央领导汇报授衔授勋方案时，毛泽东听完汇报后说：你们搞评衔，是很大的工作，也是很不好搞的工作，我这个大元帅就不要了，让我穿上大元帅的制服，多不舒服啊！到群众中去讲话、活动，多不方便啊！依我看呀，现在在地方工作的，都不评定军衔为好！接着，他对刘少奇说：你在部队里搞过，你也是元帅。刘少奇当即表态说：不要评了。毛泽东又问周恩来、邓小平：你们的元帅军衔还要不要评啊？周恩来、邓小平都摆摆手说：不要评了，不要评了。

　　毛泽东和刘少奇、周恩来、邓小平等中央领导人主动提出不要军衔的高尚风格，对广大指战员正确对待荣誉、正确对待自己对革命的贡献、正确对待自己所定的军衔起到了深刻的教育和表率作用，带动了全军军衔评定工作的顺利进行。

　　1955年9月27日，中华人民共和国主席授予中国人民解放军军

1955年9月，毛泽东为朱德等元帅授衔

官以中华人民共和国元帅军衔及授予有功人员勋章典礼在北京中南海隆重举行。毛泽东将授予中华人民共和国元帅军衔的命令状授予朱德、彭德怀、林彪、刘伯承、贺龙、陈毅、罗荣桓、徐向前、聂荣臻、叶剑英。授衔完毕后，毛泽东又将一级八一勋章、一级独立自由勋章、一级解放勋章授予10位元帅。同日下午，国务院亦举行授衔授勋典礼。周恩来分别把授予大将、上将、中将、少将军衔的命令状和勋章授予粟裕、徐海东、黄克诚、陈赓、谭政、萧劲光、张云逸、罗瑞卿、王树声、许光达等在京的将军。

此后，各总部、各军区、各军兵种也相继举行了授衔授勋仪式。从此，中国人民解放军开始正式实行军衔制，在正规化建设的道路上迈出新的步伐。（姜廷玉）

20 世纪 50 年代乘坐的吉斯 115 轿车

毛泽东乘坐的吉斯 115 轿车

毛泽东座驾的发动机标牌

苏联斯大林汽车制造厂生产，зис（嘎斯），Изделие Зав Ио 10040（生产编号：10040），ГодВыпуска 1954（1954 年生产）

这是毛泽东乘坐的苏联赠送的吉斯 115 轿车，现陈列在中国人民革命军事博物馆。

1949 年，苏联研制出吉斯 110 的装甲型汽车，被命名为吉斯 115，其产量仅仅 30 辆左右。它是苏联汽车工业发展史上的一个里程碑，此后，苏联的汽车制造水平有了显著提升。吉斯 115 汽车长 6 米、宽近 2 米，车身安装了防弹装甲，8 厘米厚的防弹玻璃能有效阻挡子弹及弹片，车身底盘上安装有厚重的钢板装甲，能够经受住地雷爆炸的冲击，车厢内还有一道可升降的中隔玻璃，能与前面驾驶舱隔开，便于保密。整车自重达5吨，配备的是8缸发动机，百公里油耗是28升。

该车发动机标牌显示，其生产厂家为苏联斯大林汽车制造厂，主要配给苏共中央主席团委员，还作为礼物送给其他社会主义阵营国家元首。当时我国领导人毛泽东、周恩来、朱德等人都乘坐过吉斯115。

毛泽东乘坐这辆轿车时，总喜欢坐在后排右边的座位上，常常将头靠在软枕上思考问题和休息。毛泽东坐车很特别，他不坐别人的车，却愿意别人来挤他的车，因此他的吉斯115里经常挤满人。赫鲁晓夫访问中国时，听说了毛泽东的这一爱好后，欣然与刘少奇、周恩来加上秘书和保卫人员一共7个人与毛泽东挤坐在吉斯115里，一起到人民大会堂参加国宴。

1992年春天，中国人民革命军事博物馆筹办中国人民解放军建军65周年大型展览，先后将邓小平的阅兵车和朱德的工作车征集到馆里。这时，大家都有一个共同的心愿，要是把毛主席的"坐骑""请"到展厅就更好了。

负责文物征集的同志立即投入了征集工作，从中央警卫局到公安部，千方百计、顺藤摸瓜，终于找到了毛主席原来的秘书申虎成。申虎成对军事博物馆要展出领袖"坐骑"的设想非常赞同，他提供了一条重要线索：20世纪50年代毛主席乘坐的一辆吉斯115现在可能在浙江，由省公安厅负责保管，当时是为了便于毛主席视察南方而运去的。

7月16日，征集同志连夜与浙江省公安厅取得联系，夏厅长接到电话当场拍板："将主席的'坐骑'放在军事博物馆陈列展出，让更多的人看到主席乘坐过的车，一定会让人感到很亲切。这件事很有意义，我们全力支持，无条件捐赠！"并告诉他们吉斯115就存放在杭州市公安局。

军事博物馆文物处派人飞往杭州，到市公安局一看，车果然在，而且被擦得光亮如新。仓库管理员说："我守护它几十年了，从来舍不得上面有半点儿灰尘。看见主席坐过的车，就像看到主席一样，心里亲呐。"由于经常保养，车仍然可以启动。军事博物馆的同志查看了车况，准备将车先开到上海，再由火车运送到北京。

7月18日上午，在杭州市公安局院内，由军事博物馆和杭州市公安局，以及驻地官兵共同举行了毛主席的"坐骑"交接、欢送仪式，场面简短而热烈、生动而感人。人们怀着无比崇敬的心情，围着这辆特殊的轿车，有的鞠躬、有的敬礼、有的抚摸着胸口，不少人眼含热泪，依依不舍地向毛主席的"坐骑"告别，浙江省军区的领导派军车护送。

30多年过去了，毛主席乘坐过的吉斯115轿车又出现在杭州城区。文物工作人员动情地说："今天要是毛主席坐在车上，看到杭州发生这么大的变化，老人家心里会是多么高兴啊！"在路口遇到红绿灯时，并排行驶的一位出租车司机摇下车窗好奇地问："这是哪个领导坐过的车吧？"当他得知这是毛主席乘坐过的轿车时，顿时表现出兴奋的神情，连声惊叹："没想到我这'出租'也能同主席的车走在一起，真荣幸、真荣幸……"绿灯已经亮了，他还看个没完。

这车没有空调，闷热难忍，司机整个人像刚从水里捞出来的。有人劝他歇会儿再走，可他抓着方向盘就舍不得松手。路上，他们心里一直美滋滋的。突然，车没油了。正巧，南京军区某部的两辆大卡车经过，听说是毛主席坐过的轿车，司机二话没说就从卡车里抽出一桶油给加上了。

过了一会儿，车跑得正起劲时，轮胎"哧哧"地冒气，好在不远处是桐乡汽车站。桐乡汽车站的同志不仅把车修好，还把路面打扫得干干净净。当毛主席的车要离开时，工人们齐刷刷地跟在后面挥手致意，一直送了很远。

第二天早晨，车刚进入上海市区徐家汇永嘉路，就抛锚在马路中间。当时正是上班高峰，交警问明情况后，赶紧疏导行人和车辆。附近的上海市仪表局测试中心的16名科技人员刚换上白大褂，顾不上再换衣服就急忙跑出来，一边帮着往路边推车，一边关切地询问这辆轿车的情况，不少人不是伸出手臂往前推而是贴着胸口向前拥。他们深情地望着轿车，许久不愿离去。

到了上海,负责军车运输的华东物资局一听是运毛主席的"坐骑",物资局的同志马上派卡车到现场去"请"。当他们了解到这辆轿车要赶在建军65周年展览中与观众见面时,立即派人到上海铁路局军代处办理托运手续。按照常规,需要提前一个月申请车皮计划,但他们特事特办,仅用了6天时间,这辆轿车就在军博"入户"了。

从杭州到北京,从公路到铁路,从城市到乡村,一路风尘、一路故事。毛主席为中国人民谋幸福、为中华民族谋复兴的丰功伟绩早已化作全国亿万人民对伟大领袖的深厚感情和真诚爱戴。

1992年7月25日,纪念建军65周年大型展览在中国人民革命军事博物馆隆重开幕,毛主席的"坐骑"首次公开展出,它像一座丰碑,矗立在人民的心间!(张炳然)

1957年赴莫斯科访问时戴过的礼帽

毛泽东1957年赴莫斯科访问时戴过的礼帽

  在韶山毛泽东同志纪念馆珍藏的毛泽东遗物中,有一顶精致的礼帽,这是毛泽东遗物中唯一一顶礼帽,因而格外引人注意。这是一顶棕色呢料礼帽,帽檐宽7.5厘米,帽顶下部装饰一条4厘米同色绸带,闪闪发亮,帽顶内部则围着同色同宽的牛皮带,带上印有银灰色字样:"鹿牌呢帽,公私合营上海中国瑞记制帽厂出品。"

  1957年11月2日至21日,毛泽东率中国代表团赴莫斯科参加十月社会主义革命40周年庆祝活动和社会主义国家共产党和工人党代表会议时,便戴着这顶礼帽。

  为了迎接以毛泽东为首的中国代表团的到来,苏联方面准备搞大规模欢迎仪式,200万人上街欢迎。毛泽东得知后不赞成,他要卫士长李银桥转告此次访苏代表团秘书长杨尚昆,请他快与苏联大使尤金联系,报告苏联领导人,能否把机场的迎宾仪式统统去掉,最多只能让300人欢迎,再加上仪仗队,最好一下飞机就走。苏联方面尊重了毛泽东的意愿,仪式很简朴,但迎接的礼遇规格仍然很高。

  1957年11月2日下午3点20分,毛泽东等党和国家领导人乘坐的"图-104"客机降落在莫斯科机场，苏联党政主要负责人赫鲁晓夫、布尔加宁等到机场迎接。当毛泽东出现在机舱门口时，现场掌声一片。在热情的拥抱、亲颊等欢迎礼仪之后，毛泽东检阅了三军仪仗队，发表了简短的致辞，对苏联的盛情邀请表示感谢，并旗帜鲜明地肯定苏联革命和建设的巨大成就，肯定了"以苏联为首"的提法，给予苏联共产党有力的支持。

11月5日，莫斯科的天气已经极其寒冷，毛泽东穿上自己喜欢的灰色中山装礼服，外面披上灰色长大衣，戴上了这顶礼帽，率中国代表团前往莫斯科红场拜谒列宁、斯大林墓，并敬献花圈。

与第一次访苏时受到的冷遇不一样，此次访苏期间，毛泽东不但受到了高规格的欢迎仪式，还成了各国共产党的中心人物。11月6日，毛泽东出席苏联最高苏维埃举行的庆祝十月社会主义革命40周年大会并发表讲话，他的讲话，受到了全世界与会者的热烈欢迎，不断收获长时间的掌声。

为了促进以苏联为首的社会主义阵营的内部团结，毛泽东接连会见了一些重要的共产党的领导人，与他们交换意见，进一步促进了各国共产党和工人党会议的成功。他还于11月17日来到莫斯科大学视察，看望了在莫斯科学习的近3000名中国留学生和实习生，留下了那句勉励青年人的著名语录："世界是你们的，也是我们的，但是归根结底是你们的。"他的话至今仍激励着一代又一代青年人。（谭意）

起草的《告台湾同胞书》手稿

毛泽东起草的以国防部部长彭德怀名义发表的《告台湾同胞书》手稿（部分）

1958年10月6日，毛泽东起草以国防部部长彭德怀名义发表的《告台湾同胞书》手稿。现由中央档案馆收藏。

为了打击对大陆窜扰、破坏的国民党军，反对美国侵犯中国主权、干涉中国内政，根据中央军委的决定，1958年8月23日，福建前线人民解放军开始向金门的国民党军和驶往金门的舰船进行大规模炮击。10月3日、4日，中央政治局召开会议决定：对金门炮击采取"打而不登，封而不死"，"让蒋军留在金、马"；反对美国制造"两个中国"，反对美国霸占台湾合法化，以利通过谈判通盘解决台湾问题的方针。

10月5日，毛泽东指示福建前线部队，不管有无美机美舰护航，对金门停止炮击两天。10月6日，毛泽东起草了以国防部部长彭德怀名义发表的《告台湾同胞书》，当日在《人民日报》上发表，并通过福建前线广播电台对外广播。

《告台湾同胞书》指出：

台湾、澎湖、金门、马祖军民同胞们：

我们都是中国人。三十六计，和为上计。金门战斗，属于惩罚性质。你们的领导者们过去长时期间太猖狂了，命令飞机向大陆乱钻，远及云、贵、川、康、青海，发传单，丢特务，炸福州，扰江浙。是可忍，孰不可忍？因此打一些炮，引起你们注意。台、澎、金、马是中国领土，这一点你们是同意的，见之于你们领导人的文告，确实不是美国人的领土。台、澎、金、马是中国的一部分，不是另一个国家。世界上只有一个中国，没有两个中国。这一点，也是你们同意的，见之于你们领导人的文告。你们领导人与美国人订立军事协定，是片面的，我们不承认，应予废除。美国人总有一天肯定要抛弃你们的。你们不信吗？历史巨人会要出来作证明的。杜勒斯九月三十日的谈话，端倪已见。站在你们的地位，能不寒心？归根结底，美帝国主义是我们的共同敌人。十三万金门军民，供应缺乏，饥寒交迫，难为久计。为了人道主义，我已命令福建前线，从十月六日起，暂以七天为期，停止炮击，你们可以充分地自由地输送供应品，但以没有美国人护航为条件。如有护航，不在此例。你们与我们之间的战争，三十年了，尚未结束，这是不好的。建议举行谈判，实行和平解决。这一点，周恩来总理在几年前已经告诉你们了。这是中国内部贵我两方有关的问题，不是中美两国有关的问题。美国侵占台澎与台湾海峡，这是中美两方有关的问题，应当由两国举行谈判解决，目前正在华沙举行。美国人总是要走的，不走是不行的。早走于美国有利，因为它可以取得主动。迟走不利，因为它老是被动。一个东太平洋国家，为什么跑到西太平洋来了呢？西太平洋是西太平洋人的西太平洋，正如东太平洋是东太平洋人的东太平洋一样。这一点是常识，美国人应当懂得。中华人民共和国与美国之间并无战争，无所谓停火。无火而谈停火，岂非笑话？台湾的朋友们，我们之间是有战火的，应当停止，并予熄灭。这就需要谈判。当然，再打三十年，也不是什么了不起的大事，但是究竟以早日和平解决较为妥善。何去何从，请你们酌定。

中华人民共和国国防部部长　彭德怀
一九五八年十月六日上午一时

《告台湾同胞书》充分阐明了炮击金门的性质，进一步声明"台湾问题"是中国的内部事务，把国共两党之间内政问题与中美之间的国际问题严格区别开来，明确了以和平方式解决国共两党之间的冲突，谈判解决中美矛盾。

10月13日凌晨，在暂停7天炮击的期限已满，金门岛上国民党军再度紧张之时，毛泽东又起草了以国防部部长彭德怀名义发布的给福建前线人民解放军的《中华人民共和国国防部命令》（以下简称《命令》）：

"金门炮击，从本日起，再停两星期，借以观察敌方动态，并使金门军民同胞得到充分补给，包括粮食和军事装备在内，以利他们固守。兵不厌诈，这不是诈。这是为了对付美国人的。这是民族大义，必须把中美界限分得清清楚楚。我们这样做，就全局说来，无损于己，有益于人。有益于什么人呢？有益于台、澎、金、马一千万中国人，有益于全民族六亿五千万人，就是不利于美国人。""台、澎、金、马整个地收复回来，完成祖国统一，这是我们六亿五千万人民的神圣任务。这是中国内政，外人无权过问，联合国也无权过问。世界上一切侵略者及其走狗，通通都要被埋葬掉，为期不会很远。他们一定逃不掉的。他们想躲到月球里去也不行。寇能往，我亦能往，总是可以抓回来的。一句话，胜利是全世界人民的。金门海域，美国人不得护航。如有护航，立即开炮。"

《命令》让台湾军民更进一步地明白：台湾是中国的领土，这是世界公认的；实现祖国的完全统一，是中国的内政。《命令》对教育台湾人民以民族大义为重，共同反对外国干涉势力，争取台湾民心，瓦解台军士气，起到了重要作用。

《命令》发布后，美国认为中国再次停止炮击是其采取"强硬"政策的结果。10月17日，美国宣布对台湾援助地空导弹、坦克等武器装备。18日，美国又宣布杜勒斯将于21日访台。19日，美国置中国政府的声明和警告于不顾，派4艘军舰侵入金门海域，为国民党军军舰护航。

对于美国的干涉侵略行径，中央军委决定提前恢复炮击，以表明中国政府说话算数的坚定立场。10月20日16时，福建前线部队对金门实施第五次大规模炮击，发射炮弹8800余发，击中国民党军运输舰3艘、大型货船1艘、C-46型运输机1架。

针对美国在制造"两个中国"中玩弄的新伎俩，10月25日，毛泽东以国防部部长彭德怀名义发表《再告台湾同胞书》，揭露美国政府的新阴谋。《再告台湾同胞书》重申"世界上只有一个中国，没有两个中国""中国人的事只能由我们中国人自己解决。一时难于解决，可以从长商议"，不许美国插手。并宣布人民解放军"逢双日不打金门的飞机场、料罗湾的码头、海滩和船只，使大金门、小金门、大担、二担大小岛屿上的军民同胞都得到充分的供应……以利你们长期固守"，但仍以无美军护航为条件。

10月31日，中央军委又决定："使国民党军人员能走出工事自由活动，晒晒太阳，以利其长期固守；逢单日可略为打一点炮，炮弹一般不超过200发。"至1959年1月9日，炮击金门实行"双日不打单日打"。在此期间进行过两次较大规模的炮击。福建前线人民解放军于1958年11月3日对金门实施第六次大规模炮击，打击目标主要是金门国民党军的炮兵，总的目的是不把金门封死，给金门国民党军以生存条件。另一次是1959年1月3日，金门国民党军炮击大嶝岛，炸死31名儿童，为惩罚国民党军的罪恶行径，福建前线炮兵向金门实施第七次大规模炮击，发射炮弹2.6万余发。

从1958年8月至1959年1月，人民解放军对金门实施了7次大规模炮击、13次空战和3次海战，发射炮弹10余万发，击落、击伤

毛泽东视察中国人民解放军炮兵某部

国民党空军飞机36架,击沉、击伤舰船27艘。

1959年1月9日,中央军委发出"今后逢单日不一定都打炮"的指示,福建前线炮兵对金门国民党军的炮击转到零星炮击、不封不锁,让其固守状态。1960年6月16日,美国总统艾森豪威尔访问台湾,中央军委决定,按照单日打炮的惯例,于17日艾森豪威尔到达台湾的前夕和19日其离开台湾时福建前线炮兵举行炮击示威。这次炮击比"八二三"炮击还猛烈,两天炮击使用35个炮兵营420余门火炮,发射炮弹达6.8万余发,但炮弹多打在空旷滩头、水洼等处。以这种时机、这种方式进行这样大规模的炮击,目的是让美国充分认识到,中国政府坚决反对外国干涉中国内政、插手台湾问题的决心和态度。

1961年12月中旬,根据台湾海峡军事斗争形势的变化,中央军委指示福建前线部队,为保持台湾海峡的稳定,不主动打击金门国民党军。从此,福建前线部队仅在单日打一些宣传弹,这种局面一直持续到1979年1月1日。(姜廷玉)

回韶山和上井冈山时乘坐的吉姆车

毛泽东回韶山和上井冈山时乘坐的吉姆车

在韶山毛泽东同志纪念馆专题陈列展区，有一辆银灰色的苏制吉姆车静静地停在那里。它外观大气，车内干净整洁、宽大，前后两排是暗红色沙发，出行时，中间一般还会放毛泽东外出随身带的水箱。它陪伴着毛泽东于20世纪五六十年代回湖南，1965年重上井冈山。

1959年6月下旬，毛泽东从北京南下河南、湖北等省之后，于24日抵长沙。当时的长沙，酷暑难当，毛泽东并没有进招待所休息，而是坚持留宿在列车上。下午，毛泽东畅游湘江之后，他突然对秘书高智说要回韶山看看。第二天，湖南省委派司机赵毅雍开着这辆吉姆车送他回到阔别32年的故乡。

车从长沙开出来才约20里，毛泽东就再也按捺不住了，不时地撩起窗帘往外看。在外多年的游子回到生他养他的故乡，多少回忆涌上了心头，当年的人和物呢？他们又在哪里？带着淡淡的伤感和期待，晚7点左右，小车驶进韶山冲，在韶山招待所（今韶山宾馆）前缓缓停下。毛泽东走下汽车，神采奕奕，慈祥的脸上笑容可掬，他和在此迎候的当地负责同志一一握手，并用浓郁的乡音说："乡亲们好！"

此次回乡，毛泽东在韶山一共待了3天，哪里有群众，他就叫司机在哪里停车，走下车来和人们握手、合影，车子则徐徐地跟在后面。

1965年5月，毛泽东时隔38年重上井冈山，这次，陪伴毛泽东的仍然是这辆吉姆车。21日下午1时，毛泽东乘坐赵毅雍驾驶的吉姆车向茶陵出发，顺利渡过洣水，于次日下午到达宁冈茅坪，奔上通往黄洋界的路。

车子一路穿行在陡峭的盘山公路上，到达黄洋界后，毛泽东下车旧地重游，高兴地与随行人员合影留念后，车队直奔茨坪。这时太阳开始下山了，山势虽不如之前的那么险峻，但山路坡度却越来越大，渐渐地车头温度升高，水箱的水开锅了，汽车熄火停了下来。这下把赵毅雍给急坏了，他是个开车多年的老司机，当时虽然只有30多岁，但平时做事严谨沉稳，才每次都被湖南省委指定为毛泽东开车。他一路上谨慎小心，车子开得又快又稳，没想到在这个关键时刻却出了意外。

而此时，山上一时又没有水源，所以当时有工作人员去报告了毛泽东，建议他换乘另一辆车。可毛泽东听了却摇头拒绝，说："不要换车，这位司机很好，车也很好，我不赞成换。"说着他走到赵毅雍面前安慰道："不要急，水箱开锅不要紧，加点冷水就行了。"为了缓解赵毅雍的紧张情绪，他又风趣地对工作人员说："我水箱里有水，把我喝的凉水先给汽车喝。"赵毅雍立马照办，把为毛泽东准备的凉开水全倒进了汽车水箱，很快，车子发动了，平稳地开出了黄洋界，到达茨坪。毛泽东在这里住了7天，在他的坚持下，车子一直没有离开，直到5月30日送毛泽东上专列，历时10天，经11县、市，行程1410里。

1966年6月17日，毛泽东秘密回韶山，居住在"西方山洞"滴水洞，乘坐的依然是这辆由赵毅雍驾驶的吉姆车。后来毛泽东再来湖南，换上了国产的红旗车，这辆苏联产的吉姆车便光荣退役了。（谭意）

在庐山芦林一号别墅使用过的物品

毛泽东在芦林一号别墅使用过的包绒六斗双门衣橱（尺寸：长139厘米、宽54厘米、高129厘米）

  该衣橱由六明一暗七个抽屉和一双门橱组成，木制。台面、前面和两侧面外包绒布，背面由三合板制作。橱柜布局为左右两扇门，中间为从上至下六个抽屉，左门内空，右门内上端设一暗抽屉，抽屉下方空柜中间有一隔板，一分为二。双门六斗外都有拉手，抽屉侧周面都用樟木板制作。底面为三合板，橱底支有四矮腿。该橱柜做工精细，设计讲究，美观实用，是毛泽东在庐山开会期间使用过的物品之一。

毛泽东在芦林一号别墅使用过的躺椅（尺寸：长110厘米、宽67厘米、高86厘米）

  该躺椅呈半斜状。躺垫以木作框架，内填棉，外包布。扶手和四腿以木制成，四腿横向有三根木档，扶手与四腿连为一体，油木本漆。该躺椅设计简练、美观、实用、舒适。

毛泽东在芦林一号别墅使用过的高低木床架（尺寸：高床架，宽180厘米、高89厘米；低床架，宽180厘米、高77厘米。床梃长230厘米、宽11.5厘米、厚3厘米）

毛泽东在芦林一号别墅使用过的方形木餐桌（尺寸：边长82厘米、高89厘米）

该餐桌为木制，桌面呈四方形。四角由四根长4.5厘米、宽4.5厘米、高83.5厘米腿支撑。四腿上端由四块木板连接固定，呈四方形。四腿下方由两根横栏加固，桌面以胶合板贴面，整体油漆为棕黄色。

毛泽东在芦林一号别墅使用过的包绒办公椅（尺寸：长60厘米、宽60厘米、通高117厘米）

该办公椅坐垫和靠背以墨绿色绒布包面,内填棉,边框以木制作,布与木以铁图钉和铁钉、铆钉相合。扶手和四腿以木制成,油漆为棕黄色。两前腿为圆形,上粗下细,两后腿为方形。

毛泽东在芦林一号别墅使用过的藤椅(尺寸:长52厘米、宽78厘米、通高107厘米)

该藤椅以竹为骨架,外用藤编绕,座面和背面用藤编织人字纹和十字网纹;四足中间以两根竹交叉固定和八根竹片呈丫形支撑加固。座面前沿下以1根横栏和2根竖档加固,座面两侧为扶手,扶手和靠背以10根竹撑加固。

单层结构的庐山芦林一号别墅是全国重点文物保护单位,1960年由武汉中南设计院设计,1961年初夏竣工,建筑面积达3700平方米。1961年8月23日至9月16日中央工作会议期间,毛泽东在这里工作、生活,留下了大量珍贵的实物,有藤椅、石砚、竹笔筒、绿色绒布单人沙发、方形木餐桌、躺椅、高低木床架、长方木桌、包绒办公椅、红木烟灰缸等,均收藏在庐山博物馆。

1961年8月21日，毛泽东登上了夜色朦胧的庐山，下榻于芦林一号别墅。从8月23日至9月16日，毛泽东在庐山主持召开中央工作会议，为纠正实际工作中的"左"倾错误、使国民经济走出低谷作了又一次努力。在这里他和与会同志讨论了周恩来、邓小平等人已经做了大量调研工作的"农业六十条""工业七十条""高教六十条"等重要文件，使得国民经济调整时期的这3个纲领性文件在会议上顺利通过。

中央工作会议期间，毛泽东在芦林一号别墅办公和休息，挑灯夜读是每日的必修课。秉烛夜读的身影、深入思考的批注，无不体现毛泽东严谨的工作态度和孜孜不倦的学习精神，他曾说过："我一生最大的爱好是读书。"其一生读书之多、之广、之深，是终身学习、酷爱读书的典范。在庐山会议期间，毛泽东也忙里偷闲，广泛阅读，芦林一号别墅是无言的见证者。

在芦林一号别墅的毛泽东卧室里，陈列着一张床、两张沙发、一张躺椅，以及衣柜、办公桌、立柱台灯等，均为毛泽东当年使用过的原物。卧室里的其他物品并无特别之处，唯有那张床与众不同，特别宽大。床，是最平常的家具之一，而芦林一号别墅内毛泽东的床很特别，超出普通床一倍多，出奇地宽大；造型也很奇特，里低、外高，高的一侧睡人，低的一侧放书，床的三分之二被摞得两尺高的书籍占据，睡觉基本上是躺在书堆里。毛泽东在庐山期间，由工作人员经手，先后从庐山图书馆为毛泽东借出上百册图书。

在紧邻毛泽东卧室的展厅内，两张照片分外醒目。一张黑白，一张彩色，其文字说明一致："中央工作会议期间，中共中央主席、中央军委主席毛泽东在芦林一号读书。"但照片中毛泽东的体态不一样，黑白照片中为坐姿，彩色照片中为站姿。彩照中身材魁梧的毛泽东身穿一套银灰色中山装，正对书架，双手捧书，微低着头，全神贯注，一副旁若无人、沉浸于书的神态。

9月16日，应庐山管理局之邀，毛泽东在庐山欣然手书李白《庐山谣寄卢侍御虚舟》中的四句诗：登高壮观天地间，大江茫茫去不还。

1961年，毛泽东在庐山

黄云万里动风色，白波九道流雪山。为了纪念毛泽东在庐山写诗读书的佳话，在纪念毛泽东诞辰100周年之际，庐山管理局在芦林一号别墅旁打造了一处新的人文景观——庐山毛泽东诗碑园，成为毛泽东诗词与书法融入庐山文化的具体体现，也成为庐山游客重要的旅游打卡地。

（彭志才）

为中国人民革命军事博物馆题写的馆名

毛泽东为中国人民革命军事博物馆题写的馆名

根据毛泽东的亲笔题字制成的镏金馆标

在中国人民革命军事博物馆展览大楼正门上方，悬挂着一块巨大的十分醒目的古铜色牌匾，上面写着的"中国人民革命军事博物馆"11个闪闪发光的金色大字，是根据毛泽东的亲笔题字制成的，原件现存该馆。

众所周知，中国人民革命军事博物馆是1959年为庆祝中华人民共和国成立10周年的献礼工程，是当时首都北京的十大建筑之一。1958年10月12日，军事博物馆展览大楼工程正式开工建设。为如期完成建馆任务，经中央军委批准，成立由总参谋部、总政治部、总后勤部各级领导联合组成的军事博物馆筹备委员会，全面领导军事博物馆建设。在建馆过程中，采取边施工、边设计、边筹展的工作方式，同步推进展览大楼工程建设和展览陈列的筹备。

1959年7月29日，仅用9个多月时间，展览大楼胜利竣工，总建筑面积6万多平方米。军事博物馆的建设得到了全国人民的大力支援，来自全国21个省市、近280个单位、2300多名工程技术人员以及军队大量技术人员直接参与了军事博物馆的建设。

毛泽东主席、周恩来总理、朱德委员长等党和国家以及军队领导人对军事博物馆的建设和展览十分关心。他们不仅一次次地到军事博物馆建设现场指导，还带头向军事博物馆捐献了各自心爱的珍藏物品，其中绝大多数都是经历战火洗礼、是我党我军光荣历史的见证，被评定为国家一级文物并由军事博物馆收藏陈列，填补了历史展陈的空白。1959年3月，中央军委副主席、国防部部长彭德怀提议，经中央军委会研究决定，军事博物馆正式定名为"中国人民革命军事博物馆"。

国庆节前夕，周恩来总理率中央政治局、中央书记处等领导到军事博物馆集体审查展览，使得包括红军馆、抗日战争馆、解放战争馆、兵器馆等在内的9个基本陈列（分馆）如期完成筹建，10月2日开始进行内部参观。1960年八一建军节，军事博物馆正式对外开放，成为首都北京一个重要的宣传我军光辉历史、弘扬爱国主义和革命英雄主义精神的阵地。

毛泽东是中国人民解放军的主要缔造者和领导者。军事博物馆开馆后，请毛泽东题写馆名不仅是全体军博人的热切期盼，也是全军官兵心之所向、全国人民心之所向。1962年7月，军事博物馆首任馆长贾若瑜报经总政治部主任萧华同意，委托中央军委秘书长、总参谋长罗瑞卿，请毛主席为军事博物馆题写馆名。罗瑞卿当即表示同意，并打电话给中共中央办公厅主任杨尚昆，说明军事博物馆请毛主席题写馆名的迫切愿望。

随后，罗瑞卿和萧华又走进中南海毛主席的办公室菊香书屋，说明了请毛主席为军事博物馆题写馆名的来意，毛主席欣然答应。几天后，毛主席挥毫泼墨，在6页专用信笺纸上反复认真地写下"中国人民革命军事博物馆"11个大字，并从中精心挑选两幅自己写得满意的让军事博物馆选用，还说这是他近年来写得最大的字了。

取回毛主席的亲笔题字后，军事博物馆立即向军内外专家发出邀请，专题研究馆标制作事宜。经专家充分讨论研究，馆标以横匾形式、斜倾角度悬挂，这样既保持了我国民族风格，又与建筑相协调。

为了持久耐用、坚固安全，横匾额需采用金属骨架，外包铜皮做浅古铜颜色，毛主席题写的馆名采用锤铜镏金技术制作。这个方案很快就得到了罗瑞卿总参谋长和总政领导的批准。

1963年5月，贾若瑜馆长通过总政治部向周恩来总理递交了字为镏金的请示报告。报告很快得到了周恩来总理的批准，并为军事博物馆提供了镏金所需的24两黄金。最后，馆标由北京五金机电厂承制，全长16.7米、高2.35米。

现在，在全国博物馆中，由毛主席题写馆名并用镏金技术制成馆标的，军事博物馆是唯一一家。随后，周恩来总理又推荐陈毅元帅为军事博物馆各分馆题写馆名，并制成竖匾挂在各分馆大厅门侧。

毛泽东亲笔为军事博物馆题写馆名，不仅体现了他对军事博物馆的亲切关怀，更体现了他对我军光荣历史宣传的重视。60多年过去了，阳光下，这块军事博物馆独有的金字牌匾光彩如新，而每一位参观者步入军事博物馆前，映入眼帘的也是毛主席题写的这块金字牌匾。（缪炳法）

关于大力协同研制原子弹的批示

1962年11月3日，毛泽东关于大力协同研制原子弹的批示

　　1962年11月3日，毛泽东审阅罗瑞卿关于力争在1964年爆炸第一颗原子弹的报告，并批示："很好，照办。要大力协同做好这件工作。"现由中央档案馆收藏。

　　新中国成立后，美国政府凭借掌握的原子弹多次对中国进行核威胁和核讹诈。1950年底，美国在朝鲜战场上遭到中国人民志愿军第二次战役的沉重打击后，为了摆脱危机、挽回败局，预谋对中国人民志愿军进行核打击。

　　面对美国的核威胁和核讹诈，为了保卫国家安全、维护世界和平，毛泽东决心要发展自己的核武器，研制原子弹。他深刻认识到，在今天的世界上，我们要不受人欺负，就不能没有这个东西。

1955年1月15日，毛泽东在中南海颐年堂主持召开了中共中央书记处扩大会议，讨论中国发展原子能事业问题，刘少奇、周恩来、彭真、邓小平、李富春、薄一波等参加会议。著名物理学家钱三强、地质学家李四光和地质部副部长刘杰等向中央领导们汇报了核武器研制问题和铀矿资源勘探情况。毛泽东说：我们国家现在已经知道有铀矿，科学研究也有了一定的基础，现在到时候了，该抓了。只要排上日程，认真抓一下，一定可以搞起来。他还鼓励科学家们要进一步开展原子能科学技术研究工作。这次会议，中共中央作出了发展原子能事业、研究原子弹的决定。

这天，毛泽东十分高兴，请参加会议的人吃饭，特地要了6个菜，平时滴酒不沾的他还特意斟了一杯葡萄酒，然后举杯说道："为我国原子能事业的发展，大家共同干杯！"

会议结束后不久，中共中央政治局通过了中国发展核武器计划，代号为02。同年7月，成立了由陈云、聂荣臻、薄一波组成的中央三人小组，负责指导原子能事业发展工作。成立了由薄一波任主任、刘杰任副主任的国务院第三办公室，负责具体管理并统筹规划核技术、核工业的发展和建设工作。

1955年3月21日，毛泽东在中国共产党全国代表会议上向全党发出要"钻现代化的国防""钻原子能"的号召。1956年4月25日，毛泽东在《论十大关系》的报告中强调：中国"不但要有更多的飞机和大炮，而且还要有原子弹。在今天的世界上，我们要不受人家欺负，就不能没有这个东西"。他还说："你对原子弹是真正想要、十分想要，还是只有几分想，没有十分想呢？你是真正想要、十分想要，你就降低军政费用的比重，多搞经济建设。你不是真正想要、十分想要，你就还是按老章程办事。这是战略方针的问题。"

1958年6月21日，毛泽东在中央军委扩大会议上再次强调要搞原子弹等战略武器，他说："我还是希望搞一点海军，空军搞得强一点。还有那个原子弹，听说就那么大一个东西，没有那个东西，人家就说你不算数。那么好，我们就搞一点。搞一点原子弹、氢弹、洲际导弹，

毛泽东与科学家钱学森交谈

我看有十年工夫是完全可能的。"

在毛泽东和中共中央关于发展原子弹、导弹等核武器战略决策的推动下，从1955年开始，经过艰苦努力，初步建立了核武器研究机构，初步形成了一支核武器科研队伍，开始了原子弹的探索性研究工作，为以后核武器的研究奠定了基础。

中国原子能发展的起步阶段，中国积极争取苏联方面的帮助，以缩短中国核技术和核工业初创时期的建设进程。1954年，苏联领导人赫鲁晓夫来中国参加中华人民共和国成立5周年庆典，毛泽东同他谈了中国准备搞原子能的打算。赫鲁晓夫表示不同意，他认为社会主义大家庭，有一把核保护伞就可以了，不需要大家都搞。但毛泽东还是说服了赫鲁晓夫，同意在中国将来的原子能研究中给予一些基本的帮助。

毛泽东始终将原子能研究的立足点放在中国自己力量的基础上。他对中国的科学家说："我们只要有人，又有资源，什么人间奇迹都可以创造出来。"毛泽东还领导确定了以"自力更生为主，争取外援为辅"的原子能研制方针。

在中国的争取下，中苏两国政府后来在核领域签订了一些协定。苏联在中国铀矿勘探、核科学技术研究和核工业建设方面提供了一些援助。1956年，中国政府向苏联政府提出了在导弹制造、研究和使用方面给予援助的书面要求。苏联答复同意提供两枚 P-1 教学用的导弹样品，接收 50 名中国留学生到苏联学习火箭专业，并派 5 名苏联教授来华教学。

但是，随着中苏两党、两国分歧加深和关系的恶化，苏联的援助便中断了。1959 年 6 月，苏联政府全面毁约，撤走专家，并带走图纸资料。苏联单方面撕毁了中苏两国签订的《中苏国防新技术协定》，拒绝向中国提供核武器的技术援助。

面对苏联的毁约，同年 7 月，毛泽东主持召开中央政治局会议，毅然决定：自己动手，从头摸起，准备用 8 年时间把原子弹造出来。为了记住 1959 年 6 月苏联撕毁《中苏国防新技术协定》这一日子，中国领导人特意将研制原子弹的工程定名为"596 工程"。

在此关键时刻，毛泽东表现出了惊人的胆识。1960 年 7 月 18 日，毛泽东在北戴河中共中央工作会议上坚定地说："要下决心，搞尖端技术。赫鲁晓夫不给我们尖端技术，极好！如果给了，这个账是很难还的。"这体现了毛泽东不信邪、不怕压，勇于战胜困难，坚决搞核武器等尖端技术的坚强决心。

面对苏联全面毁约停援和 1962 年我国经济出现的暂时困难，在原子弹等国防尖端技术的研制上是上，是缓，还是下？在国防科技系统，甚至在中央决策机关也引起了各种议论。有人认为研制原子弹花钱太多，会影响常规武器的研制和国民经济的调整恢复，因而主张暂时下马，等国民经济好转后再上。聂荣臻、陈毅、贺龙等几位元帅主张继续搞。陈毅甚至说：就是把裤子当了，也要搞原子弹。1962 年 6 月 8 日，毛泽东在一次谈话中坚定地说："对尖端武器的研究试制工作，仍应抓紧进行，不能放松或下马。"

10 月，中共中央政治局研究建立一个以周恩来为主任的专门委员会，领导我国的原子能工业建设和核科技工作。

11 月 3 日，毛泽东审阅罗瑞卿关于力争在 1964 年爆炸第一颗原子弹的报告，并批示："很好，照办。要大力协同做好这件工作。"

中央专委成立后，以力争 1964 年爆炸原子弹纪念中华人民共和国成立 15 周年为目标，卓有成效地加快了原子弹研制的步伐。

在中央专委的领导下，在全国各部门、地方政府和人民解放军的大力协同和积极支持下，核工业战线的广大科技人员、干部、工人团结一致，艰苦奋斗，发愤图强，奋力攻关，各项工作协调进展迅速。

1964 年 1 月，中央专委向中共中央报告：原子弹爆炸试验有可能在当年 10 月左右实施。春节期间，毛泽东会见李四光、钱学森等科学家时，高兴地说：我们搞原子弹很有成绩啊！

9 月，中央专委对首次核试验的时机进行了研究，提出两个方案：一个方案是早试；另一个方案是晚试，先抓紧三线研制基地的建设，择机再试。中央专委会议后，周恩来向毛泽东、刘少奇汇报了首次试验的准备情况和中央专委关于首次核试验的两种方案。毛泽东听后，从战略上进行了分析，并指出，原子弹是吓人的，不一定用，既然是吓人的，就早响。毛泽东果断地决定按早试方案进行。

根据毛泽东的指示，中央专委按早试的方案抓紧准备，并对首次核试验的有关工作作了周密部署。

试验委员会根据天气预报，建议原子弹试验时间选定在 10 月 15 日至 20 日之间，毛泽东、周恩来同意了这一建议。10 月 14 日晚，周恩来批准了试验委员会提出的实施原子弹爆炸的具体日期。

10 月 16 日 15 时，在中国的西部大漠，发出震天动地的巨响，火球凌空，蘑菇云腾空而起，中国自行研制的第一颗原子弹爆炸成功！

周恩来立即向毛泽东报告第一颗原子弹爆炸成功的消息，毛泽东冷静地指示说："是不是真的核爆炸，要查清楚。""还要继续观察，要让外国人相信。"当毛泽东得到进一步证实核爆炸成功的消息时，他让周恩来向参加大型歌舞《东方红》演出的同志提前宣布这一喜讯，并在当晚 22 时通过中央人民广播电台向全世界公布了这一消息。

第一颗原子弹的成功爆炸，大长了中国人民的志气，有力地激发了中华民族的自信心和自豪感，向世界展示了中国人民自力更生的精神和不屈不挠的意志。（姜廷玉）

写的《杂言诗·八连颂》

毛泽东写的《杂言诗·八连颂》

在中国人民解放军档案馆，收藏着1963年八一建军节这天毛泽东为"南京路上好八连"写的《杂言诗·八连颂》：

好八连，天下传。为什么，意志坚。为人民，几十年。拒腐蚀，永不沾。因此叫，好八连。解放军，要学习。……军民团结如一人，试看天下谁能敌。

——毛泽东

"南京路上好八连"，即上海警备区司令部警备营八连。该连于1947年8月在山东莱阳县（今莱阳市）组建，1949年5月27日上海解放，6月进驻上海最繁华的地段——南京路执行警卫任务。

上海曾经是灯红酒绿的花花世界，被称为"冒险家的乐园""十

国防部授予上海警备区司令部警备营八连"南京路上好八连"的荣誉称号

里洋场",帝国主义分子预言,共产党进了上海,不久就会被腐蚀掉。但是,八连官兵牢记毛泽东的教导,身居闹市,一尘不染,全连干部、战士克勤克俭,从节约一寸布、一粒米、一度电、一滴水、一分钱做起,保持人民军队艰苦奋斗的政治本色,自觉抵制了资产阶级腐朽思想及其生活方式的侵蚀,被驻地人民群众称为"好八连"。

1961年6月,南京军区领导机关发出指示,在所属部队中开展"学八连、赶八连、超八连"的群众运动,进一步加强连队的政治思想工作建设。

1963年3月20日,在八连进驻上海14周年之际,《解放军报》用4版版面发表通讯《艰苦奋斗,代代相传——记南京路上好八连》《好八连的故事说不完》和南京军区进一步开展学习好八连活动的报道,并就此发表了专题社论《务必保持艰苦奋斗的作风》。4月25日,中华人民共和国国防部发布命令,授予八连"南京路上好八连"的光荣称号。

为更好地学习和宣传"南京路上好八连"的先进事迹，南京军区政治部前线话剧团以好八连为原型，创作了大型话剧《霓虹灯下的哨兵》。当《霓虹灯下的哨兵》在中南海怀仁堂上演时，作为观众的毛泽东看得十分投入。演出结束后，毛泽东高兴地走上舞台，和编导、演员们一一握手，并对他们说：是个好戏，很动人，写得好，演得也好，要多给一些人看。毛泽东和剧组人员合影留念后又说：话剧是有生命力的，是最能反映现实的。

《霓虹灯下的哨兵》进一步加深了毛泽东对八连的印象，八连的精神与毛泽东的所思所虑产生了共鸣，在中国共产党、中国人民面临严峻挑战之际，多么需要站稳脚跟、保持本色、艰苦奋斗、不屈不挠、团结一致啊！1963年八一建军节那天凌晨，彻夜未寐的毛泽东挥笔写下了著名的《杂言诗·八连颂》。

毛泽东的《杂言诗·八连颂》，使"南京路上好八连"获得了至高无上的政治荣誉，为全国军民学习"南京路上好八连"起到了重要的推动作用。（姜廷玉）

出自名家之手的毛泽东印章

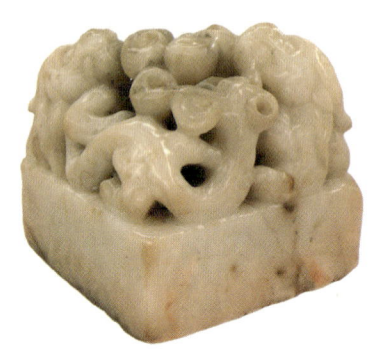

邓散木为毛泽东篆刻的龙钮大印

印章,作为中国传统文化的代表符号之一,自古以来是修身养性之名玩,佐证身份之信鉴。毛泽东作为中华优秀传统文化集大成者,收藏过不少印章,这枚龙钮大印是我国著名的金石篆刻家邓散木用四大印章石之一的寿山石治成,于1963年8月敬赠给毛主席的,现由韶山毛泽东同志纪念馆收藏。

该大印呈立方体,明黄色,顶部镂空琢双龙,因此又称"龙钮大印"。印章的一侧刻有边款:"1963年8月,敬献毛主席,散木琢时六十有六。"

邓散木(1898—1963)是现代著名的篆刻家、篆刻学家和书法家,他的篆刻上追周秦古玺,遍摹浙皖诸派,取各家之长,以其沉雄朴茂、清新古拙、老辣奇崛、大气磅礴的风格在印坛上独树一帜。

1963年，章士钊特意请邓散木治一方印送给毛泽东主席。虽然邓散木当时因患癌症身体不适，但他发自内心地崇敬毛泽东，热爱新中国，便毫不迟疑地一口答应了下来。

10月8日，印章刻完后不到两个月，邓散木辞世。他为毛泽东刻治的印章，温润甚佳，很有特点，繁体的白文"毛泽东"三字横刻，从右至左依次排列。"泽"字采用异体字写法，三点从左边挪到了右下端，原来"毛"字笔画较少，与繁体字笔画多的"泽东"二字排列很难协调，这样，三点水与"毛"字就有了极好的呼应，浑然一体。这是毛泽东所有印章中创意最为大胆的一枚，最为别致的一枚。

由于此印石质优、创意新、刻工佳，爱好金石的行家里手称其为"文物极品"。印章原存于中南海，1990年经中共中央办公厅批准，此印和中南海数千件毛泽东遗物回归故里，由韶山毛泽东同志纪念馆珍藏，已经成为该馆中遗物馆的镇馆之宝。（张喻）

"向雷锋同志学习"的题词

毛泽东"向雷锋同志学习"的题词

1963年3月2日,《中国青年》杂志刊登了毛泽东"向雷锋同志学习"的题词。3月5日,《人民日报》《解放军报》《光明日报》《中国青年报》等全国性报刊都在头版等显著位置刊登了毛泽东的题词手迹。从此,这一天成为纪念毛泽东发表"向雷锋同志学习"的日子。现由中国人民解放军档案馆收藏。

1963年2月的一天,北京中南海丰泽园菊香书屋,毛泽东起床后,秘书便将准备好的文件送到他的这间卧室兼办公室、会客室和餐厅的房间里,并特地从一大摞文件资料中拿起一封信递给毛泽东。这封信是《中国青年》杂志编辑部写给他的，信中提到《中国青年》杂志准备出版一期学习雷锋的专辑，请毛泽东为学习雷锋题词。

在这之前，毛泽东就在报纸上阅读了有关雷锋的报道。周恩来看了雷锋的事迹以后，特地打来电话向他推荐雷锋，中央军委秘书长罗瑞卿也向他介绍雷锋。毛泽东曾对罗瑞卿说：雷锋值得学习啊！

雷锋的事迹，深深地打动了毛泽东的心。秘书林克回忆起毛泽东为学习雷锋题词的经过时说：毛主席让我先拟几个题词供他参考。我回办公室思索了一番拟好了十来个题词，立即送给了他。其中几个题词的大致内容是：学习雷锋同志全心全意为人民服务的思想；学习雷锋同志鲜明的阶级立场；学习雷锋同志毫不利己、专门利人的优良品德；学习雷锋同志勤奋好学的革命精神；等等。2月22日，毛主席拿起一张信纸递给我，我一看，纸上用毛笔写了"向雷锋同志学习"7个潇洒的行书字。我为他拟写的十来个题词他一个也没有用。他解释

雷锋擦拭解放牌汽车

说：学雷锋不是学他哪一两件先进事迹，也不只是学他的某一方面的优点，而是要学他的好思想、好作风、好品德；学习他长期一贯地做好事，而不做坏事；学习他一切从人民利益出发，全心全意为人民服务的精神。当然，学雷锋要实事求是，扎扎实实，讲究实效，不要搞形式主义，不但普通干部、群众学雷锋，领导干部也要带头学，才能形成好风气。

1963年3月2日，《中国青年》杂志首先刊登了毛泽东"向雷锋同志学习"的题词。3月5日，《人民日报》《解放军报》《光明日报》《中国青年报》等全国性报刊都在头版等显著位置刊登了毛泽东的题词手迹。从此，这一天成为纪念毛泽东发表"向雷锋同志学习"的日子。第二天，《解放军报》又刊登了刘少奇、周恩来、朱德、董必武、邓小平等领导人的题词手迹。

就这样，一场全党、全军、全国人民学习雷锋的活动在中华大地上迅速形成热潮。

雷锋，一个年轻的共产党员，他是实践社会主义、共产主义思想道德的楷模，他用短暂的一生谱写了无比壮丽的人生诗篇，树立起了一座令人敬仰的思想道德丰碑，成为全党、全军、全国人民学习的光辉榜样，影响了中国几代人的成长。雷锋精神传承不息，已深深融入中华民族的血脉。（姜廷玉）

在观看部队大比武时瞄准用过的步枪

毛泽东在观看部队大比武时瞄准用过的步枪

  这是1964年6月毛泽东在北京观看部队大比武时瞄准用过的步枪，现由中国人民革命军事博物馆收藏。

  为了提高人民解放军现代条件下的作战能力，1962年下半年，中央军委发出"备战整军，增加全训师，大搞训练"的指示，要求全军战备值班部队、航空部队、舰艇部队和特种技术部队经常保持训练，经常保持战备状态，技术训练达到能熟练使用手中的武器器材，学会各种条件下的运用，特别是在夜间条件下的运用。全军各部队以战备为动力，大抓军事训练，出现了郭兴福教学法等典型教学训练方法，取得了丰硕的成果。

  1964年1月下旬，华北、南京等地召开了推广郭兴福教学法现场会议。通过推广郭兴福教学法大抓军事训练，探索出一套适合人民解放军实际情况的正规化军事训练的路子，促进了全军部队训练质量和战斗力的提高。中央军委提出，要响应中共中央在各行各业普遍开展"比、学、赶、帮"群众运动的号召，开展大练兵、大比武。一场推广郭兴福教学法的现场会，顿时演变成了一场开展全军大比武的动员会。

4月中旬，中央军委正式决定在全军进行一次全面的军事训练比武，以推动郭兴福教学法的普及和推广工作，总结交流经验，发现典型，树立标兵，提高训练质量。此后，经中央军委办公会议决定，成立了全军军训比武筹备委员会，具体筹划全军比武工作。

5月，总参谋部、总政治部联合发出《关于全军比武问题的通知》，对全军比武有关问题作了初步安排。7月，总参谋部、总政治部、总后勤部联合下发《中国人民解放军1964年比武大会若干问题规定》，对比武目的、方法、内容、评选原则、评选工作、代表队的组成和组织领导、器材保障、经费开支等问题作出全面部署。

全军上下积极响应中央军委的号召，掀起了前所未有的大比武热潮。从5月上旬开始，昆明、内蒙古、沈阳、武汉、福州、济南、成都、南京、北京、广州、兰州、新疆军区陆续组织军区比武大会。各军区所属的步兵、炮兵、高射炮兵、装甲兵、工程兵、通信兵、防化兵、侦察兵和后勤部门分别组成分队，按专业技术要求举行多个项目的比武。1964年上半年，全军神枪手、神炮手、技术能手如雨后春笋般涌现。

6月初，毛泽东在一份反映比武情况的简报上批示：此等好事，能不能让我也看看。为此，中央军委决定抽调北京军区、济南军区部分分队到北京汇报表演。领受任务的表演部队指战员表示，要用最好的成绩向毛主席汇报，个个热血沸腾，个个摩拳擦掌，跃跃欲试。6月15至16日，毛泽东等领导同志分别在北京西山、阳坊、十三陵检阅了这两个军区的军事训练成果，并对受阅部队的汇报表演给予了高度评价。

作为参加汇报表演的射击手之一、某部"红四连"连长宋世哲并不知道自己即将在射击场上定格一个具有历史意义的时刻。在上场前，宋世哲对总参谋长罗瑞卿表态道："我争取打好，请总长放心。"罗瑞卿说："不是争取打好，你一定要打好，整个解放军都看着你，全国人民都看着你希望你打好，你不是争取的问题，你一定要打好，一定要向毛主席汇报好。"

毛泽东举起宋世哲使用的步枪做出瞄准动作

果然，宋世哲在表演场上出手不凡，取得步枪速射40发子弹、40秒打掉40个钢靶的优异成绩。毛泽东看后放下望远镜连连鼓掌，特别高兴地说道："把神枪手的枪拿来看看！"罗瑞卿将宋世哲使用的半自动步枪拿给毛泽东，他接过枪去，从枪托看到刺刀，最后还特意举起了手中的枪，于是便有了他举枪瞄准的经典瞬间。毛泽东一生指挥过千军万马，这却是他唯一一张拿枪的照片。

在侦察分队的表演场地，毛泽东看得非常兴奋，走到旁边的擒拿格斗场地后，他在一个沙袋前停下了脚步，那个沙袋正好是过去部队官兵训练、击拳用的，上面画着蒋介石画像，毛泽东风趣地说道："老朋友，我也打你三拳。"说完，他举起拳头饶有兴趣地连打了三拳。大家在旁边看后都笑了起来。

大比武汇报表演圆满结束，毛泽东在充分肯定比武练兵作用的同时，指示尽快将尖子经验迅速普及全军，注意练近战、夜战和200米内的硬功夫，除了练好陆地上的本领外，还要学习游泳。并多次强调

毛泽东在打沙袋

光有尖子部队不够，普及尖子经验要很快布置。据不完全统计，全军共有3318个单位参加比武，在3766个项目中角逐，涌现出的比武尖子数以万计。

大比武的开展，在人民解放军历史上掀起了空前的练兵热潮，使军事训练真正摆到了部队中心工作的位置，促进了人民解放军军事训练的正规化。（姜廷玉）

为首都民兵题词

毛泽东为首都民兵题的词

1964年7月6日，毛泽东为首都民兵题词："首都民兵师。"毛泽东的题词，不仅是对首都民兵工作的肯定，也是对全国民兵工作的鼓励。现由中国人民解放军档案馆收藏。

1958年9月，毛泽东指出：帝国主义如此欺负我们，这是需要认真对付的。我们不但要有强大的正规军，我们还要大办民兵师。这样，在帝国主义侵略我国的时候，就会使他们寸步难行。

新中国成立以后，毛泽东不仅注重人民解放军的现代化建设，同时也以极大的精力关注着中国民兵的建设。1958年9月，他巡视了长江流域的几个省市，于9月29日回到北京。这期间，他对新华社记者发表谈话，指出："民兵师的组织很好，应当推广。这是军事组织，又是劳动组织，又是教育组织，又是体育组织。"

1958年10月1日，毛泽东、朱德、周恩来在天安门城楼上检阅民兵队伍

在1958年国庆阅兵队伍中，出现了代表着全国民兵武装的基干民兵队伍。其中，不少是来自太行山、白洋淀等革命老根据地的民兵英雄，他们在抗日战争和解放战争中用土枪、土炮、地雷打败过敌人。今天，他们人人精神焕发，步伐整齐，全部装备着新式步枪、冲锋枪。

当民兵队伍雄赳赳地走到天安门城楼前时，杨成武上将向毛泽东和刘少奇、周恩来、朱德等党和国家领导人介绍：他们都是河北、山西各个县和北京郊区的民兵代表。毛泽东和中央其他领导人都连声称赞。

首都民兵队伍像人民解放军一样，以正方形的队形前进。观礼台上响起阵阵掌声。"首都民兵师"5个大红字展现在人们面前，7个民兵师排着方队通过天安门，头戴柳条帽、身穿工作服的是石景山钢铁厂和发电厂的工人民兵师；身穿白色上衣、胸前挂着冲锋枪的是国棉一、二、三厂的工人民兵；每人背着一台报话机和一支卡宾枪的是邮电学院学生民兵方队……

受阅的华北民兵方队

受阅的首都女民兵方队

保加利亚部长会议主席契尔文科夫观看民兵方队后，对毛泽东说："全民皆兵真了不起！"毛泽东说："这是群众的伟大力量！""北京已经有50个民兵师，全国各地的民兵在很短的时间就组织起来了。参加民兵进行军事训练，人们的身体很快就好起来，工人和农民生产更好了，学生学习更好了，干部也工作得更好了。"毛泽东又说："这是军事组织，又是劳动组织，又是体育组织。"刘少奇告诉契尔文科夫："到处是兵，让侵略者寸步难行。"契尔文科夫问："他们组织起来有多久了？"毛泽东回答说："还不到一个月呢！"观礼台上的人不停地挥动帽子，为民兵们鼓掌欢呼。

1962年6月，毛泽东视察中南地区。19日，当广州军区负责人汇

毛泽东和周恩来同女民兵合影

报到战备和民兵工作不够落实时，他提出民兵工作要做到组织、政治和军事"三落实"的要求。随后，毛泽东在同武汉军区领导座谈时，又进一步阐述了民兵工作"三落实"的内容，强调要把班、排、连、营编组好。

1964年6月16日，毛泽东在中共中央政治局常委和各中央局第一书记会议上谈到军事问题时，多次强调民兵工作必须实行"三落实"。他指出："要把民兵工作好好整顿一下，一个组织，一个政治，一个军事。组织，就是有基干民兵和普通民兵。有战士，有班长，有排有连，有兵有官，现在还不落实。政治，就是要做政治工作。军事，就是要有手榴弹、手枪，有轻武器。趁和平时期，要搞点枪，最基本的是每省要搞一个兵工厂。"

7月6日，毛泽东为首都民兵题词"首都民兵师"。毛泽东的题词，不仅是对首都民兵工作的肯定，也是对全国民兵工作的鼓励。根据毛泽东的这些指示，中共中央军委把贯彻"三落实"作为民兵工作的指导方针，有力地推动了全国民兵工作的开展。（姜廷玉）

井冈山管理局给毛泽东开具的粮票收据

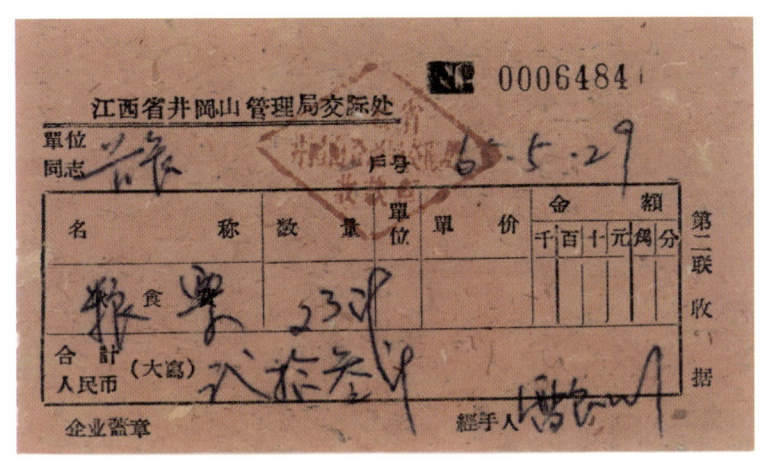

井冈山管理局交际处给毛泽东开具的粮票收据

毛泽东身为国家领导人，处处以身作则，率先垂范，严格自律，不搞任何特殊化。中华人民共和国成立后，这张由江西省井冈山管理局交际处开具的粮票收据，见证了一代伟人的自律。现由韶山毛泽东同志纪念馆收藏。

1965年毛泽东重上井冈山，下榻在井冈山宾馆，工作人员考虑到毛泽东和随行人员长途跋涉的辛苦，特地准备了酒、水果和丰盛的菜肴。陪同的汪东兴发现后，立即告诉工作人员，毛泽东吃得很简单，从不许铺张浪费，并嘱咐按四菜一汤的标准准备，不要多，够吃就行，吃不了的菜不要倒掉，留到下一餐再吃。

或许在普通人眼中，毛泽东开会或视察工作属于公务性质，完全可以由当地免费接待，但毛泽东坚持自己付生活费用。离开茨坪前，毛泽东的生活管理员带着钱和粮票走进了宾馆会计室，找会计雷良钊结算伙食费。当了6年会计、业务拔尖的年轻人这下难住了！他说什么也不肯收，他说：38年前，毛主席在我们井冈山吃红米饭、南瓜汤，为穷人打天下，如今他老人家故地重游，是对我们井冈山人民的最大关怀。我们没有什么好东西招待他老人家，仅仅严格按你们的规定为他做点普通饭菜，才十几块钱，叫我们怎么忍心收下？生活管理员理解这一心情，耐心解释说：首长和我们工作人员外出有严格的约法三章，这是纪律，我必须遵守。这约法中写着："凡首长需要的一切东西，托当地代办的，必须货款两清，对方不要钱，我们就不收东西。""严格认真地执行中央关于不准请客送礼的通知中五条指示。不得大吃大喝、请客送礼、公私不分、铺张浪费，不得用任何名义向地方要东西不付钱。托你们为首长做饭菜，钱、粮票必须付清，请你收下吧。"

雷良钊还是摇着头。生活管理员又说："毛主席最反对搞特殊化。前几年，他身边的个别工作人员随他外出巡视时，曾向一些地方无偿索取东西，毛主席知道后非常生气，开展整风，进行了批评教育，从自己的稿费中拿出近两万元，派人到各地一一退赔并道歉。你说，我能不交清钱粮离开井冈山吗？"

听着生活管理员的这番话，雷良钊的敬意油然而生，认认真真地在交款人一栏中写下"首长"二字，然后开出发票收据：首长交粮票23斤；收款人为雷良钊。这就是毛泽东重上井冈山时交钱交粮票的收据。

严格自律是共产党员的基本政治觉悟、基本行为习惯和基本价值尺度，是共产党人的优秀品质。今天，党员干部更要将修身自律的功夫放在平常，只有筑牢防微杜渐的思想堤坝，凭借优良作风树立良好形象，才能赢得人民群众的拥护。（谭征）

1965年在井冈山宾馆使用过的餐具

毛泽东在井冈山宾馆使用过的瓷汤碗（尺寸：口径20.4厘米、圈足9厘米、高5.5厘米），二级文物

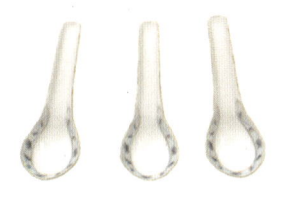

毛泽东在井冈山宾馆使用过的瓷调羹（尺寸：长12厘米、宽4厘米），二级文物

毛泽东在井冈山宾馆使用过的小号瓷碟（尺寸：口径14.2厘米、圈足7.3厘米），二级文物

毛泽东在井冈山宾馆使用过的中号瓷碟（尺寸：口径18厘米、圈足10厘米），二级文物

毛泽东在井冈山宾馆使用过的瓷杯（尺寸：口径8.8厘米、通高13.5厘米），二级文物

毛泽东在井冈山宾馆用餐时使用过的竹提篮（尺寸：长55厘米、宽32.5厘米、通高46厘米），二级文物

毛泽东在井冈山宾馆使用过的木筷（尺寸：长24厘米），二级文物

1965年5月，毛泽东重上井冈山，他在井冈山宾馆使用过的餐具包括瓷汤碗、瓷调羹、小号瓷碟、中号瓷碟、瓷杯、竹提篮、木筷等。这些文物不仅是毛泽东重谈井冈山精神的历史见证，而且在新时代继续保持和发扬井冈山革命精神方面也有着重大而深远的历史意义。现由井冈山革命博物馆收藏。

1965年，毛泽东结束了在湖南长沙的视察后，经株洲、醴陵、攸县、茶陵、莲花、永新、宁冈等地，于5月21日至22日沿着1927年秋收起义之路重上井冈山。

5月22日，毛泽东坐车先到井冈山下的茅坪，后直奔黄洋界。毛泽东站在黄洋界上极目远望，并询问察看当年的哨口遗址。车队到达茨坪时，天色虽已经暗下来，但这里灯火齐明，喇叭里正放着当年中央苏区的民歌《十送红军》，当地的老百姓像迎接久别的亲人一样盛情迎接毛泽东。

毛泽东下榻在井冈山宾馆一楼115房间，每餐只是四小碟菜，外加一小碗汤，每餐饭菜由服务员用一个双层竹篮子提过去，在毛泽东的特别要求下，从次日起每天中餐加蒸一小碗红米饭。

　　毛泽东在井冈山宾馆逗留期间的状态非常好，常和人谈起当年井冈山的斗争，一谈就是一两个小时，还专门接见了袁文才烈士的遗孀谢梅香和王佐烈士的遗属。期间，他还特别叮嘱随行工作人员轮流到大小五井、井冈山革命博物馆参观，参观回来后要向他汇报。

　　5月29日早上，井冈山宾馆门前的坪场及公路两旁站满了一大早从各村赶来为毛泽东送行的群众。毛泽东来到坪场上，边鼓掌边挥手，缓步走到人群中，微笑着和大家握手。随后毛泽东走出坪场，缓步下台阶。"毛主席万岁！"的口号声此起彼伏，那是井冈山的人发自肺腑的欢呼。毛泽东坐上吉姆轿车，频频挥手告别致意，依依不舍离开了阔别38年的井冈山，车队向吉安驶去……

　　从5月22日到29日，毛泽东在井冈山共住了7天，

毛泽东重上井冈山留影

1965年5月毛泽东重上井冈山,接见原宁冈县党、政、军负责人及苏区干部江照明、袁文才遗孀谢梅香等,并与大家合影留念

他抚今追昔,展望未来,感慨万千,诗情涌动,连赋《念奴娇·井冈山》和《水调歌头·重上井冈山》两首词,记录了这次行程。

毛泽东重上井冈山,在井冈山宾馆生活期间使用过的瓷汤碗、瓷饭碗、瓷调羹、瓷碟、中号瓷碟、瓷杯、竹提篮、木筷等文物虽都是日常生活用具,但也是那一时期他与各位领导干部交流、与人民群众联系在一起的生活写照,更蕴含了他重谈井冈山精神、批评党内脱离群众的倾向和警惕防止出现特权阶层的深刻忧思,是毛泽东为人民服务一生的光辉印记。(彭志才)

不肯与胡志明交换的竹拐杖

毛泽东使用过的自制竹拐杖

这根竹拐杖是20世纪50年代毛泽东爬杭州住地附近的丁家山时由身边的工作人员自制而成的，其材质为江南地区山间再普通不过的毛竹。现由韶山毛泽东同志纪念馆收藏。

新中国成立后，毛泽东为了社会主义建设事业致力于调查研究，行程遍布大江南北，处处留下了他跋山涉水的足迹和身影。

因为经常爬山，毛泽东时常使用拐杖。革命战争年代，条件艰苦，行军途中，他随手砍下树枝，就成了简易的拐杖。而新中国成立后，条件有了改善，尽管有友人出于好意赠送过他一些制作精美、考究的拐杖，但毛泽东用得最多的，还是一根极其普通的竹拐杖。

20世纪50年代，毛泽东曾多次来到浙江杭州，或主持党的重要会议，或会见重要外宾，或主持起草了不少历史性的文献，或组织研读苏联《政治经济学教科书》……工作之余，他爬遍了杭州附近的大小山头，其中西湖畔的丁家山就是其中之一。

这根竹拐杖由工作人员就地取材，把竹子粗细合适的那一段截取后，简单加工，将竹节磨平，以免硌伤手，再在最末端绑上一块胶皮，

拄着竹拐杖的毛泽东

防止打滑，就做成了这样一根简易的拐杖。

就是这样的一根自制的简易竹拐杖，毛泽东对它极为喜爱，因其外观简单、方便实用，这对一辈子追求简朴无华的毛泽东来说再合适不过。拿到拐杖，他一边试着在地上拄着，一边又问身边的工作人员："这根竹子有没有付钱？"工作人员回答说："老乡本来不收钱，但我们还是付了。"听到这样的回答，毛泽东频频颔首。

在登山的途中，他拄着这根拐杖，大大降低了登山的难度，所以他不时扬起拐杖，高兴地对身边人说："你们也要弄根拐棍嘛，三条腿总比两条腿稳当。"

从山上下来后，毛泽东将这根简易的拐杖交给随行人员，嘱咐他们："不要丢，带到北京，以后我还要用。"就这样，带着这根拐杖，毛泽东撑着它登上了被誉为"天下第一关"的山海关，撑着它爬上了十三陵，还撑着它去了故宫观看国宝。

1965年5月22日，毛泽东重上井冈山，又将这根拐杖带上。一天，他去爬井冈山宾馆的后山，爬至山顶，他高举起这根竹拐杖，意味深长地说："这东西是个好武器，平时可以帮助我们走路，坏人来了可以用它自卫，打击敌人。"说罢又自信地向前走去。当陪同人员提醒他："主席，前面没有路，不能去了！"毛泽东不以为然地大声说："路是人走出来的嘛，我就不信前面没有路，有山就有路！"说着，便挥起竹拐杖扫开两边的荆棘，大步往前走去。

而在这次井冈山之行的前一周，5月16日，毛泽东在长沙会见越南领导人胡志明。在交谈中，胡志明看向毛泽东手中的竹拐杖，便提出要用自己手里的精美拐杖和毛泽东交换。毛泽东摇摇头说："我的是根打狗棒，跟你换？换不得嘞，你的太漂亮了。"

当时美国正不断扩大侵略越南的战争，而胡志明领导的越南共产党也处于极端困难的阶段，胡志明这次访华，正是向中国寻求帮助。在这样的情况下，中国无私地给予越南大量的物资援助，并派遣防空和工程兵部队援越抗美。这不仅是出于支援同为社会主义国家的越南的考虑，更是为了粉碎美国在亚洲侵略扩张的野心。美国如果侵占了越南，无疑是在中国的后背插了一把刀子，这和美国当年发动朝鲜战争的目的几乎是一样的。

毛泽东不换胡志明的精美拐杖，不仅表明中国不会让越南朋友吃亏，更表明了自己不会变相收受贵重礼物。胡志明是非常聪明的人，他一听就明白了毛泽东的用意，所以虽然感到遗憾，但也就不再坚持了。一根普普通通的竹拐杖，承载了伟人太多太多的故事和情感……

（王健）

关于部队野营拉练的批示

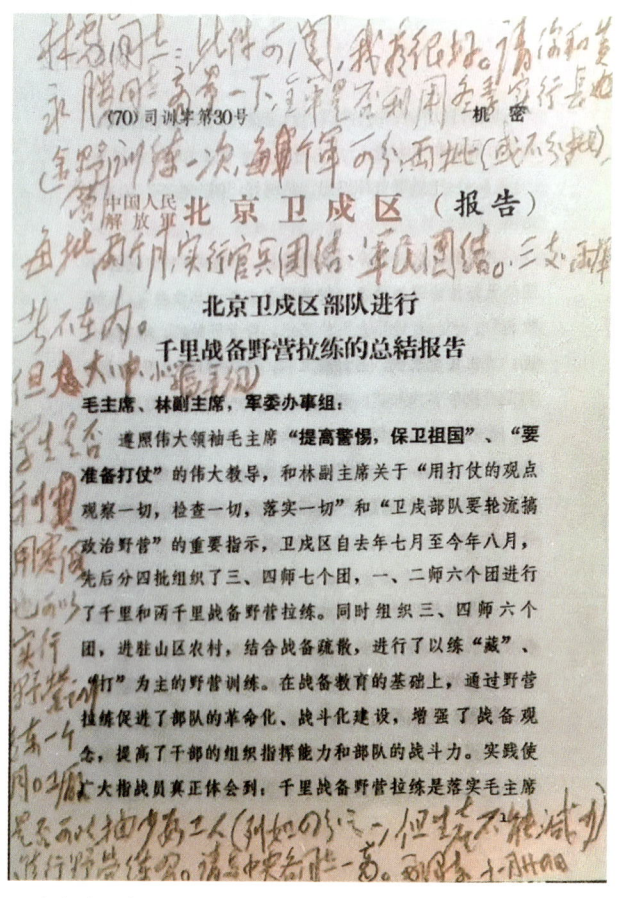

毛泽东关于部队野营拉练的批示

1969年3月，中苏边境发生珍宝岛事件，毛泽东多次指示全党、全军、全国人民"要准备打仗"。这是1970年11月24日毛泽东在《北京卫戍区部队进行千里战备野营拉练的总结报告》上的批示，现由中国人民解放军档案馆收藏。

在毛泽东的指示和战备形势促动下，人民解放军的军事训练逐步恢复。1969年下半年至1970年初，新疆、沈阳、济南、北京等军区的一些部队走出营房进行野营拉练。为了提高部队能走、会打的本领，他们在野营拉练中增加行程，加大难度，提高速度，取得了良好的效果。

1970年2月，毛泽东在总参谋部关于新疆、沈阳、济南3个军区野营拉练情况的报告上批示："这样训练好。"对部队野营拉练的成果给予了充分肯定。11月24日，毛泽东在《北京卫戍区部队进行千里战备野营拉练的总结报告》上又批示："全军是否利用冬季实行长途野营训练一次，每个军可分两批（或不分批），每批两个月，实行官兵团结、军民团结。"在报告的最后一页，毛泽东还写道："如不这样训练，就会变成老爷兵。"

根据毛泽东的指示，12月6日，中央军委转发了毛泽东的批示和北京卫戍区的报告，要求全军贯彻执行。此后，全军普遍进行了长途野营拉练，练思想、练作风、练指挥、练战术、练技术。北方部队实行冬季野营拉练，南方部队进行夏季野营拉练，"战三九、练三伏"口号变为全军的行动。野营拉练范围之广，影响之大，是前所未有的。野营拉练培养了部队英勇顽强的战斗作风，增强了官兵团结和军民团结，提高了部队在野战条件下走、打、吃、住、藏的能力。（姜廷玉）

西哈努克亲王送给毛泽东的公文包

西哈努克亲王送给毛泽东的公文包

这个黑色牛皮公文包长40厘米、宽43厘米、厚10厘米，带锁上有两个提手，是柬埔寨西哈努克亲王送给毛泽东的。现由韶山毛泽东同志纪念馆收藏。

毛泽东一生十分俭朴，在1970年以前他用的是一只棕色牛皮公文包，有三边金属拉链，左上角还缝了提带，脊背上部有金属扣，用于扣住拉链上的金属锁，包内共有五层，有两个插笔圈。他的公文包在外出巡视或开会时就变成了百宝箱，里面除了放有文件以外，还放了铅笔、放大镜、烟、茶叶、牙签甚至食盐。

因为什么东西都装，加上使用时间长，毛泽东的公文包多处磨损，表皮发了毛，脱了漆，连拉链提手也断了，提带缝线亦脱落。但毛泽东"恋旧"，始终不同意换一个新的公文包。

在一次会见中，柬埔寨西哈努克亲王见毛泽东用的公文包十分陈旧，提出要把自己刚从法国买的黑色公文包送给他，毛泽东不忍拂了老友的一番心意，接受了这件礼物。

毛泽东与西哈努克的交往可追溯到中华人民共和国成立之初。那时，新中国如处在襁褓中的婴儿，以美国为首的几乎所有西方大国都企图将新中国扼杀于摇篮之中，西哈努克领导的柬埔寨却能坚持中立，支持诞生不久的新中国。毛泽东正是由此了解了西哈努克的为人。在以后的数十年，毛泽东给予了西哈努克及其国家巨大的支持和无私的援助。

1956年2月，西哈努克率领代表团首次访华，毛泽东与西哈努克第一次会晤。在西哈努克眼里，毛泽东身材魁梧，气度恢宏，慈祥的面孔闪烁着智慧、沉着与坚毅。毛泽东说：真正独立的国家不要让别的国家控制；国家不论大小一律平等，柬埔寨完全可以同中国在平等的基础上做朋友，并且在互利的基础上发展关系。毛泽东赞赏柬埔寨执行和平中立政策。西哈努克代表柬埔寨王国国王诺罗敦·苏拉玛里特授予毛泽东一枚最高荣誉勋章，他说：我们两国人民之间的古老的关系已经有了大约1000年的历史。由于我们取得了完全的独立，今天我们才有优越的条件前来同柬埔寨最古老的朋友——中国重建友好关系。

中、柬两国的友谊在20世纪70年代经受了最严峻的考验。1970年3月18日，朗诺－施里玛达集团在美国支持下发动政变，将在国外访问的国家元首西哈努克废黜。3月13日西哈努克访问法国之后到了苏联。19日，西哈努克离开莫斯科飞抵北京，毛泽东特派周恩来、李先念到机场迎接。23日，西哈努克在北京宣布建立柬埔寨民族统一阵线，自己任主席。从此，西哈努克以中国为大本营，领导着国内的复杂斗争。

4月30日，美国总统尼克松宣布派遣美军和南越军队出兵柬埔寨，这无异于火上浇油，西哈努克感到十分愤怒。而就在这时，毛泽东邀请西哈努克在五一国际劳动节的晚上到天安门城楼观看节日焰火，毛泽东的用意是明显的：向全世界表明中国支持西哈努克的态度。

5月1日傍晚，毛泽东在人民大会堂会见西哈努克。此次，毛泽东与西哈努克长谈将近两个小时。毛泽东虽已77岁高龄，但记性仍很好，他提到了西哈努克1956年、1958年和其他几次访问中说过的原话，以及他对柬埔寨的事态发展了如指掌，他严厉谴责朗诺的背叛，表示坚决支持柬埔寨人民抗美救国。

西哈努克不安地说："主席先生，中国自己负担很重，她给了第三世界许多帮助，而我连同我的随行人员、朋友和工作人员现在又成了额外的负担。"毛泽东说："我请求你让我们多负担一点。相信你的人愈多，我就愈高兴。到你身边来的人愈多，我就越喜欢。没有什么了不起嘛！让尽可能多的人来支持你。如果他们不能去战场上打仗，让他们来这里。六百，一千，两千或者更多，中国随时都准备支持他们，给他们提供一切便利。"

的确，毛泽东不仅给西哈努克声援，还有物质上的无私援助。中国将宽敞漂亮的前法国大使馆交给西哈努克作官邸，还给予了西哈努克大量经济、军事支援，当西哈努克提到偿还时，毛泽东说："我们是不卖武器的，拿武器做生意是不行的，只能赠送。"

5月5日，柬埔寨王国民族团结政府在北京成立，西哈努克亲王任国家元首，宾努亲王任首相，乔森潘任副首相。5月20日，毛泽东发表声明："全世界人民团结起来，打败美国侵略者及其一切走狗！"21日，北京举行数十万群众的集会，也就在这一天，毛泽东在人民大会堂再次与西哈努克叙谈。之后，毛泽东与周恩来等走上天安门城楼，几十万群众齐声欢呼；会上宣读了毛泽东的"五二〇声明"："美帝国主义看起来是个庞然大物，其实是纸老虎，正在垂死挣扎……无数事实证明，得道多助，失道寡助。弱国能够打败强国，小国能够打败大国。小国人民只要敢于起来斗争，敢于拿起武器，掌握自己国家的命运，就一定能够战胜大国的侵略。这是一条历史的规律。"西哈努克也在会上发表了讲话。会后，北京举行150余万人的声援游行。

10月1日晚，毛泽东又一次与西哈努克一同登上天安门城楼，这天是中华人民共和国成立21周年的日子。毛泽东询问着柬埔寨战场的形势，西哈努克告诉毛泽东，他的国家已有2/3以上的国土获得解放，民族解放军已包围金边，金边陷入了孤立。毛泽东听了很高兴，他说：我打了20多年的仗，也不是从书本里学的，是通过战争学的。当时我没有要求打仗,是蒋介石要我打的。第一是蒋介石帮忙,第二是日本人帮忙。

毛泽东的话给了西哈努克以极大鼓舞。从1970年开始,西哈努克长居北京。柬埔寨人民经过5年多浴血奋战,终于在1975年4月17日解放了金边,4月19日取得全国胜利。

毛泽东与西哈努克的交往,折射出毛泽东一如既往的无私博大、慷慨大方、同情弱小、不畏强暴的高尚人格。应当说,毛泽东对西哈努克和弱小的柬埔寨倾注那么大的热情,一方面出自毛泽东固有的优秀品质,另一方面反映了晚年毛泽东坚决支持第三世界国家对第一世界的两个超级大国的反霸权斗争。(张喻)

一家的生活账本

毛泽东一家的生活账本（部分）

这是保存下来的毛泽东一家的生活账本，现由韶山毛泽东同志纪念馆收藏。账本从生活费的收支报表到日用各项开支，写得非常细，时间跨度也很长，从1955年开始，一直到1977年元月。

1990年的金秋十月，在毛泽东逝去14年后，在他曾经生活、居住的中南海丰泽园里，工作人员正在有条不紊地一件一件清点、打包他留下的遗物，不久之后，这批遗物就将转运回主人的故乡，接受世人的观瞻。

在即将完成清点之时，当时负责毛主席遗物日常管理的毛主席生前身边工作人员、理发师周福明突然想到在中央警卫局办公楼下的地下室内，还存有毛主席一家过往的生活账本。于是在征得中央办公厅的同意后，周福明带着韶山毛泽东同志纪念馆的工作人员来到地下室摆放毛主席餐具的房子，在一个大柜子角上找到了这摞尘封已久的生活账本。

因为时间匆忙，纪念馆的同志来不及细细翻阅。待回到韶山后，他们才得以整理这批从地下室"抢救"出来的账本。直到这时，他们才真正明白，被"抢救"出来的东西具有怎样的价值。

保存下来的毛泽东一家的生活账本非常齐全，这些账本大致分为三类：第一类，购买日常用品的开支，包括茶叶、牙具、卫生纸、火柴盒、香烟等费用。第二类，毛泽东本人外出时的餐饮开支，比如到地方交粮票、喝茶费用。第三类，毛泽东家庭的杂物支出，比如修热水瓶、修理家具等费用。

而在这三大类中，记载日常杂费开支的账本以其具体、详细的记录尤为引人注目。这样的日常杂费开支账本共有四本，把毛泽东一家的衣食住行、柴米油盐一笔笔记录在内，连购买卫生纸、火柴盒等细微的花费都记得清清楚楚，真实再现了当年中国"第一家庭"的财务与生活状况，反映了毛泽东一家严于律己、勤俭节约的优良家风。

这四本日常杂费开支账本中，一本为黑色隐花硬皮现金日记簿，详细记载了1955年8月1日至1956年3月21日毛泽东家购买洗衣粉、针线等日用品开支的情况；两本为北京成文厚账簿文具店出品的软皮现金日记簿，详细记载了1963年1月16日至1968年1月22日毛泽东及其家人、身边工作人员购买洗涤用品和锅碗瓢盆、医药费等各项支出的情况；一本为绿色硬皮本，记载了 1968 年 2 月 8 日到 1970 年 1 月 20 日为毛泽东购买茶叶、葡萄糖、头油等日常生活用品的情况。

在很多人看来，毛泽东作为功勋卓著的开国领袖，他的衣食住行理所应当由公家全权负责。实则不然，从这些日常杂费开支账本中，我们可以看到对于自己一家的日常开支，毛泽东真正做到了公私分明，从没有因为自己的特殊地位而在生活中享受了丝毫的特殊。比如，他工作之余常打乒乓球来放松紧张的神经，时间长了，乒乓球需要更换，按常理这是可以由公家支出的，但他自掏腰包购买了新的乒乓球。所以，才有 1963 年 11 月 23 日的记账记录："乒乓球 12 个，每个 0.2 元，共 2.4 元。"再比如，1969 年 10 月 20 日至 12 月 7 日，毛泽东在武汉东湖客舍（今东湖宾馆）住了一段时间，这期间曾将一些衣服交给宾馆的洗衣房去清洗，由此产生的洗衣费毛泽东也是从自己的收入中支出，根据账本的记载，前后共有 12 次，共缴费 2.1 元。

作为农民的儿子和人民领袖，毛泽东终生都保持着勤俭节约的生活习惯。对于自己用旧、用坏的物品，他总是能修则修、能补则补。在账本中，就有"1963 年 11 月 24 日，修小锅换底一个，用去 1.01 元""1964 年 5 月，皮凉鞋换底，用去手工费 2 元"等一系列的杂费开支记录。这些都鲜明、真实地体现了他勤俭持家的优良家风。（王健）

向中央警卫局上报的毛泽东一家生活费收支报表

毛泽东一家的生活费收支报表（部分）

韶山毛泽东同志纪念馆现存有毛泽东一家的生活账本，在这些生活账本中，有42本是生活费收支报表，格外引人注目。通过生活费收支报表，能够对毛泽东一家每月、每季度、每年的收支总体情况一目了然。

这42本生活费收支报表是由毛泽东的生活秘书用横格薄纸自制而成，每本封面都有工作人员手写的"伟大领袖毛主席的生活费报表"字样，有的封面上还附有汪东兴、张耀祠等时任中央办公厅领导同志的签字。

账本时间跨度为1962年到1975年（缺1974年），其中1962年3本，报表10张；1963年到1970年每年4本，各年份报表数依次为12张、

12张、12张、8张、11张、8张、5张、6张；1971年3本，报表9张；1972年2本，报表11张；1973年1本，报表9张；1975年1本，报表7张。

从这些报表中，我们可以看到，毛泽东一家的收入来源主要是工资。以1963年4月的生活费收支报表为例：上月结余8579.39元，收入只有两项，即毛泽东的工资404.8元、江青的工资243元；支出则有八大类，分别是伙食费400.81元、副食品115.94元、党费20元、杂费26.55元、家属杂费252.77元、澡费1.5元、汽车费2.5元、月租费86.82元。

而在这些数字的背后，隐含着很多鲜为人知的细节。

比如毛泽东的工资。1955年我国实行行政级别工资制，行政级别分为一级到二十四级，月工资从590元到45元不等。作为国家主席，毛泽东拿的是一级工资，加上补贴，总数是610元。但在三年困难时期，毛泽东带头将工资降到了三级404.8元，一直到1976年去世，始终没有再变化过。

比如伙食费和家属杂费。这是毛泽东家的一项大开支。之所以这么多，主要是当时毛主席的女儿李敏、李讷尚在读书，没有收入来源。除此之外，毛主席的侄儿、大弟毛泽民烈士的儿子毛远新当时也由江西接来毛主席身边生活，他的生活开支全部由毛主席负责。另外，江青的姐姐及小孩也和毛主席全家生活在一起，没有固定的生活收入来源，所以他们的生活开支也是由毛主席家负担。

毛泽东家生活费每月收支的大类没有完全固定，从1969年3月到6月的收支报表中能看出一些情况。根据记载，1969年的4月到6月，除结转之前的2066.56元外，毛主席这3个月的收入仅有两项，一是3个月的工资共计1214.4元，二是收回处理食品的款项72.41元。而3月到6月的支出则有6项，分别是月租费259.05元、煤气费11.1元、日用品支出67.58元、伙食支出578.35元、茶叶15.7元、水果16.26元。

这其中的月租费、煤气费，从另一个侧面说明了毛泽东从不搞特殊化。毛主席尽管工作、生活在中南海丰泽园，但这房子和家具并非私人财产，都是从机关事务管理局租借的，他每月都按照规定支付房租、水电费以及家具租用费80多元，到冬天还要缴纳取暖费30多元，此外还按时缴纳煤气费。

榜样的力量是无穷的，毛泽东没有用豪言壮语而是用实际行动为后世作出了榜样。从这一份份泛黄的生活费收支报表中，我们感受到的，始终是毛泽东那高尚的品质和人格风范。（王健）

打了73个补丁的木薯棉睡衣

毛泽东穿过的打了73个补丁的木薯棉睡衣，现为国家一级文物

这是毛泽东穿过的一件普通的睡衣，木薯棉质地，香蕉领，夹层，适合春秋两季穿着，腰部两侧各有一个大口袋，衣长141厘米。1990年运抵韶山后，工作人员细细清理，发现这件睡衣上面竟有73个补丁。现由韶山毛泽东同志纪念馆收藏。

从20世纪50年代到1971年，毛泽东穿着这件睡衣的20多年里，容易磨损的衣袖、手肘、下摆等位置都修补过，有的地方甚至一层摞一层，打满了补丁。国家领导人穿打满了补丁的衣服不是天方夜谭，而是真真实实发生在我们的开国领袖毛主席的生活中。

这件睡衣是北京东交民巷雷蒙服装店的王子清师傅为毛主席做

的，毛主席非常喜欢它，对这件睡衣越穿越有感情，衣服也越穿越破旧。1963年初夏，工作人员周福明到中南海服务处取衣服，洗衣房的同志感慨地对周福明说："小周，给主席换换新的吧，你看这件睡衣，袖肘又破了，洗的时候从水里都不好往外提，弄不好就拽破了。"周福明不止一次听洗衣房的同志说这样的话，可他们哪里知道，他也曾多次向毛主席提过，毛主席一直没有同意更换，他也很无奈。因为没有得到毛主席的同意，谁也不能擅自为毛主席置换东西。

几天之后，周福明陪毛主席吃晚饭，主席正穿着这件补丁睡衣，周福明又趁机劝主席换件新的。可主席说："我们的国家还很穷，发的布票很少，我不能开浪费的头。这件衣服我感觉还很好，你们再补一补就可以了。"一想起洗衣房的同志多次提意见，周福明就小声嘀咕了一句："您是主席。"

"噢，我是主席，主席的睡衣就不能补一补了？"毛主席打量着周福明，说："你不是也穿着打补丁的衣服吗？"周福明听到主席提到自己身上穿的这件补了半截的棉布衫，不好意思地低下了头。由于家里生活很困难，供应的布票不够用，只好在穿破了的衣服上打主意。周福明连忙解释道："主席，您和我不一样。""为什么不一样，就因为我是主席？我不也是人民中的一员吗？"毛主席的话说到这里，

韶山毛泽东同志纪念馆中该睡衣的陈列场景

周福明感觉自己的脸都涨红了。

后来，他们只好把睡衣送到行家刘奎元师傅那儿缝补，不仔细看竟看不出补丁来，毛主席见后可高兴了。于是，这件睡衣穿破了又补，补好了再穿，反反复复不知道补了多少回！工作人员洗这件睡衣时，都不敢用手搓，只能放点洗衣粉，稍稍浸泡一下，然后小心翼翼地清洗。

一直到1971年，这件睡衣已经到了稍不留神就会破一个口子的程度，实在无法再穿，毛主席才同意更换。此时，睡衣早已破旧不堪，领子、衣袖、前襟、下摆等处补丁连补丁，看不出原来的布料，真可以说是一件"百衲衣"。

谁能想象伟人的睡衣竟然穿了20多年？谁又能想象伟人的睡衣上竟然补丁连着补丁？

毛泽东一生粗茶淡饭，睡硬板床，穿粗布衣，生活极为简朴，一件睡衣穿20多年，经济困难时期，他主动减薪、降低生活标准，还常说：生活上不要那么讲究，穿得旧一点别人看着也没关系，丢掉艰苦奋斗的传统才难看呢。正是这一桩桩、一件件小事，铸就了他伟大的人格魅力，彰显了我党的光荣传统和优良作风，赢得了群众的爱戴。（谭征）

视察大江南北时用过的行李袋

毛泽东视察大江南北时用过的行李袋

在毛泽东的遗物中,有10多个草绿色的帆布行李袋。这些行李袋简朴至极,在当年毛泽东外出视察期间担当了"行李箱"的大任,里面放着毛泽东吃穿用度的主要家当。这些圆筒形的行李袋,袋高约120厘米、直径50至70厘米不等,封口处有一根扎实的抽拉式锁绳。现由韶山毛泽东同志纪念馆收藏。

众所周知,毛泽东倡导"没有调查,没有发言权",在他的工作方法中,极其注重理论与实践相结合,深入实地掌握一手材料。因此,他经常到全国各地开展调查,有时候,一年中甚至有2/3的时间在北京以外的地方度过。据统计,从1949年至1976年的27年间,毛泽东到各地视察、开会、休息、养病共57次,约2851天,按每年365天计,他在外地有近8年的时间。

毛泽东外出视察不但时间长,而且总是行程满满,废寝忘食,忙于国是,一路上既要开会、调查,又要接待来访、安排工作等,很多时候办公、住宿都在火车上。

据跟随毛泽东多年的孙勇回忆："外出前，毛主席指示我们说：你们把我日常用的东西，洗漱用具、衣服铺盖、书籍等都要带全，到地方不要用公家的东西。我们按毛主席的指示，把上述东西装箱打包。我把留声机和京戏唱片也带上了。"考虑到不给地方添麻烦，毛泽东每次出行带的行李品种繁多，囊括各个方面，要带上的这些东西无异于是一次搬家，随行的行李袋总是又多又沉。

一张1959年10月23日至1960年3月26日的毛泽东外出视察日程表，真实地反映了国家领导人为中国的发展夙兴夜寐、日夜在公的辛劳。这次外出视察历时5个月零3天，其中停车开会、谈话59次，视察工厂、公社、部队7次，研究政治经济学30次，审定《毛泽东选集》8次，看戏9次，爬山36次，游泳14次，与参加军委扩大会议的同志会见1次，接见外宾5次。而这些其貌不扬的行李袋，也跟着毛泽东跑遍了大江南北，长城内外。（谭意）

临终时穿的中山装

毛泽东临终时穿的中山装

在毛泽东留下的 10 余套灰色中山装遗物中，有一套毛泽东临终时穿的灰色毛料中山装最为引人注目。这套中山装是 1976 年毛泽东病重时由北京红都服装店制作的，上衣长 76 厘米、胸围 130 厘米，裤子长 111 厘米、裤腰 112 厘米。上衣的两袖从腋下线处全部剪开，两片前襟也被剪掉；裤子则从裤腿前面剪开。在上衣和裤子上还有多处药水残留的痕迹。现由韶山毛泽东同志纪念馆收藏。

对于中山装，毛泽东情有独钟。目前，在韶山毛泽东同志纪念馆保管的毛泽东晚年遗物中，中山装有 10 余套，基本上都是灰色，如灰色啥味呢中山装、灰色哔叽中山装、灰色派力司中山装。

专门为毛泽东等中央领导制作服装的红都服装店师傅田阿桐曾回

忆："主席比较喜欢灰色的中山装。春秋以中灰色为主，冬天则以深灰色为主。面料主要是啥味呢，因啥味呢比较柔软，显得干净。"

新中国成立后，中山装在以毛泽东为核心的老一辈无产阶级革命家倡导下，得到进一步普及，并以此为基础形成了盛行一时的"毛式制服"。而与传统的高衣领、小领舌中山装不同的是，田阿桐根据毛泽东的高大身材及气质特点，对衣领设计进行了调整优化，把衣领放矮，领尖则阔而长，并根据毛泽东脖子特点将领口增开到46厘米。为了使毛泽东原本魁梧的身材更显挺拔，他还特地将上衣前胸及后背做得稍宽一些，后片比前片也略长一点，而肩膀部分则较常规做得稍窄一些，中腰稍凹陷一点，袖笼也比常规提高了一点，形成了独具特色的"毛式中山装"。

在这留下的10余套灰色中山装中，有一套毛泽东临终时穿的灰色毛料中山装最为引人注目，是1976年毛泽东病重时由北京红都服装店制作的。

从20世纪70年代开始，毛泽东的身体情况就越来越差。特别是1972年1月，由于肺心病和严重缺氧，毛泽东曾出现休克的情况，虽抢救成功，但此后他的身体便迅速恶化起来，大部分时间只能忍受病痛的折磨，卧床办公，看文件和看书。

1976年9月初，毛泽东的病情再度告危，于是医护人员立即实施抢救措施，并安排各种监护仪器随时监测。但即使在这样病重的情况下，毛泽东依旧没有放弃阅读的习惯。

从9月7日到8日下午，弥留之际的毛泽东仍坚持要看文件、看书。7日这天，经过抢救刚苏醒过来的毛泽东示意要看书。由于声音微弱和吐字不清，工作人员没弄明白他是要看哪一本书。毛泽东显得有些着急，用颤抖的手握笔画了三横，又用手敲敲木制的床头。工作人员由此猜出，他是想看有关日本首相三木武夫的资料。三木武夫是当时日本自由民主党总裁，正在参加日本大选，病重的毛泽东仍关注着他在日本大选中的情况。当工作人员把资料找来时，他略微点头，露出满意的神情。在工作人员的帮助下，毛泽东只看了几分钟，就又昏迷过去。

根据当时的医护记录，9月8日这一天，毛泽东看文件、看书多达11次，共2小时50分钟。他是在抢救的情况下看文件、看书的：上下肢插着静脉输液导管，胸部安有心电监护导线，鼻子里插着鼻饲管，文件和书由身边工作人员用手托着。最后一次看文件，是在他临终前一天的4时37分，看了约30分钟。

1976年9月9日零时10分，当代伟人——毛泽东的心脏停止了跳动！随后，经党中央高层数度商议，他的后事处理工作随即开展。

由于身体严重浮肿，此时穿在毛泽东身上的衣服已无法脱下来，工作人员只得强忍着巨大的悲痛，轻轻地，就像毛主席仍在安睡，生怕惊动了他，首先把穿在外面的灰色中山装剪下来，然后把棉毛衣裤也慢慢剪开，换上了毛主席生前做好备用的崭新的中山装和棉毛衣裤。而这套被剪开的中山装，它真实见证了一代伟人波澜壮阔人生的最后旅程，也是毛泽东"活到老学到老"的见证，值得我们永远回忆。（王健）

主要参考文献

1. 毛泽东：《毛泽东选集》（1—4卷），人民出版社1991年版。
2. 中共中央文献研究室：《毛泽东文集》（1—8卷），人民出版社1993年、1996年、1999年版。
3. 中共中央文献研究室：《建国以来毛泽东文稿》（1—13册），中央文献出版社1987—1998年版。
4. 毛泽东：《毛泽东军事文集》（1—6卷），军事科学出版社、中央文献出版社1993年版。
5. 中共中央文献研究室：《建国以来毛泽东军事文稿》（上、中、下卷），军事科学出版社、中央文献出版社2010年版。
6. 中央档案馆：《中国共产党八十年珍贵档案》（上、下册），中央档案出版社2001年版。
7. 中央档案馆：《共和国五十年珍贵档案》（上、下册），中国档案出版社1999年版。
8. 中央档案馆：《毛泽东手书选集》（题词题字卷），北京出版社1993年版。
9. 中共中央文献研究室：《毛泽东传》（1—6册），中央文献出版社2011年版。
10. 中共中央文献研究室：《毛泽东年谱》（1893—1949）修订本，上、中、下册，中央文献出版社2013年版。

11. 中共中央文献研究室：《毛泽东年谱》（1949—1976）（1—6册），中央文献出版社2013年版。

12. 中共中央党史研究室：《中国共产党历史》第一卷（1921—1949），上下册，中央党史出版社2011年版。

13. 中共中央党史研究室：《中国共产党的九十年》，中央党史出版社、党建读物出版社2016年版。

14. 本书编写组：《中国共产党简史》，人民出版社、中共党史出版社2021年版。

15.《中国人民解放军军史》编写组：《中国人民解放军军史》（1—6卷），军事科学出版社2010年、2011年版。

16. 王天晞：《毛泽东军事生涯》，陕西人民出版社1993年版。

17. 中国军事博物馆：《毛泽东军事活动纪事》，解放军出版社1994年版。

18. 中国革命博物馆：《中国共产党70年图集》，上海人民出版社1991年版。

19. 纪念中国共产党成立80周年图片展专辑编委会：《肩负着人民的希望——纪念中国共产党成立80周年图片展专辑》，学习出版社2001年版。

20. 中国军事博物馆：《中国人民解放军70年图集》，上海人民出版社1997年版。

21. 中国人民革命军事博物馆：《用兵如神——毛泽东军事指挥艺术》，蓝天出版社2013年版。

22. 中国人民革命军事博物馆：《中国革命军事文物鉴赏》，上海人民出版社2006年版。

23. 中国军事博物馆编写组：《走进军事博物馆》，宇航出版社1997年版。

24. 姜廷玉：《解读红色见证》，长征出版社2007年版。

后记

中国出了个毛泽东,这是中国共产党的骄傲,是中国人民的骄傲,是中华民族的骄傲。毛泽东的革命精神具有强大的凝聚力,他的伟大品格具有动人的感染力,他的科学思想具有非凡的号召力。在中国革命和建设的壮丽历史画卷中,在祖国的锦绣大地上,都留下了他作为一代伟人的风采。

我们大都是在毛泽东领导建立的新中国成立后出生的,是在毛泽东思想哺育下成长起来的,我们对毛泽东怀有深深的敬仰和爱戴之情!

文物是历史的见证。全国许多博物馆、纪念馆都收藏和展示有毛泽东的许多珍贵文物,在纪念毛泽东诞辰130周年之际,我们这些在博物馆、纪念馆和党史研究部门、院校工作的同志觉得有必要对毛泽东的文物进行系统的研究,展示给广大的读者,使人们通过这些珍贵文物进一步了解毛泽东的丰功伟绩、革命精神和崇高风范,领略毛泽东思想的光辉,以实际行动纪念毛泽东诞辰130周年。

感谢原中共中央文献研究室副主任、中国毛泽东诗词研究会会长陈晋研究员和原中国革命博物馆馆长、中国国家博物馆研究院名誉院长夏燕月研究馆员担任本书的学术顾问,给予本书多方面指导。

感谢中共湖南省委党史研究院院长胡振荣、韶山毛泽东同志纪念馆原馆长谭逻松、延安职业技术学院红色文化教育培训中心教授高慧琳担任本书副主编，为本书进行了组稿、撰稿和审稿工作。

感谢湖南省立第一师范学校旧址（纪念馆）副馆长张颖，中共陕西省委党史研究室原副主任、研究员姚文琦，中共江西省委党史研究室原副巡视员、研究员史爱国，山西省档案馆一级巡视员、研究员巨文辉，福建省革命历史纪念馆馆长、研究员杨卫东，中共赣州市委党史研究室原副主任凌步机，江西科技师范大学文博系主任、教授彭志才，中国国家博物馆、中国人民革命军事博物馆、韶山毛泽东同志纪念馆、古田会议纪念馆、毛主席率领红军攻克漳州纪念馆、四川省古蔺县红军长征四渡赤水博物馆、延安革命纪念馆以及中共湖南省委党史研究院、中共山西省委党史研究院、中共赣州市委党史研究室、江西科技师范大学、延安职业技术学院等单位的专家学者给予本书的支持和帮助。

感谢湖南人民出版社对本书出版给予的大力支持，感谢该社编辑和设计人员为本书付出的辛勤劳动。

本书由姜廷玉负责策划、组稿、统改、编图等工作，由于学识水平和掌握的史料有限，书中难免有错误和不足之处，望有关专家学者和广大读者给予指正。

姜廷玉

2023 年 12 月

本作品中文简体版权由湖南人民出版社所有。
未经许可，不得翻印。

图书在版编目（CIP）数据

伟人风范：毛泽东文物故事 / 姜廷玉主编. —长沙：湖南人民出版社，2023.12
ISBN 978-7-5561-3394-9

Ⅰ．①伟… Ⅱ．①姜… Ⅲ．①毛泽东（1893—1976）—革命文物—介绍 Ⅳ．①A757　②K871.1

中国国家版本馆CIP数据核字（2023）第235866号

WEIREN FENGFAN——MAO ZEDONG WENWU GUSHI

伟人风范——毛泽东文物故事

主　　编	姜廷玉
出 版 人	贺正举
总 编 辑	钟伦荣
责任编辑	吴向红　马淑君　何　萌
特邀编辑	张梅红　张　恬
装帧设计	谢　颖
责任校对	丁　雯

出版发行	湖南人民出版社［http://www.hnppp.com］
地　　址	长沙市营盘东路3号
电　　话	0731-82683346
邮　　编	410005

印　　刷	湖南天闻新华印务有限公司
版　　次	2023年12月第1版
印　　次	2023年12月第1次印刷
开　　本	710 mm×1000 mm　1/16
印　　张	28
字　　数	390千字
书　　号	ISBN 978-7-5561-3394-9
定　　价	98.00元

营销电话：0731-82221529（如发现印装质量问题请与出版社调换）